U0600236

数字化时代下的
金融经济发展探索

王　镕◎著

中国商务出版社
·北京·

图书在版编目（CIP）数据

数字化时代下的金融经济发展探索 / 王镕著.
北京：中国商务出版社, 2024. 6. -- ISBN 978-7-5103-
5203-4

Ⅰ. F831
中国国家版本馆CIP数据核字第2024404PE5号

数字化时代下的金融经济发展探索

王　镕　著

出版发行：中国商务出版社有限公司
地　　址：北京市东城区安定门外大街东后巷28号　　邮　　编：100710
网　　址：http://www.cctpress.com
联系电话：010—64515150（发行部）　　010—64212247（总编室）
　　　　　010—64515164（事业部）　　010—64248236（印制部）
责任编辑：徐文杰
排　　版：北京盛世达儒文化传媒有限公司
印　　刷：星空印易（北京）文化有限公司
开　　本：710毫米×1000毫米　1/16
印　　张：14　　　　　　　　　　字　　数：240千字
版　　次：2024年6月第1版　　　　印　　次：2024年6月第1次印刷
书　　号：ISBN 978-7-5103-5203-4
定　　价：79.00元

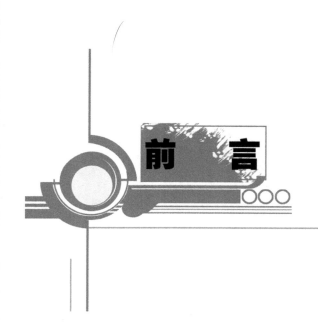

前　言

近年来，随着大数据、云计算、人工智能等数字化、信息化技术在各领域的运用，数字技术正以惊人的速度改变着传统金融经济领域的服务方式、运营体系等各方面。习近平总书记强调："数字经济是推动经济高质量发展的现实路径。"经济高质量发展是不断满足人民日益增长的美好生活需要的内在要求，是贯彻新发展理念的必然选择。

因此，在数字化时代背景下，如何实现经济高质量发展是时下研究的一个热点。金融是经济发展的核心动力，金融经济创新与发展是经济高质量发展的重要方式。数字金融是金融经济创新的产物，是一种新的金融服务模式。以移动互联、云计算、大数据等为技术特征的数字金融突破了传统金融服务于经济发展的瓶颈，其以金融覆盖面广、金融服务成本低、服务多元化和个性化以及满足长尾人群的金融需求等优势得到了各个行业的认可。总体来说，数字金融契合了经济高质量发展对金融经济创新的要求，成为驱动经济高质量发展的重要力量，因此，从数字金融着手，为我国经济发展探索科学、可靠的路径是非常重要且必要的。

本书在编写过程中，搜集、查阅和整理了大量文献资料，在此对学界前辈、同人和所有为此书编写工作提供帮助的人员致以衷心的感谢。

由于篇幅有限，编写时间较为仓促，书中如存在不足之处，衷心敬请广大读者给予理解和指教。

作　者

2024.1

目　　录

第一章
数字化时代下的经济发展

第一节　数字经济产生的背景及意义

一、数字经济产生的背景

（一）数字经济产生的基础

20世纪90年代，受技术发展、社会环境和经济发展等因素影响，产生了"数字经济"这一概念。加拿大商业战略大师唐·泰普斯科特（Don Tapscott）于1995年正式出版了其经济学著作《数据时代的经济学》（*The Digital Economy*），"数字经济"这一概念由此被正式提出，并逐渐广泛流行开来。在这一时期，互联网的公共商业化应用逐渐铺陈开来，信息与通信技术（Information and Communication Technology，ICT）及其相关硬件的发展构建了数字经济的技术基础。与此同时，随着社会进入信息知识大爆炸的时代，经济结构开始从物质型向信息型转变。人们对知识和信息的渴求进一步加速了数字化发展，人均教育水平的提升也使得数字化变革更易被熟悉和认同，并由此促进信息通信技术的社会化融合。

在经济方面，美国经济自1991年3月到2001年3月经历了十年的长期增长，并出现了"两高两低"（高经济增长率、高生产增长率、低失业率和低通货膨胀率）的繁荣景象。美国的这次经济腾飞，极大程度上得益于电子通信技术的发展。1993年，克林顿政府正式推出"国家信息基础设施"工程计划（NII），该计划在全美构建了遍及全国城市与乡镇的"信息高速公路"，不仅带动了经济的发展，也推动了社会加速进入数字化时代。

（二）数字经济发展的政策推进

在数字经济发展初期，各国政府先后出台相关政策加强ICT基础设施的建设。新加坡自1981年开始先后实施完成了"国家电脑化计划""国家IT计划""IT计划""Infocomm21计划"和"全联新加坡计划"，使得新加坡在家用电脑家庭互联网接入、家庭宽带与企业宽带接入、移动电话普及等方面获得了巨大的发展。日本在2009年为应对日渐疲软的经济环境，紧急出台了宏观性的指导政策"ICT新政"，其实施性文件——"数字日本创新计划（ICT Hatoyama Plan，亦称ICT鸠山计划）"纲要，作为日本随后3年中优先实施的政策。英国政府于2009年推出了"数字大不列颠"行动计划，推动英国宽带基础设施建设以及ICT产业的发展，将之作为应对经济危机的关键，于2010年4月颁布并实施了《数字经济法2010》，加强对数字产品的管理，以及版权的保护。澳大利亚政府在2011年5月31日启动了国家数字战略，涉及宽带建设、在线教育等8项具体目标。

2018年，在阿根廷召开的20国集团（Group of 20，G20）峰会从新工业革命、数字经济测度、数字经济工作技能、缩小性别数字化鸿沟和数字政府等5个主要方面对数字经济的发展进行了探讨。同年5月，欧洲联盟探讨了数字经济与整个欧洲联盟的发展关系。11月，亚太组织第一次将目光转向了数字经济，并对其进行了相关的探讨。相信在今后，会有越来越多的国际组织关注数字经济，并适时地推动数字经济的发展。随着我国数字经济的快速发展，我国成为欧洲各国关注的目标，我国也成了数字经济聚焦的中心之一。

（三）全球数字经济进入新阶段

1. 数字基础设施开始新一轮布局

网—云—端，是数字基础设施的关键组成和数字经济持续健康发展的加速器。2018年以来，数字基础设施的建设引起了越来越多的发达国家的重视，并积极进行布局。这一轮布局的关键点有两个：一是加快人工智能基础设施建设的步伐，如美国和英国都投入大量的资金用于下一代通信基础设施的建设，但是投资的重点在于人工智能的建设与升级；二是促进5G等数据传输网络建设，如法国和韩国等国家都对5G基础设施建设作了部署，但是布局重点是如何实现万物互联，构建数字生态系统。数字基础设施的新一轮布局促进了数字经济的快速发展，使其进入了2.0阶段，同时，不同国家之间、同一个国家的不同地区之间的数字鸿沟也被进一步拉大。

2．数据安全成为数字经济发展的基本要求

2018年以来，数据保护与流动、网络安全与空间治理成为全球关注的重点。一是欧盟积极推进数据安全保护政策。欧盟出台的《通用数据保护条例》（GDPR）与《非个人数据在欧盟境内自由流动框架条例》奠定了欧盟内部数据流动的基本框架。二是主要发达国家开始重视数据安全问题。英国出台《英国2016—2021年国家网络安全战略》，强调网络安全应以国家安全为目标。随着"互联网中立原则"的废除和Cloud Act法案（《澄清境外合法使用数据法案》）的签署等一系列举措，国际网络安全出现新格局。国际数据保护规则的多变将给各国数据安全、网络空间安全带来挑战。

3．数字融合从消费端向生产端渗透

数字经济将进入以人工智能为载体的数字技术与生产端全面融合阶段。一是与医疗健康、交通运输、教育融合在一起，形成智能终端，满足居民需求。如美国和欧盟在生物医药研究方面引入机器学习、虚拟现实等新技术，改善诊断与治疗水平；德国在环境和气候领域启动"灯塔应用"的示范项目，为公众谋福利。二是与制造、能源、科研及运输融合，促进全球价值链升级，改变国际产业格局。如欧盟在制造业或能源等重点领域创建欧洲数据空间，促进欧盟内部人工智能研发和应用的协同；德国建立全国创新网络，为企业提供数字技术、商业模式等方面的支持。数字技术向生产端沉淀，将给传统产业转型升级带来挑战。

4．数字货币成为数字经济发展的重要组成

当前，数字货币的合法性得到了一些发达国家的承认，并对其进行了监管。如比特币在2017年4月1日被日本承认。数字美元于2018年7月18日由IBM发行，并且得到了美国政府的认可。同时Bakkt的设立是加密世界一个标志性的事件，意味着加密资产对华尔街机构投资者的大门正在逐渐打开。2019年6月18日，

Facebook公布了加密货币Libra白皮书，希望能建立一套简单、无国界的货币和金融基础设施。虽然各个国家都对这一做法表示担忧，但是欧盟仍坚持推行，所以数字货币仍是大势所趋。此外，经济合作与发展组织（Organization for Economic Co-operation and Development，OECD）和G20共同做出的《数字化带来的税收挑战》中提出，要对加密货币和区块链技术形成的数字资产交易信息进行监管。未来，数字货币的产生与发展将给全球金融业监管带来新挑战。

5．数字经济国际合作进入新阶段

数字经济国际合作进入新阶段。一方面，2018年国际组织开始增设数字经济相关领域的合作谈判，开启新一轮的国际关系调整。如世界经济论坛、OECD、亚洲太平洋经济合作组织（Asia-Pacific Economic Cooperation，APEC）、世界贸易组织（World Trade Organization，WTO）、G20和金砖国家（BRICS）等都在大数据发展、个人信息保护、网络安全等领域发布报告或推进相关规则谈判。另外，由于各个国家在数字税方面发生了分歧，这在一定程度上给数字经济的国际合作带来了难度。欧洲多国开征数字税，而G20各国坚持税收中性原则，美国则"坚定反对任何国家单独挑出数字公司进行征税的提议"。数字经济也给税收征管、反洗钱等领域带来了挑战。

二、数字经济产生的意义

随着全球信息化步入全面渗透、跨界融合、加速创新、引领发展的新阶段，我国也借势深度布局、大力推动数字经济的发展，从而使其逐渐成为整体经济创新发展的强大引擎，并为全球经济复苏和优化发展提供借鉴和启发。数字经济是在计算机、互联网、通信技术等新一轮信息革命的基础上发展起来的，因此也被称为信息经济。对于正处在整体经济转型升级关键期的中国经济而言，发展数字经济显然具有十分重要的特殊意义，有利于推动新常态下我国经济发展和创新战略的落地。

新冠疫情以来，以"新投资、新消费、新模式、新业态"为主要特点的数字经济已经成为推动我国经济社会平稳发展的重要力量。根据国家统计局公布的数据，2020年第一季度，我国国内生产总值同比下降6.8%，而数字经济领域呈现出较好的发展势头，成为保就业、保民生、保市场主体的"蓄水池"和保产业链供应链稳定、保基层运转的"节拍器"。2020年第一季度，电子元件、集成电路产量同比增长16%和13.1%，信息传输、软件和信息技术服务业增加值同比增长13.2%，电子商务服务投资同比增长39.6%。3月，计算机、通信和其他电子设备制造业增加值同比增长9.9%。在经受住了疫情带来的压力测试之后，我国数字经济进入了提速换代的新阶段，亟待通过打造数据、技术、产业、商业、制度5个闭环，构建数字经济新型生产关系，进一步激发数字生产力的发展活力。

（一）数据成为新的生产要素

从人类社会的发展历史来看，每一次产业革命都将实现社会生产力的巨大提升：农业革命推动人类从采集捕猎转为种植畜养，极大增强了人们的生存能力，使社会从野蛮、蒙昧时代进入文明时代；工业革命推动家庭作坊式的手工生产形态走向规模化的机器大生产，极大地提升了人类社会的生产能力，改变了以往的物资匮乏状况。同样，以计算机、互联网、通信等先进技术为代表的信息革命推动了社会生产生活方式的数字化、网络化、信息化、智能化。

由于新技术的出现，作为新能源的数据随时随地产生，并且能有机会实现流动、共享、融合和开放，成为当代劳动力和资本之外的又一生产要素。在传统的数据应用生态中，由于生态的封闭性，数据的流动往往局限在企业内部，而新技术的应用使得数据这种新的生产要素可以在云计算平台之上走出企业，与外部数据进行融合，激发出更大的生产力，不仅驱动企业业务和决策效率的提升，同时也成为业务创新的新核心。新技术与新资源的融合创新会产生无限的想象和空间。

（二）数字经济扩展新的经济发展空间

一方面，数字技术创新带来的社会新财富的增长和经济潜力的释放，成为未来经济的主导力量。新技术提供的增长潜力，优化生产结构、提高生产率和质量水平，对生产和生活方式产生深刻影响，变革经济社会的组织及管理方式，并在相当长的时期内对各层面的经济结构、经济运行模式、产业组织形态、微观主体活动造成全面影响，实现产业革命和新经济格局。另一方面，数字经济有利于推动世界经济从高投入、高能耗、高污染的传统发展模式转向高效、节能、低碳的集约型模式，促进产业绩效提升和产业结构优化，进而为整个经济社会可持续发展提供坚实保障，成为世界经济发展的新趋势。

（三）数字技术推动的产业融合成为经济发展新动能

数字技术的进步与发展既推动了以信息通信产业为核心的相关数字产业交互融合，也推进了经济中的跨产业融合，并广泛拓展到生产、分配、交换、消费、社会治理等领域，最终形成农业、工业、服务业的数字化。随着人工智能、工业互联网、虚拟现实等数字技术在传统产业领域的广泛应用，制造业与服务业的双向渗透能力和渗透速度将大幅提升，个性化定制、共享制造、产业链协同制造等新模式新业态将加速成熟。

第二节　数字经济的内涵及发展趋势

一、数字经济的内涵

"数字经济"中的"数字"至少有两方面的含义。一是作为数字技术，包括仍在不断发展的信息网络、信息技术，比如大数据、云计算、人工智能、区块链、物联网、增强现实（AR）/虚拟现实（VR）、无人机、自动驾驶等，将极大地提高生产力，扩大经济发展空间，产生新的经济形态，创造新的增量财富，同时也将推动传统产业转型升级，优化产业结构，从传统实体经济向新实体经济转型。在这些数字技术中，人工智能的重要性越来越凸显。人工智能将渗透经济生活的各个环节，相对于工业经济时代的新技术解放人的体力，数字经济时代的新技术将解放人的脑力，新型的数字经济也将是"智能经济"。

二是数字即数据，特别是大数据，既是新的生产要素，也是新的消费品。大数据作为新的生产要素，不仅能够提高其他生产要素，比如资本、劳动的使用效率和质量，更重要的是，将改变整个生产函数。即经济活动的组织方式，通过平台化的方式加速资源重组，提升全要素生产率，推动经济增长。而作为消费品，数字所包含的信息、知识、数字内容、数字产品已经形成了非常大的市场，同时也成为新的财富载体，直播、短视频、数字音乐、新闻推送等产业极富创造力，且增长速度飞快。

可以认为数字经济是经济变迁的新阶段，是继农业经济、工业经济之后的新经济形态。数字经济是数字技术经济范式框架下，通过数字创新的带动，数据成为新的生产要素，以信息通信产业、互联网、物联网和移动通信网为基础设施载体，以数字经济基础产业与实体经济跨部门和跨产业的融合为特征，重塑经济发展格局的新经济形态。

二、数字经济未来的发展趋势与战略设想

当前数字经济已经从单纯的新型经济、网络经济发展为多元化、深层次的综合性经济体，数字经济已然成为全球经济发展的重要载体。网络覆盖面越来越广，数字经济已经深入人们的日常生活中，正在悄然改变着人们的生活方式。数字技术经济的进步给数字经济的发展带来了新的机遇，也面临着新的挑战，使未来数字经济发展的趋势呈现以下特征。

（一）数字经济不断融合发展

如今网络的覆盖面越来越广，给数字经济的发展提供了一片沃土，全球都在面临着一场经济产业改革，大量的融合性产业不断出现，为数字经济的发展提供了机遇。数字经济主要以互联网为载体，电子商务、网络商城的不断发展使得很多实体经济以网络为平台，以数据为驱动力，不断践行"互联网＋"的经济模式。同时伴随着互联网时代的不断进步，数字经济开始不断转型，智能信息产业正在冉冉升起。人工智能产业、工业智能产业都在不断取得进展。不但实体经济在不断地与数字经济融合，文化产业也在借着数字经济的东风迅速崛起。文化IP在互联网上不断掀起热度，成功推广了大批深具影响力的经典文化作品。与其他产业的不断融合将成为未来数字经济发展的一大趋势。

（二）数字经济的行业技术不断革新

数字经济作为新兴产业，正在不断涌入新鲜血液，未来行业技术将面临不断地革新发展。首先，是企业越来越注重自主研发。面对数字经济行业内的激烈竞争，单纯依赖技术引进是难以立足的，必须进行技术创新，自主研发，只有掌握技术才能占据竞争的制高点。其次，对知识产权的保护意识加强。行业核心技术的研发是需要严密保护的，加强知识产权的保护，就能为技术革新创造良好条

件。最后，专业人才不断进入行业之中。随着数字经济的发展，越来越多的人开始加入行业中来，未来对于该行业人才的培养力度也会不断加大，为技术革新提供人才支持。

（三）数字经济的资金配置呈现全球化趋势

数字经济是新时代的先进经济体系，这样的新生事物需要大量的资金注入，同时也能吸引大量的资金来帮助发展。同时随着互联网连接全球，国家和地区之间的距离正在不断缩小，数字经济的发展也在逐渐跨越国界，呈现出全球化的发展趋势。一方面，投资市场不断扩大。随着原有数字经济产业不断革新、技术逐渐成熟，新能源、人工智能等新兴产业的兴起，越来越多的投资机构开始将目光瞄准数字经济产业，对数字经济的发展给予巨大的支持。另一方面，实力比较强大的数字经济企业开始不断扩大海外市场，通过海外并购来实现企业的全球化发展。同时，伴随着数字经济的全球化，行业之间的贸易战争也将愈加剧烈。这种竞争促进了企业之间的联合发展，激烈的竞争也激发了企业的生存能力，使得全球化不断发展。

（四）拥抱平台经济，推进转型升级

在数字环境下，各个企业之间的发展联系纵横交错，越来越紧密，突破了传统分散的网络节点，呈现出整合化的发展倾向。在这样的数字环境下，产业平台将越来越呈现出生态化的发展趋势，由传统的线性连接向网络形式连接转化。

1. 平台经济的概述

1）平台经济特征与分类

（1）平台经济的特征。平台经济是一种技术驱动的新的经济形态，其核心是由多方参与形成的生态系统，如图1-1所示。这一经济形态的参与者主要有3类：平台的拥有者与运营者（有些场景下两者可能不一致）、供给端平台使用者（如产品与服务提供商等）和需求端平台使用者（消费者、用户等）。平台经济模式下，供给端平台使用者和需求端平台使用者借助平台实现互动与交易，共同完成价值创造流程。平台通过以下维度赋能价值创造流程：价值主张、价格的撮合、交易双方的保护、互动的个性化及合作伙伴关系的形成。

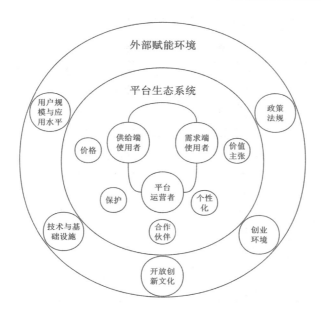

图 1-1　平台经济生态系统

　　企业融入平台经济，将通过在全新的平台生态系统中创造价值，重新定义未来的发展。平台经济的核心价值来源于以下三大原则。

　　① 网络效应/双边市场。当两大用户群体（通常指生产者和消费者）相互产生网络价值时，便会形成网络效应和双边市场，而这种互惠互利则能推动供需双方的规模经济。在越来越多互联用户和交易的支持下，平台的网络效应将进一步扩大，价值进一步提升。

　　② 幂率—马太效应与长尾分布。一方面，平台带来的低成本互动与交易，将打破地域等限制，极度放大强势使用者的优势，形成垄断，即所谓头部的马太效应；另一方面，平台经济的规模效应，能够支持企业在分布曲线的"长尾"中盈利，避免利润在传统（线性）价值链中不断缩水。

　　③ 非对称性增长与竞争。通过互补服务来推动核心市场的需求，这些服务往往以补贴（或免费）的方式向用户提供，并且跨越了行业边界。当两家企业以截然不同的方式和资源来争夺市场机遇时，就会出现非对称性竞争。平台商业模式下，非对称性增长与竞争将成为常态。

　　（2）平台经济的分类。平台经济的类型多种多样。从不同的出发点入手，将会有不同的平台经济分类方法。我们将数字化平台分为交易类平台、社交与内容类平台和技术支撑/产业平台，具体如表1-1所示。

表1-1　数字化平台分类

分类	交易类平台	社交与内容类平台	技术支撑/产业平台
涵盖范围	电商平台、共享服务平台	社交网络、社交媒体、视频直播等	自动驾驶、医疗等
价值核心	算法与软件	算法与软件	行业 Know-How
轻资产/重资产	轻资产	轻资产	重资产
中国企业竞争力	强	强	弱
中国企业国际化难度	难	难	易
举例	亚马逊、阿里巴巴淘宝/天猫、优步、爱彼迎、滴滴等	Twiter、Facebook、Netflix、腾讯、优酷、土豆等	GE Predix、高通生命公司的 2net、百度自动驾驶等

（3）平台经济的核心优势，数字化平台放大网络的乘数效应。拥抱平台经济，将成为助力企业高速发展的重要途径。借助数字化平台，企业将以低成本接触空前广泛的用户与合作伙伴，并与之高效互动，通过交易与协同将网络的乘数效应充分发挥。

平台模式下，企业将以平台运营为基础，创造多方位的网络倍增效应，帮助特定市场中的众多利益相关方实现价值。随着平台的不断普及，参与者与更多利益相关方均可从中获益。

数字平台型企业在这方面已经积累了多年经验，以Salesforce为例，它成功利用其平台型生态系统实现指数级增长，促进企业、客户及终端用户多方共赢。一方面，用户数的增加为应用提供者带来收入增长；另一方面，不断丰富的应用又吸引更多的企业投身平台。过去10年，已有10余万家企业采用Salesforce平台，开发出了22万多个应用。平台型数字化企业，如苹果、谷歌、亚马逊等，也深谙数字化平台的网络倍增效应，其数字化平台已被开发者和用户广泛采用，并由此创造出巨大的价值。平台商业模式下，乘数效应创造的增长与效率，其本质是共赢而非零和，各方都从创新的模式所带来的增长与效率中分享价值。

2）平台经济的发展动力

平台经济，尤其是数字化平台的发展，离不开数字技术的驱动作用：

（1）移动数据通信服务的发展，使得平台的连接功能更加强大、便捷，能随时随地连接到更多的参与方。

（2）物联网的发展，让平台所连接对象的范围空前扩展，将实体的物理世界融入虚拟的数字世界中。

（3）数据分析技术及近来蓬勃发展的人工智能，使平台运营更加智能化、效率更高、用户体验更佳，并能通过数据变现等缔造出新的商业模式。

（4）云计算架构和一切及即服务（as a service）的模式让平台更易于部署，使用成本更透明、低廉。

（5）应用编程接口（API）和开发软件的发展与推广，使平台功能的扩展更为简便、效率更高。

3）平台经济的演进趋势

（1）数字化平台催生众多数字企业巨头，获得资本市场青睐。过去十多年来，互联网和高科技平台巨头快速崛起。其迅速扩张的用户规模，不断优化的用户体验和创新的盈利模式，令人眼花缭乱的技术产品创新和丰厚的财务回报，使平台巨头们成为资本市场的宠儿和职场的明星雇主。

平台型企业在商业上的巨大成功，也给平台经济戴上了闪亮的光环，吸引了传统行业的广泛关注。有关传统行业如何借助平台运营模式提升运营水平，推动增长的讨论不绝于耳。

（2）平台经济从互联网与高科技向传统行业延伸，拓展平台经济新疆界。信息化与数字化时代，平台经济最先发制于信息技术行业。以苹果为代表的创新的硬件厂商、微软和SAP等软件巨头，以及谷歌和亚马逊等互联网翘楚，都是数字化时代平台经济运用的典范。数字化平台模式之所以首先成就于高科技行业，原因有二：首先，沉浸于数字技术的高科技企业，对于平台经济在价值创造方面的放大作用先知先觉，如由于互联网自身特性带来的更强烈的网络效应，数据驱动的智能化带来的效率与效果的大幅提升，以及利用相关技术搭建并运营平台的能力；其次，相关行业技术发展迅速，产品生命周期不断压缩，厂商在最短时间内占领市场，实现投入产出最大化的动机十分强烈，因而愿意尝试新的商业模式，成为商业模式创新的早期实践者。迄今为止，高科技行业创造了很多基于数字平台的新的商业模式：开源软件、众包众筹、基于API的开发者经济等。

目前，发端于高科技行业的平台经济的价值，被越来越多的行业所认知并重视，其借助平台经济迅速成长的事例，以及资本市场对这一模式的认可，使传统行业高管面临越来越多"为什么不"的质疑。一方面，数字化平台企业相对传统行业的链状价值创造模式企业有明显的估值优势；另一方面，一些率先向平台经济转型的传统行业企业，也获得了资本市场更好的认可，企业估值超越同行。此外，互联网巨头通过对传统行业的渗透，给传统行业企业带来了竞争压力，也让它们需要重新思考在未来的产业价值链中自身的定位。

（3）物联网催生产业平台，打破传统行业疆界，推动商业模式进化。移动互联网和物联网的快速发展与普及，促进了数字世界和物理世界的融合，使数字平台所连接对象的数量与种类空前扩展，平台经济的网络效应迅速放大，是平台模式从高科技行业向以产品制造业为代表的传统产业延展的重要催化剂。其中，基于物联网的产业平台是平台经济推动传统行业转型创新的重要模式。

产业平台是指处于同一产业价值链不同环节的企业，借助数字化平台实现信息与资源共享，运营协同及达成交易的新模式。借助于物联网的发展与推广，业务合作伙伴能利用各种应用程序或设备进行交互；通过技术平台，价值链中的所有业者均能成为数字平台系统的组成部分。此类产业平台的实例包括约翰迪尔公司的My JohnDeere、高通生命公司的2net，以及通用电气的Predix。在许多行业，企业间争夺数字化产业平台的统治地位的竞争日趋白热化。以工业领域的应用为例，尽管工业市场的格局依然不明朗，但通用电气和西门子竞相增加投入，争夺先机。作为欧洲最大的工业制造集团，西门子正在迅速转型为一家数字服务公司，结合软件、平台和服务，为客户提供更好的解决方案。

西门子数字化工厂（Digital Factory）的收入增长速度超过了整个集团的增长速度，而西门子的MindSphere平台也表现强劲。PLM软件和数字孪生技术用于开发和优化新的解决方案，拥有一个共同的技术平台来支持员工合作，而该公司的Next47风险投资部门力求在未来5年内投资10亿欧元开发AI和区块链等技术。

调研表明，物联网产业平台未来的发展将经历4个截然不同的阶段，如图1-2所示。第一和第二阶段代表了当前的机遇，从运营效率着手，推动短期价值实现。目前这些活动正在有序推进。第三和第四阶段包括长期的结构性变化，会稍后发生。调查结果也印证了这一观点，即短期内物联网产业平台会产生营收与利润增长等数量影响，但长远看则将推动行业生态与格局发生质的变化：72%的受访者认为产业物联网的发展将给各自企业和行业带来颠覆性影响，而更多的受访者（79%）则认为这些颠覆性影响将在未来5年出现。并且，这些颠覆性影响将在第三和第四阶段以成果经济和人机协作的形式呈现。

随着产业物联网逐步渗透至各行各业，它最终将产生拉动式经济效应，实时感知需求、高度自动化运行、灵活生产制造，并且完善各自网络。这一发展需要企业广泛应用自动化技术和智能机器，并在特定场景下实现对人工的替代。因此，未来员工队伍的面貌将发生巨大变化，而且在高度自动化经济中取得成功所需的技能组合也会发生显著改变。

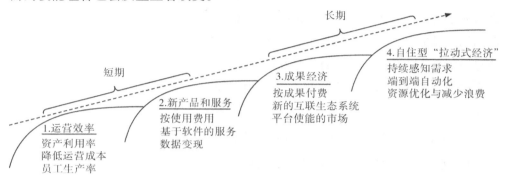

图1-2　产业物联网平台发展的4个阶段

4）展望未来：平台经济发展趋势

平台经济诞生至今已有时日，随着作为驱动因素的数字技术的不断发展，平台经济的内涵也不断演进，呈现诸多新的发展趋势。

（1）多样化。平台经济的不断发展，使平台类型越来越丰富，平台的操作交易、促进互动和资源共享的基本功能不断产生新的实现方式和组合方式；从聚焦营销环节的电商平台，到以创新模式供应生产要素，如资本、技能与经验的众包众筹等。同时，如同自然界中的生态圈，一个成熟的平台系统中参与者的种类也将越来越多样化，以电商平台为例，从最初的连接买卖双方交易，到今天的包括网店代运营、数据分析服务，乃至相关的咨询与培训提供商等种类繁多的增值服务提供者。多样化的平台参与者将令平台的功能更加强大，也将不断提升平台的抗御风险的能力，使之成为平台成员持续运营的重要依托。

基于物联网的产业平台的发展，是平台多样化趋势的重要动力。不同行业迥异的行业属性与特征成为产业平台多样化的基础。

（2）智能化。基于数据分析的数字化运营成为确保平台系统竞争力与生命力的重要保障。一方面，数据分析产生的洞察，将使互动操合与资源共享的平台基本功能更智能化地实现，提升用户体验，提高平台系统的价值创造效率；另一方面，大量发生在平台之上的互动与交易，将积累大量数据。这些数据经过分析整理之后，将为第三方带来巨大价值，因而诞生了数据变现的商业模式，为相关各方带来新的营收来源。

（3）集群化。不同平台间的连接，实现端到端的价值。创造平台经济不断进化的方向之一是集群化。还以B2C电商平台为例，从最初解决信息不对称为目的交易，逐步发展到涵盖价值创造不同环节的支付、物流、广告等，每一个环节都自成平台，同时多个平台之间的数据实现流动与分享，构成面向同一目标用户群的端到端的平台集群，使整个客户价值创造流程平台化。目前，平台集群化的趋势在B2C领域迅速发展，而未来在B2B领域，基于物联网技术，以数据分析为核心实现智能化运营的工业领域的平台集群也将获得发展，沿着行业价值链不断延伸。

2．平台经济催生新动能，助力转型升级

1）外部环境变化提高转型升级紧迫性

（1）宏观环境。挑战增多，旧有增长模式难以为继。在基础设施投资与出口双轮驱动之下，中国经济实现了长达数十年的高速增长，成为第二次世界大战后世界经济史上的奇迹之一。然而今天，无论是不断下降的GDP增速，还是关于经济"L"形走势的论断，都指向一个事实——旧有增长模式已经走到尽头。传统经济增长模式的失速，以及多年来不均衡发展积累的矛盾的爆发，使得企业的增长与盈利面临重重挑战。

首先，生产要素价格的不断上涨，推高了企业的运营成本，威胁国内企业在全球市场上的竞争力。人口的老龄化带来后续劳动力供应的不足，致使劳动力成本上升，而多年来依靠海量货币投入推动增长的模式，造成资产价格，尤其是土地价格猛涨。

其次，需求端的疲软，不仅直接造成增长乏力，更削弱企业的盈利能力。

全球金融动荡冲击了全球贸易，加之全球化进程中利益分配问题引发的逆全球化的风潮，使中国出口增速大幅下滑甚至负增长；作为另一增长驱动力的基础设施投资，常年的巨额投入致使边际回报率不断下降，而作为投资主体的地方政府债务飙升，其持续投入的能力受到质疑；与此同时，作为增长支柱与稳定器的消费，尽管仍旧保持增长，但其增速不足以抵偿出口与投资疲弱的影响。

（2）行业内的产能过剩与过度竞争。中国多年来以投资带动增长的发展模式，以及一些特定行业有限的开放度，使多数不存在准入门槛的行业存在不同程度的产能过剩。无论是玻璃、水泥与电解铝等基础材料，还是汽车、造船与家用电器等消费品和资本货物，乃至太阳能电池板和风力发电机等新能源装备，过剩产能的存在使业内企业面对上游供应商和下游客户时议价能力缺失，盈利能力承压。而闲置产能所产生的利息与折旧等费用，进一步提高了企业的运营成本。同时，地方政府出于就业与维稳等目的的保护，使过剩产能的退出渠道不畅，过度竞争将整个行业带向低利益甚至亏损。

（3）跨行业颠覆者的威胁。以BAT等为代表的数字经济巨头对于传统行业的渗透与颠覆不断加速，从零售与金融到消费服务，再到医疗与公共服务。凭借对于数字化运营模式的熟谙，雄厚的资本及人才方面的优势，它们改写游戏规则，颠覆传统行业既有模式，使传统行业企业数字化转型的紧迫性不断上升。

平台模式带来的产品服务化及随之而来的共享经济的崛起，对于传统行业通过产品销售创造营收与利润的商业模式带来巨大挑战。产品服务化和共享经济为用户带来的支出节省与资产利用率的提升，从另一个角度即是对于产品总需求的抑制，这将使本已饱尝需求不足之苦的企业雪上加霜。另外，共享经济赖以实现的数字化共享平台的运营者掌握大量用户数据，使产品提供商与最终消费者脱媒，逐步沦为平台运营商的加工车间。

以共享单车为例，摩拜和ofo等的崛起，给整个自行车产业链的不同环节带来颠覆性影响：对于包括自行车商店在内的零售渠道而言，零售端需求下降集中爆发，带来断崖式的营业收入下降和盈利水平恶化，零售商维持生存，只能为收缩市场，聚焦于免受影响的高端等利基市场；而对于自行车厂商而言，由于共享单车运营商的大规模采购，厂商订单不降反增，但是单车利润明显承压。面向单一客户的单一型号的大规模生产与交付，正使自行车厂商沦为共享单车运营商的生产车间。近来传出消息，国内某著名自行车厂商所承接的共享单车订单，车均利润不足10元。之后，共享所带来的自行车利用率的提升，将压缩市场对于代步型车的需求，导致生产商营收的下降。

2）平台经济推进中国企业增长、提效与创新，跨越S曲线

（1）平台经济推动业务转型：扩展与优化。

① 深度互动强化客户联系，拓展新市场，实现差异化。平台商业模式下，企业将更直接地与客户和合作伙伴互动，推进产品和服务的差异化，加速创新，突破恶性竞争的红海；其所带来的与客户和合作伙伴间的直接和智能化的互动，

一方面，将使企业强化对于客户的需求、偏好、消费场景与购买行为的洞察，使得产品和服务的个性化与定制化成为可能；另一方面，便于将客户引入产品与服务研发的过程中，实现C2B模式的创新，获取差异化和创新产品的滋价，提高客户忠诚度，提升客户转换成本，加深加宽自身的护城河。而与合作伙伴更加高效、直接和频繁的互动，便于双方或多方的创新活动的整合，实现协同创新，提高创新效率，分担创新风险。研发平台与客户互动平台等的数字化连接，将大幅加快研发进程，降低研发失败率，缩短创新产品与服务的面世时间。

② 资源共享降低成本，协同提升运营效率。平台经济带来的资源共享，将提升各项资源的利用率，节省资源获取成本。这里的资源既包括ICT基础设施、仓储物流基础设施等有形的资源，也包括人才与技能、客户关系和供应商资源等无形的资源与能力。其中，互联网企业推进开发者在资源与工具方面共享的成功经验值得借鉴：移动平台之上包括API在内的SDK的开发与共享，为开发者节约了大量的开发时间，提供了便利的数据获取渠道。不仅创造出"开发者经济"的新的商业模式，也使之成为移动应用开发平台吸引开发者的核心竞争力之一。未来，随着消费者洞察的不断深化和设备自身智能化水平的不断提高，人工智能驱动的自动化与自主运营，以及运营流程的自我完善与优化，将带来运营效率提升的飞跃。

③ 降低跨国运营门槛，加快全球化运营进程。国内经济增长放缓带来的市场增速的下降和随之而来的竞争的白热化，使越来越多的中国企业把开拓海外市场并实现跨国经营作为保持增长动力、实现转型升级的重要路径。平台化运营在促进企业运营全球化方面将发挥重要作用：一方面，电商等前端流程的数字平台本身所具备的跨国属性，将降低拓展海外市场的门槛——无论是借助于eBay、亚马逊这样的第三方电商平台，还是自建电商网站，都是快速低成本拓宽海外市场的渠道；另一方面，内部流程的平台化运营，将使不同地区的分支机构能够方便实现资源共享，提高运营效率降低成本。

（2）平台经济推动组织转型：敏捷应对颠覆。

① 众包众筹打破企业边界，塑造敏捷型企业。根据科斯的交易成本经济学观点，企业的边界取决于市场交易成本（外部）与企业组织内部协调成本（内部）的比较。对于特定的运营活动，当外部市场交易成本低于企业组织内部的协

调成本时，委外就成为理性选择，企业的边界向内收缩。数字化平台，尤其是众包众筹平台模式的兴起，带来生产要素交易成本的大幅下降，使企业将更多的运营环节委外成为可能。随着越来越多的运营流程通过众包模式委外，企业将更加聚焦于核心的运营环节，组织结构更加精简，应对外部运营环境变化的敏捷性大幅提高。

② 平台经济推进组织扁平化，迅速感知颠覆并做出反应。平台模式在企业内部的应用，形成平台运营模式，使企业组织结构扁平化的进程大大加速：数字化平台所提供的海量节点同时互动、沟通与协作的能力，使单一节点能够管控与协作的节点数量大幅增加，传统企业依靠多层级来管理大规模运营的组织结构不再必要。扁平化的组织将对于市场与客户需求的变化更加敏感，并能够以更迅速的决策作出回应，成为敏捷企业的重要领域。

③ 平台型企业所具备的扁平化和高度敏捷的特征，使其能够对外界环境变化保持敏感，并提升其抗御风险、应对颠覆性竞争的能力。平台模式所赋予的与客户和合作伙伴的直接互动，将使企业对客户或合作伙伴需求的变化更加敏感，从而更快地做出反应；而数字化平台对于其上所聚集的大量的合作伙伴与用户的实时洞察，也使得企业更及时地发现颠覆性创新的萌芽；而借助平台模式实现的自身资源与能力的变现，降低了企业对产品产销营收的依赖，使之面对行业或产品生命周期的变化，获得充分的缓冲空间，自如应对。

④ 打造行业生态圈，强化上下游互动，协同应对颠覆挑战。不同于传统的以上下游流程定义的价值链，以平台经济为核心的生态系统以服务同一外部客户群为目标，借助相互之间的连接形成多样的竞合关系：平台型生态系统由生态系统核心平台和大量的生态系统参与者构成，服务于共同的用户群，参与者基于平台实现互联互通及资源共享与赋能，完成协同的价值创造，并在平台的主导下实现价值分享。数字化平台为核心的行业生态系统，将为参与各方在应对颠覆性变化时带来更强的资源与能力支持。通过与行业生态系统中各方的协同，企业将借助合作伙伴的优势，洞悉用户需求与竞争态势变化，提供创新的产品与服务。

（3）商业模式创新：跨越S曲线，新动能驱动新周期。

① 从产品销售到通过平台的服务提供。企业迈向平台经济，实质是要打造一个多方参与的价值创造网络，共同来满足客户的需求。其与传统商业模式最大的不同在于，在客户价值创造过程中自身角色的转换；扮演的角色将不仅是一个

生产者或者交付者，而是成为整个价值创造流程的组织者与协调者，其竞争力不仅依赖于自身的能力和对上下游资源的掌控，而且是支撑平台为中心的价值创造网络的高效和繁荣。

② 平台建设与运营，强化行业生态系统核心地位。企业拥抱平台经济，建设与运营行业数字化平台，将提升企业在行业内价值创造流程中的地位与控制力。随着越来越多业务活动向平台迁移，以及平台之上聚集的合作伙伴的不断增加，基于平台的包括核心的客户数据在内的数据资产的不断增长，企业对于作为数字经济时代核心资源的数据的掌握与控制将不断强化。随着数字化产业平台的不断发展，所带来的价值创造与分享的机会将吸引新成员的加入，而平台成员规模的扩大会衍生出更多的商业机会，从而实现平台基于正反馈的良性发展，不断壮大。

③ 数据变现等创造新的营收与利润来源。随着企业运营数字化的不断深入，海量而且不断增长的数据，将成为企业重要的资产。平台商业模式下的数据资产变现，将是企业利用数据资产创造价值，贡献于企业的营收与利润增长的重要途径，其具体形式包括以下三个方面。

第一，企业作为数据提供商直接出售数据。出售标的既包括基础数据，也包括聚合以后的标签数据。实际应用中，对于向外提供数据，尤其是用户数据，考虑到保护用户隐私的需要，提供经过聚合后和匿名化处理之后的数据更为可行。

第二，企业作为应用提供商向客户提供数据分析相关的应用。所提供的服务，既可以是基于自身设施和经验的数据存储、管理和整合等服务，也可以是帮助客户分析相关数据并产生洞察的互动型数据分析工具及服务，甚至是在精准营销方面提供基于实时数据分析等的交易服务。API正成为应用越来越普遍的服务提供模式与渠道。与直接出售数据相比，这一模式在提高服务的增加值并拓展盈利空间的同时，还将降低泄露用户隐私等方面的风险。

第三，企业以数据平台提供商和数据聚合者的身份实现价值创造。这一模式下，企业将不再局限于依据自身数据资源提供服务，而是将数据分析业务所涉及的不同参与者（数据提供者、分析服务提供商、客户等）集聚于自身打造的平台之上，使之通过协作和交易等方式完成数据资产的价值实现，并为提供上述服务收取费用，如数据交换/交易市场，以及洞察生成的平台（分析即服务等模式）等。

3）平台经济提升全要素生产力，推动中国经济发展模式转型升级

平台经济的发展与推广，将促进各类生产要素的供应改善，提高其使用效率，提升中国经济增长质量，推动经济发展模式转型升级。

众包作为平台经济的重要表现形式，将使人力资本投入价值创造的门槛更低，边际成本更低，价值增长机会更多。无论是应用开发和平面设计等知识密集型经济活动，还是物流和出行等劳动密集型活动，都将受益于众包模式下的信息透明与供需匹配；众筹平台的兴起，则成为传统融资渠道之外最具活力的融资模式，优化资本配置，使创新等经济活动的资本来源大幅改善，融资门槛与成本降低；而平台模式下的无缝沟通与协同，提升技术创新的效率，改善资源供应，提升创新水平。

3．企业实践：转型路径与能力决定平台价值

1）基于自身状况，选择适当的平台类型及平台系统中适当角色

企业必须选择拥抱平台经济的方式：是需要建立自有的数字化平台生态系统，还是与他方合作建设，抑或加入一个或多个现有的平台系统。为此，企业应当客观分析自身所处环境，明晰与合作伙伴的关系和互动模式，并对数字化平台系统的竞争态势进行评估。

对于希望拥抱平台经济的传统行业企业而言，作为行业领军者的大型企业在自建平台系统方面通常拥有资源与规模的优势，并能利用自身在供应链中的主导地位，将供应链中的合作伙伴转化为平台伙伴。而中小企业，圈于有限的资源和较低的行业价值链影响力，自建平台系统的难度大，挑战多，因此选择加入既有的数字化平台通常是更现实的选择。

2）组织机构变革，IT基础设施强化与能力培养，赋能平台新模式

掘金平台经济需要与之相适应的组织架构。鉴于平台商业模式与企业传统业务运营的巨大差别，企业通常需要设立相对独立的业务单元运营平台业务。基于自身组织结构的状况，以及平台业务与既有业务的关联状况，可以考虑不同独立程度的设置：业务单元、部门、分支机构、独立法人等。

从做企业到做平台意味着要进入新的领域，展开跨界经营，为此企业需要建立新的能力储备。平台运营人才的招聘、激励、培养等，都需要充分的关注，并创造性地弥补自身在平台运营方面的人才短板。例如，通过加入第三方平台，在

获取所需资源与能力的同时可以积累相关的人才，为进一步的平台化运营打好基础，此外，联盟与合作伙伴也是获取相关技能与能力的有效途径。平台经济的技术支撑是开放和基于云架构的技术基础设施。平台模式下大量参与者的互动与交易，对平台的基础设施提出了较高要求。而数字化时代，平台的数字化运营，以及平台上数据资产的积累与增值，同样要求强大的适应数字化运营的基础设施。基于云计算架构的ICT基础设施，是满足上述需求的重要条件，便于实现资源，尤其是数据的共享，同时为API、物联网乃至人工智能等的应用提供坚实保障。

数据分析驱动的智能运营，将令平台经济的价值创造如虎添翼。在埃森哲就平台经济话题针对中国企业的调研中，受访者最看重的平台支撑技术就是数据分析。作为由数据到洞察的必然途径，数据分析是实现数据资产变现、完成价值创造的核心能力。

3）由内及外，从平台运营模式向平台商业模式迈进

中国企业借助平台经济实现转型升级，应当遵循以下路径，循序渐进地实现（以建设和运营数字化产业平台为例）。传统企业转型平台商业模式路径如图1-3所示。

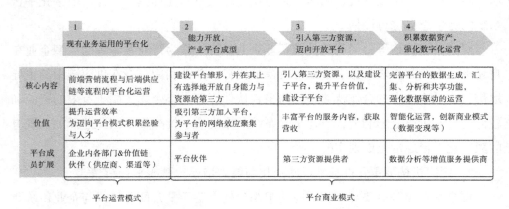

图1-3　传统企业转型平台商业模式路径

首先是现有业务运营的平台化。前端流程而言，除了众所周知的电商平台之外，与客户的互动，包括营销信息的传播、售后服务的提供等均可实现平台化。在传播环节，线上营销由于其精准和高费效比的特征，受到越来越多消费类企业的青睐。例如，创新的线上广告程序化购买模式，借助数字化平台的智能撮合功能，使得长期困扰企业的营销支出效果难以衡量的难题得以解决。

而供应链等后端环节，包括采购、物流等的平台化，在提高运营效率的同时，将为未来的产业平台的建设提供基础。现有业务流程的平台化，在帮助企业积累平台运营的经验与人才的同时，将提升企业的运营效率，强化与业务伙伴之间的协同。

　　完成业务流程的平台化之后，企业将迈出建设产业平台的重要一步——能力开放，以此吸引合作伙伴留驻平台，使产业平台初具雏形。这一环节，企业需要选择可供开放的能力与资源：研发平台、分销渠道、生产设施，还是用户连接……在平台建设初期，能力开放的目的是吸引足够多的使用者聚集于平台之上，通常需要采取诸如一定时段的免费或优惠价格使用的策略。因此在初期开放能力的选择上，对于潜在用户群的吸引力和既有业务运营的影响的平衡十分重要。

　　在产业平台初具规模之后，平台创收将成为重要的目标。这时，在通过自身能力开放获取收入的同时，企业将吸引更多的资源提供者加入平台，助其通过平台的报合功能同用户交易并与之分享营收，一个开放的产业平台就形神兼备了。

　　产业平台上线运营并跨越盈亏平衡点之后，发展重点就转变为平台功能的拓展，乃至更多子平台的建设，使平台上不同成员之间互动和交易的潜力得以充分发挥，提升平台的行业影响力。同时，更灵活和多样化的价值分享体系，形成平台与使用者群体之间的互哺与正反馈，平台的生命力不断加强。这些目标的逐步实现，将帮助实现从产业平台向行业生态系统的转化，进一步增强平台对于使用者的黏性，提高使用者的转换成本。推动这一流程不断向前的动能之一，将是平台的数字化水平的不断提升。不断积累的可供利用的数据将是产业平台最有价值的资产之一。

　　企业向数字化平台驱动的生态系统的全面转型具有革命性意义，越来越多的领先企业已深刻领会到数字化平台生态系统所能产生的巨大价值。在强大的合作伙伴生态系统中，通过利用不断进化的数字化平台，企业将拓展巨大的增长空间。企业深知，在数字时代，其竞争的主战场，正由单个企业间的竞争转向数字化平台为核心的生态系统之间的竞争。

　　随着数字经济的高速发展，平台运营模式所必需的工具和技术正日益成熟，成本不断降低，企业转型平台商业模式的迫切性与日俱增，拥抱平台商业模式，掘金数字经济将成为中国企业转型升级的重要方向。

4．优化平台发展环境，促进平台经济健康成长

平台经济的发展与推广，在助力企业转型和掘金数据经济的同时，也成为中国产业升级和经济转型，建设数字中国的重要动力。相关各方的共同努力，营造有利于这一创新商业模式发展的环境，促进其健康快速发展，已成为各方共识。

1）平台经济发展壮大所需的外部环境

埃森哲基于在平台经济领域多年的研究和实践，建立了五个维度的平台经济环境指数，旨在对于全球各国平台经济的发展环境进行可量化的比较，分析发展趋势，明晰地区差异，探寻并分享最佳实践。

（1）数字技术与服务用户——规模与水平。数字化用户的规模对于平台经济的重要性不言而喻。首先，作为平台经济核心的网络效应/双边市场效应决定，用户规模的扩张，将带来价值创造机会的指数级增长。其次，平台商业模式轻资产运营，固定成本较低，营收和利润对于规模的弹性巨大，规模增长带来的收益可观。而用户的数字化应用水平，将决定单个用户在平台商业模式下产生价值的潜力。

（2）基础设施与服务水平。相关数字技术的发展水平，以及充足的基础设施等资产供给，是平台经济发展所依托的外部条件的重要构成。基础设施的供给水平有两个主要的衡量标准，即连接的数量与质量，包括物联网乃至工业物联网的发展水平与普及程度；以云计算等为代表的数据分析与处理潜力，包括潜在的计算与数据存储能力和资源等。

（3）政策法规治理与信息安全等。数字经济的高速发展及平台经济的迅速推广，需要相关政府与监管部门积极且包容性的政策法规制定与监管实施。一方面，在信息安全、消费者隐私保护等方面订立规范，确保创新与发展的基础；另一方面，与平台建设和运营者等各方合作，制订有利于竞争与创新的游戏规则，推动新模式的发展，实现其社会与经济价值最大化。

（4）数字平台相关的创业环境。平台经济作为创新的运营模式，其发展与推广需要充足的创新人才保障：既包括大量的高质量技术与管理人才，如信息化科技与工程人才，也包括愿意承担风险获取回报，且具备创业相关技能的创业者。数字化平台经济的发展与推广，需要政府相关部门将相关人才的培养作为教育体系发展的优先领域；而平台的实践者则应当选择相关人才富集的区域开展业务活动，提高成功率与投资回报率。

（5）开放创新文化。数字化平台作为创新的商业与运营模式，其发展与推广有赖于鼓励创新、宽容试错的文化氛围。以此为基础，平台经济的实践者需要以开放的心态与各方展开合作，推动平台经济的成熟与落地；政府相关部门将在建设创新孵化与聚集区、汇集相关各方和完善平台生态系统等领域发挥重要作用；作为潜在平台经济主导者的行业领袖，则应通过开放相关资源和完善治理结构等推动新模式的发展。

2）中国优化平台经济发展环境建议

（1）聚焦中小城镇与农村，强化基础设施与用户规模等"硬环境"优势。中国消费者和企业对数字技术的全面拥抱，在很大程度上得益于中国高速发展的数字化基础设施。随着移动互联网和以此为基础的智慧城市和无线城市建设的逐步展开，中国的互联网普及率连年升高。同时，中国的数字消费者对新技术、新产品和新体验的期望不断提升，催生了一个高度开放、充分竞争的数字消费市场，这为企业的产品创新、服务创新和商业模式创新提供了巨大的压力和动力。基础设施与数字化用户规模的优势，使中国成为数字化平台型企业诞生与发展的沃土。

未来，中国在ICT基础设施和用户规模等硬环境方面，应当更加聚焦于中小城市与农村：在加大投入升级这些地区的基础设施的同时，通过教育与培训（如远程教育）提高这些地区人口的数字化知识水平与应用能力。

（2）中国软环境建设：培育开放创新文化，完善配套法规。坐拥基础设施与用户规模优势的中国，如能加强创新文化的建设并完善相关配套法规，则将在全球数字化和平台化浪潮中赢得更大的先机。相关部门应着力改善平台经济运行的软环境，加强用户权益保障与风险控制，并加速相关举措的落地，鼓励新技术与新模式实验与推广。借此将释放平台发展动能，降低商业模式与技术创新的成本与门槛，最大化平台经济的发展红利。他山之石，可以攻玉，这方面海外的部分实践可供参考借鉴，如英国金融管制部门的"管制沙箱"，允许经过挑选的初创企业试验现行管理系统内无法实验的创意，而管理部门通过对于实验的监督，确保消费者和其他方面的权益得到充分保护。埃森哲相关研究表明，2/3的中国受访中小企业将相关软环境作为迈向平台模式的优先条件。

第三节 数字经济时代下的技术基础

一、技术架构与内涵

数字经济的技术划分有几种不同的方式和角度。第一，从类型上看，数字经济的技术包括通用基础技术（5G、物联网、工业互联网、卫星互联网等）和新驱动技术（人工智能、区块链、云计算、量子计算、数字孪生、VR/AR/MR、4D打印等）。第二，从技术的领域来看，主要分为网络技术（5G、光纤通信、智能宽带等）、制造技术（智能机器人、数字孪生等）、信息技术（VR虚拟现实、AR增强现实等）和其他高精尖技术（石墨烯、芯片、量子通信等）。第三，从技术趋势上来看，数字经济的技术趋势呈现数字化、智能化和渗透式三个方面。这种划分方法的典型代表是世界著名的科技预测机构加德纳指出的全球科技三大趋势，见表1-2。

表1-2　全球科技三大趋势

人工智能	沉浸式技术	数字化平台
深度学习、用户会话、本体管理	4D打印、纳米管电子、人体增强	5G、区块链、量子计算
强化学习、机器学习、企业分类管理	增强现实、虚拟现实、立体显示	数字孪生、物联网、平台即服务
自动驾驶、智能微尘、通用人工智能	脑机接口、数字一体化	边缘计算、软件安全、神经形态硬件
认知计算、智能机器人		

从技术背景上来看，数字经济以第四次工业革命为基础，第四次工业革命技术的主流趋势基本覆盖数字经济技术的发展。全球创新活动占比较高的行业有信息技术、汽车、制药、半导体、生物技术、航空航天与国防，其中信息技术、汽车和半导体属于数字经济的关键技术领域，制药和生物技术属于第四次工业革

命的三大主题之一，与数字经济密切相关。因此可以看出，数字经济技术行业的创新动力强劲。国内百强企业的研发费用占营收比重以及研发费用增长，整体持续提升，越来越多的技术引领型企业建立了创新实验室、工程技术中心、研究院等科研载体。数字技术具有巨大潜能，能够加快颠覆性技术的诞生频率和发展速度。

早期认为数字技术面向应用领域的范式应为以通信、计算、控制的相互融合为基础，但实际上，数字技术将与制造、能源、生物、材料等领域技术交叉融合产生一系列新技术，未来将带动相应的一系列新范式，大幅提高技术能力和应用效率。比较各技术应用情况，可以看出云计算、大数据、人工智能等技术应用更为广泛普及，云计算、大数据、物联网等技术对实体经济渗透性更强，在制造业发挥较大优势。同时，基于技术集成的数字经济新模式和各领域新应用也不断涌现出来。例如，产业数字化转型的基础技术包含了互联网、物联网、云计算、大数据、人工智能和区块链等技术，加速了产业数字化的场景、行业应用和模式的创新（例如，制造业从单点设备分析向更多应用场景拓展、从单点局部应用向行业体系化应用拓展、从企业内部应用向制造资源整合规模化模式拓展），使产业数字化形成工业互联网、智慧交通、智慧医疗等核心应用。

新基础设施的保障，使数字经济技术在安全、移动、万物互联、高速、智能化、一体化等方面发生质的飞跃，数字经济技术将朝更广阔、更高效、更普及、更智能化的方向发展。2019年5G商用落地，其与大数据、云计算、人工智能等技术的链接协同，标志着数字经济技术开始大规模、大范围地从研发到应用阶段转折，技术挑战和技术机遇并存。

二、关键技术

伴随着物联网、大数据、云计算、人工智能、区块链等数字技术的快速发展，以及这些技术带来的各产业数字化升级、数字化治理和数据要素化、价值化，特别是由互联网的生活应用向数字经济的生产扩展的转变，使数字经济逐步成为新产业、新经济、新发展的关键驱动力。根据数字经济技术架构与内涵，选择6个有代表性的热点技术进行描述和分析。

（一）人工智能

人工智能技术是围绕数据、替代人工的智能化技术。人工智能以数据为核心开展工作，利用对数据进行加工、处理和分析等工作，实现其价值和意义。同时，人工智能通过机器智能替代人的部分脑力劳动，提高了生产效率和人力投入。数据是数字经济的核心生成要素，数字经济高质量发展的主要目标是以数据为基础提高生产效率并替代人的部分脑力劳动。因而，能实现这一目标的人工智能技术成为数字经济的关键技术。

目前，全球主要国家均积极开展人工智能战略规划，支持科研并加大投入力度。美国、欧盟、英国、日本等国较早发展人工智能技术，在技术前沿领域具有一定优势。近些年，中国努力追赶这些发达国家的人工智能战略和技术竞争发展步伐。2015—2018年，中国人工智能市场规模的复合增长率高达21%，《新一代人工智能发展规划》中提到，到2030年中国人工智能核心产业规模超过1万亿元，成为世界主要人工智能创新中心。近年来，我国人工智能行业的投融资金额、次数及参与机构数量等均以年增长率至少高于50%的状态保持迅速增长。国内各地积极开展人工智能研发及应用，推进技术在制造、医疗、交通、金融等领域的应用经济导向。当前我国已赶超欧洲、中东和非洲，成为美国之后的全球第二大市场。

我国人工智能企业及行业发展态势良好，有一大批国际优质企业。得益于国内大数据与互联网产业积累的大数据优势，国内市场环境对人工智能等新技术的需求，以及政策支持力度，当前，我国的人工智能企业在语音识别、图像识别等应用领域具有一定优势。我国5G技术及应用落地，对人工智能的意义巨大，辅助了人工智能的应用和系统升级。即便如此，我国人工智能的基础理论研究体系、主流框架、智能硬件仍需依赖国外的先进技术和产品，科研创新性有较大的提高空间。

（二）区块链

区块链技术本质上是一种去中心化的可靠、透明、安全、可追溯的分布式数据库，这种分布式结构打破了互联网数据汇聚共享的症结，保证了每个节点的对等地位的普惠式结构。在这种结构下，数据所有权明确，链接更直接，交易更安全、更公平，基于网络安全技术的共识机制更容易取得民众信任。由于区块链在数字经济中发挥了支持数据要素资产化、将数据全面地公平链接且安全追溯、建立了数字化的共识信任机制的三大作用，数据作为生产要素真正得以安全、公平、可信地流通和交易，实现了数字经济的稳定、安全、普惠、公平和可持续发展。一直以来，区块链致力从这三个层面解决问题，在数字贸易、农业、制造业、物流业、民政法、公共安全治理等领域作出了突出的贡献。

为解决国内和国际贸易中数据确权、数据安全、隐私保护、信任机制等问题，采用区块链技术可以提高贸易流程的透明度和贸易标的的可追溯性，确保产品和服务质量，增强信任；简化贸易文件、流程，确保数据的安全流通和监控。当前，区块链应用的相关领域包括金融业、政府档案、数字资产管理、投票、政府采购、土地认证/不动产登记、医疗健康、能源等。

农业数字化和工业数字化属于产业数字化的一部分。区块链在农业数字化中的应用主要是农产品质量安全追溯，实现农产品全周期全链条的透明化监管。同时，区块链可建立数字化信任机制、打破信息不对称的壁垒、加速信息数据流通和交易过程，解决农产品供应链各参与主体缺乏相互信任、产供销不平衡、供应链运转效率低和管理成本高的问题。区块链在工业数字化中的主要应用包括：为工业设备提供可信标识并对设备情况进行监管；发挥在研发、设计、生产、采购、库存、物流等方面的信息共享与供应链协同管理协同作用；实现工业产品全生命周期追溯。针对物流业，区块链可以实现运输凭证签收写入区块链存证，构建物流征信生态及社会信任机制，实现物流溯源监管及信息共享，进而提高效率、保障效益。

区块链在民生领域的应用包括交通、医疗和公益慈善行业，重点在于保证数据的完整性、真实性、不可篡改性及隐私性，保障监督和追溯权限，解决信任危机问题。在政务服务中，基于区块链的数字身份认证、电子证照和电子票据，使数据在政府和个人之间可信的共享、共用，建立数字化的政务服务。在司法治理中，区块链重点应用在数字版权保护和电子司法存证上，两者主要利用区块链的时间戳、可追溯和不可篡改特性，保证信息的可信度和真实性。在公共安全管理中，区块链用于灾情监测及预警，实现"多层级信息及时共享，协同统筹管理、高效分工和分配，提高效率和公信力"的目标。

随着区块链技术的发展，区块链已经将数字经济作为下一个重要的应用场景。区块链即将在理念、价值及管理模式上，对社会经济发展带来深远的影响。未来区块链的定义也将不再是当前的技术型定义，而是将区块链定义为："区块链的核心，即通过去中心化和高度安全性实现数据共享及流通，进而打破信息垄断，通过信息价值标记实现信息的可追溯和状态描述，支持数字经济的良序发展，用共识机制和激励机制驱动网络的可信自组织，用智能化合约实现网络的智能化管理，通过信息状态统计得出宏观的信息概率性发展趋势。最后，在以上所有的基础上，结合外部环境，实现宏观信息监管和相关调控。"

区块链技术具有去中心化、信息不可篡改、透明可追溯、开放性、自治性、匿名性等特征，正在成为解决产业链参与方互相信任的基础设施——信用价值网络，将在全球经济复苏和数字经济发展中扮演越来越重要的角色。

近年来，随着区块链逐步应用于金融、供应链、工业制造、智能制造、医疗健康、司法存证、农业、能源、社会公益、政府管理和疫情信息监测预警等领域，各国政府及监管机构对区块链技术及其研发应用的态度越来越积极，国内外学者与科研机构对区块链领域的研究成果不断涌现。联合国、国际货币基金组织，以及美国、英国、日本等国家都对区块链的发展给予了高度关注。

区块链与互联网、大数据、人工智能等新一代信息技术深度融合，在各领域实现普遍应用，培育形成若干个具有国际领先水平的企业和产业集群，产业生态体系趋于完善。区块链已成为建设制造强国和网络强国，发展数字经济，实现国家治理体系和治理能力现代化的重要支撑。当前，我国上市的区块链企业通过自主研发、合作研发、投资持股等方式开展区块链业务。其中，以自主研发为主的企业占比超45%，此类上市企业集中分布于金融、软件信息服务等细分行业。这些企业凭借自身多年的技术积累和产业服务经验，通过设立区块链事业部、建立相关研究院/实验室或投入研究经费，持续开展区块链技术底层平台的研发和相关领域的应用实践，并且已有部分相应技术研究应用成果落地。另有多家上市企业通过积极申请区块链相关专利，寻求建立相关领域的先发优势和技术壁垒。据不完全统计，从区块链技术及业务进展情况来看，已有区块链相关成果产出的上市企业占比高达75%左右。这些成果主要包括：已成功搭建区块链底层技术平台、已落地或正在推进区块链应用实践、已为市场其他参与机构提供了区块链技术服务或区块链产业配套服务等。这些已产出技术成果的上市企业中，38%左右的企业当前的区块链技术能力以服务内部业务需求或拓展业务条线为主，这类企业此前大都深耕某些细分领域，已具备足够的场景整合和业务服务能力；27%左右的企业当前则以技术输出为主，积极寻求与外部机构的合作，赋能产业场景。

（三）云计算

云计算是分布式计算的一种，兴起的主要原因在于互联网时代数据量的过载超出了互联网平台低成本高质量处理数据的上限。但市场对于数据的需求量和用户对数据质量的要求却在持续攀升。云计算和云平台巧妙地解决了这一矛盾。在数字经济时代，云计算和云平台将会继续发挥不可替代的作用，未来仍有较大的"和其他技术融合创新，以及在各领域进行模式创新"的空间。

云计算由三类数字服务构成，分别是基础设施即服务（IaaS）、平台即服务（PaaS）和软件即服务（SaaS）。在云计算当中，IaaS市场位于产业链上游，是PaaS和SaaS的基础。2019年，全球IaaS、PaaS和SaaS三类细分市场的规模分别达到439亿美元、349亿美元、1 095亿美元，占比依次为19%、23%和58%。SaaS市场占比最大，成为市场主流。我国当前IaaS较为成熟，PaaS增长高速。随着数字经济的企业数字化转型需求提升，我国SaaS成为发展热点，向平台化、智能化发展的趋势越发突出。

对于数字经济来说，云计算提升了算力和网络水平，提高了生产力和生产效率，是新基建的重要组成部分，也是数字化转型的关键基础要素。当前，云计算的两大新趋势（云原生和分布式云）都对数字经济发展起到了关键技术支撑作用。其中，云原生是一种可以充分利用云计算优势构建和运行应用的方式。云原生技术为数字中台建设提供了强有力的技术支撑，帮助用户更加聚焦业务能力，最大化应用开发的价值。分布式云是云计算从单一数据中心部署向不同物理位置多数据中心部署、从中心化架构向分布式架构扩展的新模式。分布式云对于物联网、5G等技术的广泛应用起到重要的支撑作用，其核心云边协同顺应各相关行业基于边缘计算和设备的分布式转型需求，加速了各相关行业的数字化转型进程。

云计算技术具有超大规模、虚拟化、高可靠性、通用性、高可伸缩性、成本低廉、速度快、效率高等优势。云计算关键技术将在传统和新兴市场均发挥关键作用。高德纳预测，到2025年，企业生成的数据中将有75%在传统数据中心或云平台之外产生和进行处理。到2027年，边缘计算市场规模有望达到434亿美元。IBM的调查显示，超过85%的组织认为目前在边缘计算的投资将在3年内收获回报。2020年，我国已经有4.9%的企业应用了边缘计算，计划使用边缘计算的企业占比达到53.8%。同时，混合云逐渐成为云计算领域应用的焦点。高德纳预测，到2020年，90%的企业与组织将利用混合云管理基础设施。但来自中国通信研究院的数据显示，2019年中国企业采用混合云的比例仅为9.8%。这意味着，中国的混合云市场接下来有望全面爆发。另外，未来随着技术发展和行业应用需要，边缘计算、云边协同、云网融合、云原生将成为提高算力、改进模式、布局基础设施的四大新发展趋势。

（四）5G

3G/4G时期，数据存在质量低、碎片化和维度有限的局限，不适应数字经济万物互联的数据要求。当前，万物数据入网、传输提速和广泛应用是关乎数字经济能否开展万物互联的关键问题。5G的到来，不仅使各类型、各来源、各领域的万物数据链接入网，且通过扩展网络带宽，达到数据量激增的数据传输速度要求，并将解决物联网边缘数据的计算、分析、处理与储存问题，使移动互联网向支持广泛设备联网的方向发展，在更广阔的工业控制、自动驾驶、智能电网等新行业、新场景应用。5G除了解决3G/4G的数据问题以外，更重要的是，在此基础上，5G为万物数据和相关技术融合提供了统一的标准化传输，畅通了从数据采集到各场景应用的数据传输路径。增强型移动宽带（eMBB）、海量连接物联网（mMTC）和超低时延可靠通信（uRLLC）是三大5G应用模式，4K/8K视频、百万级生产要素实时互联、99.9%以上的高可靠性、毫米级时延和毫米波等技术指标的达成，以及5G与其他相关技术（物联网、AR/VR、AI、边缘计算等技术）的结合，满足了当前制造业转型的基本需求。由于5G具有高速率、低时延、高可靠、广覆盖的特征优势，5G的应用场景将逐渐涵盖人们生活、生产的各个领域，至少会在制造业、交通运输业、建筑业、公共事业、采矿及矿石业五大领域取得巨大收益。

2019年，我国颁发5G牌照，标志着我国正式进入5G的商用元年。根据数据分析，截至2020年10月，我国累计建设5G基站超70万个，已经远超了全球规模排名第二的韩国，在5G建设方面我国将占据主要地位。国内厂商在5G的主要技术领域取得国际竞争优势。欧洲、美国、德国、韩国等早已在5G服务、建设、投资等方面开展5G战略部署。

尽管5G取得了巨大的进步，但6G研发工作已经开展。显然，未来数字经济万物互联之后的智能化目标，需要频段和传输速度更高、延迟更低、支持个性化用户需求、无须基站、可靠性更高、覆盖更全且费用更低的"升级版5G—6G"。

（五）物联网

物联网之前被定义为将可感知设备、可独立寻址的物体进行互通互联的网络。这一定义具有明显的互联网和上一代移动互联网特征。在这一定义下，物联网普遍分为感知、网络、平台和应用层。此时，物联网要实现智能化目标，选择的是人工智能的辅助方法。"物联网＋人工智能"能够实现包括辅助/自动驾驶、生物识别、健康监测等功能。

但数字经济对物联网有了新要求。强调"物联网"不仅是"物物联网"，而且是数据要素进入数字经济的重要关卡之一；将万物联网后，物联网与5G、区块链、边缘计算等其他技术的融合，将打破数据与数据间的隔阂，也将消除人机物的界限，实现万物的融合。

具体来说，在数字经济中，"物联网＋区块链"使入网数据链接跟踪对应产品的全生命周期，使相关主体以数据为依据充分协调合作；物联网将与边缘技术融合，解决海量终端数据的质和量的问题；物联网将侧重服务于上层平台、应用和服务，提高系统智能化水平；物联网面向人的柔性化体现在将为用户需求提供定制化的软硬件服务上；移动网络、5G、卫星网络在改变物联网基础设施不统一、不兼容、不规范、分散化的状态上起到重要作用。

当前全球物联网保持高速增长，伴随着数字经济向各产业渗透，物联网的应用场景有由消费占据主导转为向产业倾向扩展的趋势，预计未来在工业、交通、健康和能源等领域增长最快。尽管物联网行业发展态势良好，但是仍然存在缺乏统一标准、平台整合、安全性和成本问题，目前物联网行业正集中力量从技术、政策和经济角度去攻克这些难题。

（六）数字孪生

数字孪生自2003年提出概念，至2010年才有相对权威的定义，之后至2017年才开始成为大众关注的热点。这是由于数字孪生作为一项综合性技术，需要在关键技术发展相对成熟以后，进一步等待时机集成这些关键技术，才能取得实际效果。近几年，数字经济成为数字孪生技术发展的时机，而数字孪生的难度在于它需要集成高性能计算、多物理尺度和多物理量的建模等关键技术。

由于数字孪生涉及的相关技术多，涉猎的领域也多，数字孪生的定义并未明确。在此，我们参考一种比较常见、易于理解的概念：数字孪生是充分利用物理模型、传感器更新、运行历史等数据，集成多学科、多物理量、多尺度、多概率的仿真过程，在虚拟空间中完成映射，从而反映相对应的实体装备的全生命周期过程。

数字孪生的重要意义在于将现实物理世界映射到虚拟数字世界里，和从物理世界到现实世界的CPS技术路径相反且思路逆向。数字孪生和CPS技术形成闭环反馈，刚好验证了虚拟与现实世界的相互作用，证明了理论方法的可实践性。由于数字孪生技术的重要性，全球重要经济体纷纷出台数字孪生相关政策，英国和美国等国更是将数字孪生作为国家战略推进。

数字孪生的主要能力包括物联感知、全要素表达、可视化呈现、空间计算、模拟仿真等。CPS技术是先进制造的核心技术，之后应用于能源、建筑、交通等领域。因而，与之路径相反且思路逆向的数字孪生也可用于以上这些领域。当前，国内的数字孪生技术主要应用在交通、能源、工厂、医疗、水利等领域。其中，取得率先突破的是小空间区域的数字治理。

第四节 发展数字经济的意义与优势

一、发展数字经济的意义

数字经济的迅猛发展深刻地改变了人们生活、工作和学习的方式，并在传统媒体、商务、公共关系、娱乐等众多领域引发深刻变革。发展数字经济已成为信息时代的最强音，对我国而言更具有特殊意义。

（一）全球经历数字经济变革

以计算机、网络和通信等为代表的现代信息革命催生了数字经济。数字经济虽然并没有产生任何有形产品，但它可以完成辅助设计、跟踪库存、完成销售、执行信贷、控制设备、设计计算、飞机导航、远程诊治等工作。

1. 数字经济加快经济全球化步伐

数字经济的出现，对人类社会来说是一场划时代的全球性变革，推动人类更深层次地跨入经济全球化时代。比如，数字网络的发展，使全球化不再局限于商品和生产要素的跨国流动，而是从时空角度改变了世界市场和国际分工的格局；

数字经济的出现拓展了贸易空间，缩短了贸易的距离和时间，使全球贸易规模远远超越了以往任何一个时期。

凭借数字网络技术的支持，跨国公司远程管理成本大幅度地下降，企业活动范围更加全球化。美国《财富》杂志在分析了全球最大500家跨国公司排名变化后认为："全球化色彩越浓，大公司利润越高。""一个更大、更富裕的世界"将随着全球化大发展而出现。因此，数字经济加速了信息、商品与要素的全球流动，推动经济全球化进入一个新的发展阶段。

2．数字经济软化全球产业结构

数字经济时代，数字网络技术的创新及广泛应用使全球产业结构更加知识化、高科技化。知识和技术等"软要素"正在取代资本和劳动力成为决定产业结构竞争力的重要因素。全球产业结构软化趋势愈加明显。一是出现了知识驱动的经济发展模式。新一代信息技术蓬勃发展，跨国ICT企业加速市场扩张与产品创新步伐，世界各国都在大力发展信息技术产业，实现知识驱动的经济发展模式。二是传统产业加强了与信息产业的联系。计算机与数字技术能带来高效的生产效率，因此，传统产业不断加强与信息产业的前向联系和后向联系，以便拥有更强的产业竞争力和创造更高的产业附加值。三是新型服务业方兴未艾。由于信息技术的普及和创新，计算机和软件服务、互联网信息等新兴服务业的迅速崛起，知识化、信息化、智能化正在成为全球服务业未来发展的新方向。

3．新的数字技术助推数字经济以及社会发展

移动技术、云计算、物联网和大数据分析是当今数字经济中重要的技术趋势。总的来说，就是"智能一切"，即网络和数字化连接家庭、医疗、交通和能源，甚至政府管理和社会治理等。这些新应用依赖于固定和无线宽带网络，以及在互联网上连接的设备，以满足不断增长的经济和社会需求。

4．移动宽带应用加速数字产品普及

互联网普及率的提高，极大地受益于移动基础设施的发展和资费的下降。在许多新兴和欠发达国家，移动宽带连接的广泛提供，使得这些经济体的互联网接入量大幅增加、宽带速度不断提升。移动宽带质量的提升和Wi-Fi的大规模普及，使移动设备扩大了应用规模，影响了数以亿计用户的工作和生活。

（二）数字经济成为新常态下我国经济发展的新动能

数字经济代表着新生产力的发展方向，对我国而言更是具有特殊意义。互联网、云计算、大数据等数字经济技术本身，就是新常态下供给侧结构性改革要培育和发展的主攻方向。数字化将发掘新的生产要素和经济增长点，加速传统行业转型。

1. 新常态需要新动能

我国经济在经历了近40年的高速增长之后，开始进入一个增速放缓、结构升级、动力转换的新阶段，这一阶段也被称为经济发展新常态。认识、适应和引领新常态已被确定为指导我国经济发展的大逻辑。新常态下经济发展所面临的最大风险是掉入"中等收入陷阱"，而找准并利用好新动能就成为推动经济转型发展，跨越"中等收入陷阱"的关键。

2. 信息革命带来了大机遇

经济发展的新动能在哪里？这本来是一个大难题，曾让很多国家困扰了很多年。但现在不同了，人类经历了农业革命、工业革命，现在正在经历信息革命——正是信息革命为我国顺利跨越"中等收入陷阱"提供了前所未有的历史性机遇。从社会发展史看，每一次产业技术革命都会带来社会生产力的大飞跃。农业革命增强了人类生存能力，使人类从采食捕猎走向栽种畜养，从野蛮时代走向文明社会；工业革命拓展了人类体力，大规模工厂化生产取代了工场手工生产，彻底改变了工业生产能力不足、产品供给不足的局面；而信息革命则增强了人类脑力，数字化工具、数字化生产、数字化产品成就了数字经济，也促成了数字化生存与发展。以数字化、网络化、智能化为特征的信息革命催生了数字经济，也为经济发展提供了新动能。

3. 数字经济的动能正在释放

数字经济不仅有助于解放旧的生产力，还能够创造新的生产力。数字技术正广泛应用于现代经济活动中，提高了经济效率，促进了经济结构加速转变，逐步成为全球经济复苏的重要驱动力。近年来，云计算、物联网、移动互联网、大数据、智能机器人、3D打印、无人驾驶、虚拟现实等信息技术及其创新应用层出不穷、日新月异，并不断地催生出一大批新产业、新业态、新模式。更为重要的是，这一变化才刚刚开始。凯文·凯利一直在提醒我们，真正的变化还没有到来，真正伟大的产品还没有出现，"今天才是第一天"。甚至也有专家断言，人类现在的信息处理能力还只是相当于工业革命的蒸汽机时代。

4．发展数字经济成为我国的战略选择

面对数字经济发展大潮，许多国家都提出了自己的发展战略，如美国的工业互联网、德国的工业4.0、日本的新机器人战略、欧盟和英国的数字经济战略等。我国立足于本国国情和发展阶段，正在实施"网络强国"战略，大力推进"数字中国"建设，大力推行"十四五"规划中有关数字经济的发展战略。

（三）数字经济是引领国家创新战略实施的重要力量

发展数字经济对我国的转型发展，以及实现中华民族伟大复兴的中国梦具有重要的现实意义和特别推动作用，对贯彻落实新的发展理念、培育新经济增长点、以创新驱动推进供给侧改革、建设网络强国、构建信息时代国家新优势等都将会产生深远的影响。

1．发展数字经济是贯彻新发展理念的集中体现

数字经济本身就是新技术革命的产物，是一种新的经济形态、新的资源配置方式和新的发展理念，集中体现了创新的内在要求。我国发展数字经济，是贯彻"创新、协调、绿色、开放、共享"新发展理念的集中体现。首先，数字经济减少了信息流动障碍，加速了资源要素流动，提高了供需匹配效率，有助于实现经济与社会、物质与精神、城乡之间、区域之间的协调发展。其次，数字经济能够极大地提升资源的利用率，是绿色发展的最佳体现。最后，数字经济的最大特点是基于互联网，而互联网的特性是开放共享。数字经济为落后地区、低收入人群创造了更多的参与经济活动、共享发展成果的机会。

2．发展数字经济是推进供给侧结构性改革的重要抓手

以新一代信息技术与制造技术深度融合为特征的智能制造模式，正在引发新一轮制造业变革，数字化、虚拟化、智能化技术将贯穿产品的全生命周期，柔性化、网络化、个性化生产将成为制造模式的新趋势，全球化、服务化、平台化将成为产业组织的新方式。数字经济也在引领农业现代化，数字农业、智慧农业等农业发展新模式，即数字经济在农业领域的实现与应用。在服务业领域，数字经济的影响与作用也已经得到了较好的体现，电子商务、互联网金融、网络教育、远程医疗、网约车、在线娱乐等的出现已经使人们的生产生活发生了极大改变。

3．贯彻落实创新驱动发展战略，推动"大众创业、万众创新"的最佳试验场

现阶段，数字经济最能体现信息技术创新、商业模式创新以及制度创新的要求。数字经济的发展孕育了一大批极具发展潜力的互联网企业，并成为激发创新创业的驱动力量。众创、众包、众扶、众筹等分享经济模式本身就是数字经济的重要组成部分。

4．数字经济是构建信息时代国家竞争新优势的重要先导力量

数字经济的发展在信息革命引发的世界经济版图重构过程中，将起到至关重要的作用。信息时代的核心竞争力将越来越表现为一个国家或地区的数字能力、信息能力、网络能力。实践表明，我国发展数字经济有着自身独特的优势和有利条件，起步很快，势头良好，已在多数领域形成与先行国家同台竞争、同步领跑的局面，未来将在更多的领域发挥出领先发展的巨大潜力。

二、发展数字经济的优势

我国数字经济的不俗表现得益于全球信息革命提供的历史性机遇，得益于新常态下寻求经济增长新动能的强大内生动力，更得益于自身拥有的独特优势。我国发展数字经济的独特优势突出表现在3个方面：网民优势、后发优势和制度优势。

（一）网民优势孕育了我国数字经济的巨大潜能

就像我国经济社会快速发展一样，我国网民规模和信息技术发展速度也令人目眩。这促进了世界上最生机勃勃的数字经济的发展。

1．网民红利日渐显现，使得数字经济体量巨大

近年来，我国人口发展出现了拐点，即劳动力人口连续下降，人口老龄化程度加深，使得支持我国经济发展的人口红利在逐渐丧失。但我国的网民规模却逐年攀升，互联网普及率稳健增长，网民红利开始显现。自2008年起，我国成为名副其实的第一网民大国。正是有了如此庞大的网民数量，才造就了我国数字经济的巨大体量和发展潜力。这就不难理解，为什么一个基于互联网的应用很快就能达到上千万、上亿甚至数亿人的用户规模，为什么只有几个人的互联网企业短短几年就可以成为耀眼的"独角兽"企业，甚至在全球达到领先水平。我国互联网企业在全球的出色表现，表明我国已经成功实现从人口红利向网民红利的转变。

2．信息技术赋能效应显现，使得数字经济空间无限

近年来，信息基础设施和信息产品迅速普及，信息技术的赋能效应逐步显

现，为数字经济带来了无限的创新空间。以互联网为基础的数字经济，解决了信息不对称的问题，使得边远地区的人们和弱势群体可以通过互联网、电子商务了解市场信息，学习新技术新知识，实现创新创业，获得全新的上升通道。基于互联网的分享经济还可以将海量的碎片化闲置资源（如土地、房屋、产品、劳力、知识、时间、设备等）整合起来，满足多样化、个性化的社会需求，使全社会的资源配置能力和效率得到大幅提升。当每一个网民的消费能力、供给能力、创新能力都进一步提升并发挥作用时，数字经济将迎来真正的春天。

3．应用创新驱动，使得网民优势有效发挥

当前，数字经济发展已从技术创新驱动向应用创新驱动转变，我国的网民优势就显得格外重要。庞大的网民和手机用户群体，使得我国数字经济在众多领域都可以轻易在全球排名中拔得头筹，如百度、阿里巴巴、腾讯、京东跻身全球互联网企业市值排行榜前10位，有足够的经验供互联网创业公司借鉴。小猪短租、名医主刀等一批分享型企业也在迅速崛起，领先企业的成功为数字经济全面发展提供了强大的示范效应。

（二）后发优势为数字经济提供了跨越式发展的特殊机遇

信息技术创新具有跳跃式发展的特点，为我国数字经济的跨越式发展提供了机遇。

1．信息基础设施建设实现了跨越式发展

电话网铜线还没有铺设好就迎来了光纤通信时代，固定电话还没有普及就迎来了移动通信时代，固定宽带尚未普及就直接进入了全民移动互联网时代，2G、3G还没普及就直接使用上了4G和5G。目前，我国信息基础设施基本建成，建成了全球最大规模的宽带通信网络，网络能力得到持续提升，全光网城市由点及面全面推开，城市家庭基本实现了100M光纤全覆盖。

2．信息技术应用正在经历跨越式发展

我国数字经济的发展是在工业化任务没有完成的基础上开始的，尚不成熟的工业化降低了数字经济发展的路径依赖与制度锁定。工业化积累的矛盾和问题若用工业化的办法去解决，便十分困难也费时较长，但有了信息革命和数字经济就不一样了。工业化的诸多痛点遇到数字经济就有了药到病除的妙方，甚至可以点石成金、化腐朽为神奇。而我国的网络购物、P2P金融、网约租车、分享式医疗

等很多领域能够实现快速发展，甚至领先于许多发达国家，在很大程度上也是由于这些领域的工业化任务还没有完成，矛盾突出痛点多，迫切需要数字经济发展提供新的解决方案。在制造业领域，工业机器人、3D打印机等新装备、新技术在以长三角、珠三角等为主的我国制造业核心区域的应用明显加快，大数据、云计算、物联网等新的配套技术和生产方式开始得到大规模应用。多数企业还没有达到工业2.0、工业3.0水平就迎来了以智能制造为核心的工业4.0时代。可以说，数字经济为我国加速完成工业化任务、实现"弯道超车"创造了条件。经过多年努力，我国在芯片设计、移动通信、高性能计算等领域取得重大突破，部分领域实现全球领先，如华为、联想、中兴、腾讯、阿里巴巴、百度等企业在全球的地位稳步提高。

3．农村现代化跨越式发展趋势明显

因为互联网，许多原本落后的农村彻底改变了面貌。农村电商的快速发展和"淘宝村"的崛起，吸引了大量的农民和大学生返乡创业，人口的回流与聚集也拉动了农村生活服务水平的提升和改善，释放的数字红利也为当地发展提供了内生动力。现在，网购网销在越来越多的农村地区成为家常便饭，网上学习、手机订票、远程医疗服务纷至沓来，农民开始享受到前所未有的实惠和便利。正是因为有了数字经济的发展，许多农村地区从农业文明一步跨入信息文明，农民的期盼也从"楼上楼下，电灯电话"变成了"屋里屋外，用上宽带"。

4．信息社会发展水平相对落后，为数字经济发展预留了巨大空间

信息社会发展转型期也是信息技术产品及其创新应用的加速扩张期，为数字经济大发展预留了广阔的空间。目前，我国电脑普及率、网民普及率、宽带普及率、智能手机普及率、人均上网时长等都还处于全球中位水平，发展空间巨大，未来几年仍将保持较快增长。以互联网普及为例，仅每年增加4 000万人的网民，就足以带来数字经济的大幅度提升。

（三）制度优势为数字经济发展提供了强有力的保障

我国发展数字经济的制度优势在于强有力的政治保障、战略规划、政策体系、统筹协调和组织动员。这为数字经济的发展创造了适宜的政策环境，带动了整个经济社会向数字经济转变。

1．组织领导体系基本健全为数字经济发展提供了政治保障

2014年，中央网络安全和信息化领导小组的成立标志着我国信息化建设真正上升到了"一把手工程"，信息化领导体制也随之基本健全。建设网络强国、发展数字经济已形成全国共识。各级领导和政府部门对信息化的高度重视，组织领导体系的基本健全，为数字经济的发展提供了重要的政治保障。

2．信息化引领现代化的战略决策为数字经济发展提供了明晰的路线图

《国家信息化发展战略纲要》提出了2016年到21世纪中叶中国信息化发展的战略目标，明确了在增强信息化发展能力、提升信息化水平、优化信息化发展环境方面的3大类56项重点任务。确切地说，国家信息化发展战略决策为数字经济发展提供了明晰的路线图。

3．制定并形成了较为完整的政策体系

在过去两年多的时间里，我国围绕信息化和数字经济发展密集出台了一系列的政策文件，包括"互联网＋"行动、宽带中国、中国制造2025、大数据战略、信息消费、电子商务、智慧城市、创新发展战略等。各部门、各地区也纷纷制定出台了相应的行动计划和保障政策。我国信息化政策体系在全球也可以称得上是最健全的，这也体现出国家对发展数字经济的决心之大、信心之足和期望之高。更为重要的是，我国制度优势有利于凝聚全国共识，使政策迅速落地生根，形成自上而下与自下而上推动数字经济发展的大国合力。

第二章
数字金融的基础理论阐释

第一节　数字金融的概念、特征与分类

一、数字金融的概念

数字金融的概念提出较晚，目前国内外学者尚未对其形成统一定义，而且对"数字金融""电子金融""互联网金融""金融科技"等概念的界定与区分比较模糊。随着时间的推移，数字金融在不同阶段的侧重点也有所不同。

Ozili（2018）将数字金融界定为通过移动终端、个人电脑、互联网等数字技术提供的一系列金融服务，并认为数字金融可以为发展中国家和新兴经济体带来更大的金融包容性，以及为非金融部门和个人拓宽普惠金融的服务广度和服务深度。黄益平、黄卓认为数字金融是指通过数字技术，传统金融机构与互联网企业实现投融资、支付、借贷等新型金融业务模式，其中既强调了其科技属性，又强调了其金融属性，相较于互联网金融突出交易渠道和金融科技侧重科技特征，数字金融所覆盖内容更广。2020年4月世界银行发布的《数字金融服务报告》中对数字金融的定义，数字金融是传统金融部门和金融科技企业利用数字技术进行金融服务的金融模式。在麦肯锡公司的报告中，数字金融被定义为"通过移动电话、互联网或卡片提供的金融服务"。

综合上述观点，数字金融是数字科技与金融业的融合，是持牌金融机构以数字技术为工具，进行数据协作与融合，创建智慧金融生态系统，精准把握客户需求，提供个性化与智能化的金融服务。即传统金融机构与互联网公司利用数字

技术实现投融资、支付和其他新型金融业务，进行风险价值评估，实现资产数字化，研发新型的数字化消费金融、供应链金融产品，推动普惠金融服务覆盖小微企业、长尾客群等传统金融忽视的客户群体。数字金融的核心在于通过引入移动互联网、云计算等新一代数字技术，解决传统金融问题，使数据成为金融业务各流程的关键要素。数字金融改变传统金融的业务方式、提升运行效率、扩大服务覆盖面、降低交易成本、优化风险管理方式。

二、数字金融的特征

数字金融本质上是将移动互联、大数据、人工智能、云计算、区块链等各类数字技术与传统金融服务业态深度融合发展的一种新型金融服务，其中数字是手段，金融是本质，主要特征是信息化、网络化和智能化。

（一）信息化

大数据、移动互联网、区块链等先进的信息技术是数字金融的发展基础和依据。在基础技术层面上，移动互联网解决了触达的问题；生物识别可以解决远程风险鉴别问题；大数据解决了信息不匹配的问题；人工智能既保证了数据处理的效率，也拓展了技术边界；云计算可以降低技术和创新的成本，实现社会经济可持续发展；区块链则可提供透明可信的数据，追溯计算机算法。这些先进的信息技术手段进一步明确了数字金融的信息化特征。通过不断优化其信息化特征，进一步提高了数字金融的高新技术水平，为数字金融的发展提供强劲的技术基础。

（二）网络化

网络化是指金融服务在网络的基础上运行，它能够简化管理，能快速给用户提供最佳的解决方案，能够快速解决金融服务过程中出现的问题，通过网络技术让办公和运营维修的终端合为一体，企业使用网络技术减少运营成本，也让数据交换更为方便。

（三）智能化

传统的金融服务已经不能满足人们的需求，人们希望得到更贴心、更智能的服务，数字金融的智能化能够让业务的办理流程更加简洁、顺畅，过程更加智能，用户通过智能化节省了时间，办理业务更加方便，同时能够享受到乐趣。对于企业来说，智能化降低了运营成本，提高了办公效率，推动发展模式转变。

三、数字金融的分类

数字金融是数字科技与金融业的融合：一方面是传统金融机构利用数字科技将传统金融服务中的人、资金、信息、场景全面数字化，表现为对传统金融业务的优化升级；另一方面是科技企业挖掘数字技术的应用领域，将其运用于金融领域，实现投融资、支付、借贷等业务模式的创新，衍生出全新的金融服务模式和业态，所以数字金融总体上可以分为传统金融的数字化和数字金融新兴业态两大类。

（一）传统金融的数字化

1. 银行业务数字化

数字银行是指银行及其所有活动、计划和职能的全面数字化。区别于传统银行，数字银行并不依赖于实体分行网络，而是以数字网络作为银行核心，通过大数据、区块链等前沿技术实现在线金融服务，服务趋向定制化与互动化，银行结构趋向扁平化。数字银行是网上银行、手机银行、手机钱包、网上开户、网络营销等一系列事物的总称。数字银行更依赖于大数据，分析和采用所有新技术来改善客户体验。

2. 保险业务数字化

在金融科技的浪潮下，互联网保险公司、互联网巨头等市场主体纷纷加入保险市场中，以技术作为驱动力，给原本稳定发展的保险行业格局带来冲击。面对金融科技冲击，传统保险行业纷纷转变经营战略，主动投身数字时代。在顶层设计方面，各保险公司都把数字营销作为公司战略的重中之重，制定了数字化和创新驱动发展战略。在各大上市保险公司年报中，"数字化""金融科技"已经成为关键词。在科技能力建设上，各大保险公司投入大量资源进行数字化建设，打造以科技为驱动的动能模式。保险科技的应用已渗透全业务链条，大幅提升保险公司的经营效率；同时，科技为保险公司创造了新的业务模式并打造数字保险生态体系，为保险公司带去新的发展机遇。传统保险公司凭借自身的规模优势、牌照优势、资金优势，在保险科技的浪潮中抢占先机。随着保险行业参与主体的数字化，以及投保人行为的数字化，保险行业也将进入数字生态阶段。

3. 证券业务数字化

随着数字化浪潮的兴起，券商之间的竞争已逐渐演变为金融科技水平之间的竞争。现代券商的核心竞争能力，由其数字化支持能力决定：一方面，提高数字化的支持能力与反应速度，以满足客户不断发展和快速变化的需要；另一方面，深入挖掘现有数据，拓展金融服务覆盖范围，发现新的商机与营销对象。数据显示，自2018年以来，国泰君安证券、海通证券、银河证券、招商证券等数十家券商与腾讯等进行合作，在互联网证券业务场景创新、AI智能应用等领域提升证券服务的凝聚力，进一步提升行业服务的质量与效能。

4．财富管理数字化

随着互联网金融受到越来越多的关注，互联网金融平台根据自身的用户基础，为不同用户提供不同理财需求的理财产品。互联网金融让投资理财的人群能够更好地享受互联网所带来的便捷理财优势。互联网理财让沉积在个人账户的资金发挥出更大的效益，为理财人带来更高的回报率，实现了全国富裕地区的资金向二、三线城市的转移，无论是宏观还是落实到个人，互联网金融理财都将成为未来的金融界主导，惠及更多的人。

5．其他金融业务数字化

除了银行、保险、证券等行业在积极迎合时代发展趋势，全面推动数字化转型，其他各种金融业态、金融业务也同样在顺势而为，创新金融产品和业务模式，加快推进数字化转型。

（二）数字金融的新兴业态

1．第三方支付

第三方支付是指具备一定经济规模与信誉保障的独立机构，通过与银联或网联对接的方式，促成双方完成交易的网络支付模式。在第三方支付模式下，买方选购商品后，在第三方平台提供的账户上，将货款支付给第三方，第三方告知卖家货款已到账、应完成发货；买方收到货物，检验货物，确认无误后，通知第三方付款；第三方将款项转至卖家账户。

2．网络借贷

网络借贷指在网上完成借贷，在网络平台上借入者与借出者均实现借贷的"在线交易"。网络借贷借助互联网的优势，可以足不出户地完成贷款申请的各项步骤，包括了解各类贷款的申请条件，准备申请材料，一直到递交贷款申请，都可以在互联网上高效地完成。

3．数字货币

数字货币简称为DC，是英文"Digital Currency"（数字货币）的缩写，是电子货币形式的替代货币。数字金币和密码货币都属于数字货币。数字货币是指一种基于节点网络与数字加密算法的虚拟货币。数字货币的核心特征为以下3个方面：①由于源自某些开放的算法，数字货币无发行主体，缺少人或机构控制其发行；②由于算法解的数量确定，数字货币总量固定，从根本上解决了虚拟货币滥发导致通货膨胀的问题；③交易过程需要网络中各节点认可，因此数字货币交易过程具备足够安全性。

4．区块链技术及应用

区块链是一种去中心化分布式账本，是按照时间顺序将数据区块按顺序连接组合形成的一种链式数据结构，不可篡改和伪造，具有去中心化、去中介信任、开放性和可靠性等特点。作为一种不需要行政机构授信的安全解决方案，区块链首先被应用于比特币。区块链数据的自动记录、不能删除和难以篡改特征，使其非常适合为信用相关业务服务，并让以认证、记录、防伪和树立第三方权威为主要功能的专业金融机构和硬件系统都变得不再必要，对于金融脱媒有巨大的应用潜能。目前，区块链的应用主要集中在数字货币、跨境支付与结算、票据与供应链金融服务、证券发行与交易以及客户征信与反欺诈5个领域，各国尚未出现技术和商业都成熟的例子。

5．众筹融资

众筹是指面向公众筹措资金；众筹融资则是指具有融资需求的企业在网络众筹平台上发布融资项目的信息，通过转让部分股权的方式，向有意愿投资的社会公众筹集资金的新型融资模式。与传统的融资模式（如募集股票）相比，众筹融资对企业要求较为宽松，注册资本、规模等方面的门槛较低，可覆盖到资本相对不足的中小型企业；新兴产业具备较强的创新力与发展潜力较大的专利技术，但却面临缺少资金等问题，众筹融资的出现可有效缓解和解决这一问题。另外，众筹融资对投资者的要求偏低，即便不懂相关专业知识，没有雄厚的资金支撑，没有丰富的投资经验，也可以参与其中，这也决定了一个融资项目的股本低、受众广、投资方基数大等特点。同时伴随而来的就是，投资者所期回报的多样化，可能是产品，也可能是服务。这就在一定程度上分散了融资方仅追求资本回笼的压力，促进了融资方对提高产品质量及服务质量的要求，更加有利于促进市场健康发展。

6. 智能金融

智能金融（AiFinance）即人工智能与金融的全面结合，以人工智能、大数据、云计算、区块链等高新技术为基础，全方位赋能金融机构，提高服务效率，拓展金融服务广度与深度，推动全社会获得平等、高效、专业的金融服务，实现金融服务智能化、个性化、定制化。智能金融主要应用包括智能获客、身份识别、大数据风控、智能投顾、智能客服等。

第二节　数字金融的发展背景与历程

一、数字金融的发展背景

（一）技术背景

互联网技术的发展为数字金融奠定了技术基础，互联网技术与金融功能的深度结合造就了互联网金融。互联网技术包括Web2.0、社交网络、移动互联网、大数据技术、云计算及区块链技术。Web2.0、社交网络的开放性、交互性将普惠元素注入互联网金融，移动互联网发展推动互联网金融普及进程；云计算、大数据技术、区块链提升了传统金融在数据处理方面的效率，降低其信息处理的成本，极大地推动了消费创新，并深刻改变了居民消费方式，而商品消费升级换代和消费品市场的不断细分，又日益增强了对制造业转型升级的引领作用，为数字金融的产生奠定了技术基础，推动各种金融形态发生了显著的变化，并使其可以更好地满足各行各业的金融需求。

（二）经济背景

20世纪90年代以来，随着"冷战"的结束，以信息技术革命为中心的高新技术迅猛发展，不仅冲破了国界，缩小了各国各地区之间的距离，使世界经济越来越融为一体，全球化的概念得到普遍认可，而且让人类社会迎来了10多年的经济高速增长期。然而2008年，美国爆发的经济危机几乎席卷了西方世界。这次经济危机也标志着新自由主义的经济模式已经行不通而归于失败，全球经济中心开始由以欧美为中心向以亚太为中心转变。我国历经40多年的改革开放与现代化建设实践，形成了独具特色和优势的中国发展模式。

我国经济自改革开放以来，取得了同期罕见的增长奇迹。1979年至2018年国内生产总值年均增长9.4%，是同期世界平均水平（2.9%）的三倍多。1978年我国经济总量居世界第十一位，我国经济总量占世界份额的1.8%；2021年则接近18%，经济总量达114.4万亿元，人均国内生产总值80 976元，稳居世界第二位，外汇储备余额32 502亿美元，连续多年位居世界第一，在中华大地上全面建成小康社会，历史性地解决了绝对贫困问题，实现了第一个百年奋斗目标。

当今世界，各国经济已高度相互依赖，人类经济交往比过去任何时候都更为深远，各国联系比过去任何时候都更频繁紧密，全球化的利益已经惠及大量国家、大量企业、大量劳动者和消费者，客观上，经济全球化仍然是人类社会发展的主流趋势。在"三期叠加"的背景下，以中国为代表的新兴市场经济主体，正成为世界发展、人类文明进步的一支重要力量。

当前，我国经济已由高速增长向高质量发展调整，雄厚的经济基础为金融业的创新发展奠定了坚实基础，与此同时，金融资源的配置效率也决定着整个经济社会的运行效率和经济增长质量。数字金融作为金融创新与科技创新叠加融合形成的一种高级金融形态，具有数字与金融的双重属性，能够加速资金、信息、数字等要素的自由流通与有效配置，为实体经济发展提供金融活血。

（三）政策背景

数字经济是时代发展的新兴技术，在不同经济环境下，各国政策存在诸多差异。美国是世界上发展数字经济的领导者，其发展逻辑是非常独特的。美国在数字经济产业链上运用了网络技术，并充分利用主观能动性，形成深度战略布局，注重规模效益，使其达到了帕累托最优状态。我国在发展数字经济的过程中，更多地把重点放在了网络技术的运用上，特别是对于虚拟经济的带动性问题。与中美不同，欧洲的数字经济政策更注重规避风险，存在政策滞后性、保守性，因此欧洲的发展步伐落后于中美。

近年来，我国颁布了《网络安全法》（2017）、《重要信息基础设施安全保护条例（征求意见稿）》（2017）、《数据安全管理办法（征求意见稿）》

（2019）等相关法律法规，严格规范数据的跨境流通。《金融科技发展规划（2022—2025年）》提出的"加快健全与金融科技创新发展相配套的支撑保障体系，全面激活数字化转型发展的内生动力"。目前，我国各级政府和监管部门正在积极推进金融供给侧结构性改革、建立监管政策长效机制、健全中小微企业融资体制，鼓励银行构建敢贷、愿贷、能贷、会贷的机制，完善其线上贷款、信用贷款的配套措施，为数字金融的发展提供良好的政策环境。

二、我国数字金融的发展历程

数字金融是我国数字经济发展中最为活跃的领域之一，也是产业数字化的代表性行业之一，在其发展过程中，金融信息化、互联网金融、金融科技、数字金融等概念在不同场合出现，这也代表着数字金融发展所经历的不同阶段。

（一）金融信息化时代：传统金融融网（20世纪70年代至2012年）

金融信息化是把现代信息技术运用到金融业的重要进程，它是建立在由信息网络、计算机、信息资源和人力资源构成的国家信息基础框架上，由统一技术标准，以不同的速率传输数据、语音、视频和图像的信息网络，将各种以计算机为主体，具备智能交换、增值服务的金融信息系统进行连接，构建一个新的金融经营、管理和服务模式的系统工程。相较于发达国家，我国从20世纪70年代开始建立金融行业信息系统，起步较晚，发展历程较短，但发展速度较快。我国金融信息化由20世纪末起步，已历经20余年，在众多金融科技从业人员的努力下，初步建成了日趋成熟完整的金融信息体系，实现了从无到有、从有到精。

在此期间，金融信息化工作以金融企业和行业监管机构为核心。即在中国人民银行、中国证监会等行业监管机构的领导下，各金融企业依据自身情况，确定金融信息化的发展战略与实施原则。我国金融行业信息化的发展大致分为以下5个阶段：

1. 起步阶段（20世纪70年代）

20世纪70年代，以中国银行引进第一套理光-8型（RICOH-8）主机系统为标志，中国金融行业信息系统进入起步阶段。鉴于计算机效率高、准确性强、功能丰富的优势，主要目标为用计算机代替人工，处理银行部分业务，如对公业务、储蓄业务、联行对账业务等的自动化处理。本阶段的主要处理方法是脱机批处理的方式。

2．推广应用阶段（20世纪80年代）

20世纪80年代，我国银行业在大中城市推广各类柜面业务处理系统，各行分别建立了自身联网系统，实现了同城银行间的活期储蓄通存通兑，各行、各网点间业务的联网处理。计算机已应用于银行门市业务、资金清算业务、信贷管理业务等多项业务中。1985年，中国银行率先加入了SWIFT环球金融通信网络系统，我国银行业网络信息系统同国际接轨取得重大进步。

3．完善提高阶段（20世纪90年代前中期）

20世纪90年代，各大银行选择升级信息系统主机，扩大业务处理范围、提升业务处理能力。1991年4月1日，中国人民银行卫星通信系统上电子联行系统的正式运行，标志着我国银行网络信息系统进入了全面网络化阶段。各大银行先后加入中国人民银行的电子联行系统，在部分城市建立了自动化同城票据交换系统。解决之前的资金清算时间长、可靠性差的问题，推动异地资金清算高质高速地完成。

同时，其他各大银行也纷纷加入SWIFT系统，提高自身国际结算业务的水平。除此之外，在中国人民银行卫星通信系统上还开发应用全国证券报价交易系统，推动全国形成统一、公平、合理的证券交易市场，揭开计算机在金融领域的应用新篇章。

在应用水平提升，网络系统完善的技术支持下，除了传统金融业务外，各行推出了新型自助银行，以便随时随地提供服务，形成了全方位、全开放式、多层次，并与国际接轨的新型金融服务体系。此时，金融业务应用已较为完善，各大银行及金融机构仍坚持开拓新业务，重视计算机在管理信息系统中的应用，争取早日完善决策支持系统。

4．传统金融行业互联网化阶段（20世纪90年代末到2004年）

1993年，电子商务这一全新商务运作模式的诞生，带领人类商务活动进入全面电子化时代。银行等传统金融机构为应对金融业网络化新形势，开始转变传统经营观念、支付方式和运营模式，网上转账、网上证券开户等互联网金融业务相继出现，预示着互联网金融时代到来。在全球互联网信息技术高速发展，且我国已加入WTO的背景下，我国金融市场出现了新竞争格局。基于此，金融企业利用信息技术加强客户关系管理、金融产品创新，内部信息化建设，以求得市场优势。

金融信息化的意义并不局限于金融行业本身，同时是社会信息化的重要组成部分。在电子商务时代新形势下，金融企业要求将其支付系统与企业网络、政府网络以及消费者网络进行对接，推出网上支付系统。中国银行首先推出网上银行系列产品。随后中国建设银行总行正式推出了网上银行业务、线上个人外汇买卖等服务。信息技术已渗透金融领域的方方面面，其应用水平、网络化成为衡量"新世界、新金融、新银行"的一个重要标准。为了适应WTO形势下的新竞争格局，我国的金融企业正在加快步入信息化时代。

当时我国已出现互联网金融萌芽，然而此时尚未真正形成互联网金融形态，传统金融机构仅是简单地将金融业务搬到互联网上。

5．第三方支付蓬勃发展阶段（2005—2012年）

2005—2012年，是我国由金融信息化转型至互联网金融发展时期，金融与互联网的融合由技术层面逐步深入业务领域，第三方支付、P2P网贷等真正的互联网金融业务相继出现。由于电子商务中货款支付不同步，存在较大的信用问题，第三方支付平台以信用中介的身份出现，并迅速发展。随着移动通信的普及，其应用范围逐步拓展到了生活服务领域。

（二）互联网金融时代：互联网＋金融兴起（2013—2016年）

1995年，美国安全第一网络银行（Security First Network Bank，SFNB）成立，标志着互联网金融出现，揭开了金融发展新篇章。我国互联网金融发展主要有以下两个阶段。

1．互联网实质性金融业务发展阶段（2013—2015年）

2013年被称作互联网金融发展元年，"余额宝"的出现，标志着我国互联网金融进入高速发展模式。随着第三方支付的逐渐成熟，P2P网贷的迅猛发展，众筹平台兴起，互联网保险、互联网银行等获批经营，同时券商、基金等利用互联网开展业务，网络金融超市和金融搜索出现，提供了整合式服务，我国互联网金融进入高速发展期。2013年起，互联网科技公司、传统金融公司，都在利用数字技术进行金融创新。"余额宝"的成功，让金融行业的人大吃一惊，也让我国传统金融的基础受到了极大的冲击。《政府工作报告》中正式载入了2014年3月的互联网金融。2015年，我国十部委联合发布《关于促进互联网金融健康发展的指导意见》，将互联网金融视为一种全新的金融商业模式。

2．互联网规范性金融业务完善阶段（2016年）

2016年，互联网金融行业监管多措并举，监管政策与行业自律规范陆续出台。2016年9月9日，由中国互联网金融协会组织建设的"互联网金融行业信用信息共享平台"正式开通，中国互联网金融协会与17家会员单位集中签署了《中国互联网金融协会互联网金融服务平台信用信息共享合作协议》。

信用信息共享平台是中国互联网金融协会在履行自身监管职能方面的一个新尝试，同时也是业内为推动网络金融标准化发展而采取的一项新措施，有效推动网络金融企业诚信体系构建。首先，将行业信用信息系统依法有序地纳入信用信息共享平台，既可以促进互联网金融行业信用体系的发展，也可以与全国金融信息数据库和其他行业的信用数据库相结合，为我国的社会信用打下坚实的信息基础。其次，对完善互联网金融风险管理制度具有重要的意义。信用信息共享平台，可以打破各部门之间的"信息壁垒"，有效整合利用信用信息，从而提高行业的风险管理能力。最后，有利于互联网金融行业自律体系的完善。通过建立信用信息共享平台，可以促使各成员机构按照现行的现有法律与规则维护用户的个人隐私，提升企业的信息管理能力，促进行业自律机制的不断完善。

以网络借贷为例，2016年8月24日银监会颁布《网络借贷信息中介机构业务活动管理暂行办法》，10月13日银监会印发《P2P网络借贷风险专项整治工作实施方案》，11月银监会、工信局和工商总局印发《网络借贷信息中介机构备案管理登记指引》，同时专项整治各项工作稳步推进。网络借贷风险整体呈现下降态势，风险案件高发、频发的势头初步得到遏制，社会各界反响积极正面。

行业自律方面，根据中国人民银行等十部委发布的《关于促进互联网金融健康发展的指导意见》与银监会等四部委发布的《网络借贷信息中介机构业务活动管理暂行办法》，中国互联网金融协会按照规范发展网络借贷的要求，筹备建立网络借贷专业委员会。

2016年10月28日，中国互联网金融协会发布《T/NIFA1—2016互联网金融信息披露个体网络借贷》标准和《中国互联网金融协会信息披露自律管理规范》。其中，《T/NIFA1—2016互联网金融信息披露个体网络借贷》标准定义并规范了96项披露指标，其中强制性披露指标65项、鼓励性披露指标31项，通过披露从业机构、年度报表、股东高管与平台经营等信息，达到机构自身透明；通过披露资金存管、还款代偿等信息，达到客户资金流转透明；通过披露借款用途、合同条文、相关风险以及借款人信用等信息，达到业务风险透明。

互联网金融作为信息化时代金融发展的新业态，有利于释放"五重红利"。一是要改善我国当前社会融资结构单一的状况，完善小微金融、三农金融、消费金融等普惠金融体系建设，推进金融改革，释放"改革红利"。二是进一步扩大金融开放、释放市场活力、优化资源配置、释放"竞争红利"。三是运用大数据、云计算等信息技术，减少信息技术投入，促进金融信息技术建设，释放"技术红利"。四是以互联网为核心，进行账户、支付交易、投融资、安全管理等方面的重构，推动经营战略转变，释放"创新红利"。五是赶超国际金融先进水平，增强国际金融话语权，释放"战略红利"。

互联网金融创新的重要意义在于以电子账户体系为核心，重构金融账户体系；以互联网支付为核心，重构支付交易体系；以线上投融资为核心，重构投融资体系；以资金监管和大数据运用为核心，重构安全保障体系。通过上述"四重构"，突破了信息不对称、竞争不充分、覆盖范围有限、交易成本较高等限制，提高金融资源的有效供给，推动促进金融体系供给侧结构性改革。

（三）金融科技：金融和科技强强联合（2017—2019年）

根据金融稳定理事会（FSB）的定义，金融科技是基于大数据、云计算、人工智能、区块链等一系列技术创新，全面应用于支付清算、借贷融资、财富管理、零售银行、保险、交易结算等六大金融领域，是金融业未来的主流趋势。

在这一时期，互联网、移动互联技术将作为新兴技术的基础存在，而不再是推动金融即时化发展的主要力量。金融市场环境的巨大变化，迫使金融业与科技加速融合，提升自身的金融服务能力和效率，使得金融科技以大数据、云计算、人工智能等为代表的前沿技术，在理财、支付、融资、平台建设等多个领域得到了广泛应用。金融服务打破了时间和空间的限制，与客户保持（7×24）小时的实时在线，惠及更多的长尾群体。计算机和带宽成本的持续降低，加快了云计算时代的来临；物联网的不断完善，增强了设备互联的可能性。这些硬件条件的升级也使得科技有了一次跨越式发展的机会。

2017年后，金融业中，大数据、区块链等技术更广泛应用于保险、供应链、支付领域甚至是货币领域，以求更为合理科学地配置金融资源。例如，在支付领域，由于第三方支付的迅猛发展，用户的支付习惯发生了变化，金融中介商业银行在支付清算领域的地位被动摇；在贷款方面，P2P等数字金融技术延伸金融服务范围，整合金融资源；在供应链方面，数字化技术以其高效率、高精度，让产业与金融机构的联系变得更加紧密，推动金融为实体经济赋能增效，同时促进实体经济反哺金融业。在货币领域，随着数字技术的不断发展，其信用体系会通过区块链等技术来重建。相较于传统的社会信用体系，这种去中心化的信用体系更高效、更安全。总之，金融科技阶段的发展特征主要表现为传统金融公司和互联网科技公司共同成为发展主力。

金融科技在这一阶段之所以能够在全球快速发展的动因，主要有以下两种较具有代表性的观点。据Haddad C 等（2016）对64个国家金融科技出现的经济和技术两方面决定因素进行比较分析发现，主要原因有：一是当能够获得最新技术、资本市场发展充分且人们有更多移动电话订阅时，会有更多金融科技初创企业出现；二是金融体系越健全，金融科技初创企业越多；三是受可用劳动力供给和政府政策的影响。而王静（2018）则认为金融科技快速发展的动因：一是金融危机后监管合规成本的上升；二是现有金融体系的边界和不足；三是政府政策对科技发展和创新精神的支持；四是人口结构和金融消费行为趋势的变化。这4个因素是推动金融科技涌现和发展的主要因素。

从"新金融""新科技"两种视角出发，结合金融科技行业的发展特征，将金融科技企业划分为科技金融和金融科技两大类。第一，科技金融，是指利用互联网、云计算等新技术改革业务模式，为金融企业提供创新金融服务；第二，金融科技主要是为金融机构在客服、风控等方面，提供云计算、大数据、人工智能、区块链等技术支持。无论是以技术驱动的金融创新变革，还是以金融为核心注入科技，都会对传统的金融业和科技产业产生巨大的冲击，金融科技的发展，必会成为未来的发展趋势。

（四）数字金融时代：智慧金融生态系统（2020年至今）

在新一轮技术革命迅猛发展的今天，数字经济已成为全球经济发展的必然趋势。金融领域在此背景下，不断被大数据、区块链等数字技术渗透，数字金融也随之出现，覆盖了传统金融的数字化、移动化、互联网金融等领域，带动我国经济社会高质量发展、提升国家竞争力。

在2016年《G20数字普惠金融高级原则》中，第一条原则就是利用数字技术推动普惠金融发展，努力消除数字金融服务发展的障碍。从2016年开始，金融监管层推动金融科技和电子商务深度融合，评估互联网金融风险，建立数字金融的监管体系和市场准入体系，实现数字金融标准规范与金融监管的有机结合。2019年10月24日，习近平总书记在中共中央政治局就区块链技术发展现状和趋势进行第十八次集体学习时指出，"区块链技术应用已延伸到数字金融、物联网、智能制造、供应链管理、数字资产交易等多个领域"，要求"推动区块链和实体经济深度融合，解决中小企业贷款融资难、银行风控难、部门监管难等问题"。这是中共中央高层第一次使用"数字金融"的概念。2020年7月，在广东省地方金融监督管理局、广州市地方金融监督管理局指导下，全国首个数字金融地方行业组织——广州市数字金融协会正式成立，探索构建独具广州特色的数字金融创新服务模式。

我国数字经济蓬勃发展，在金融监管和互联网平台去金融化的浪潮之下，数字技术与金融行业融合加深，数据已经成为金融行业最重要的生产要素，只有基于智能与生态的数字金融才是金融科技的未来，金融业态和产品创新步伐将显著加快。2019年以来，以P2P为代表的互联网金融被逐步整顿治理，金融创新回归本源、服务实体经济，开启了数字金融创新发展之路，运用数字技术和金融数据推动金融业数字化转型成为时代的主旋律。

从金融信息化到互联网金融，再到金融科技，最后到数字金融，概念演变背后的逻辑有4点：一是价值回归，金融要把为实体经济服务作为出发点和落脚点；二是技术驱动，尤其是随着5G时代到来，物联网、虚拟现实/增强现实等将加速发展应用；三是风险防控，防止发生系统性金融风险是金融工作的永恒主题；四是监管趋紧，2016年4月开始互联网金融风险专项整治，2020年11月开始加强金融科技监管。与此同时，《数据安全法》《个人信息保护法》等法律出台，将进一步促进金融科技、数字金融规范健康发展。

第三节　数字金融的影响与现实意义

一、数字金融是数字经济发展的重要驱动力

数字金融能够提升资金配置效率，为实体经济发展提供金融活血。金融资

源的配置效率决定着整个经济社会的运行效率和经济增长质量。传统金融"嫌贫爱富"的天然属性会对长尾客户产生金融排斥，数字金融则能够整合企业的信息流、现金流等信贷特征，进行定量的风险分析和风险定价，缓解信贷市场的市场失灵问题。一方面，数字金融利用数字技术降低了金融服务的门槛，使得被传统金融机构排除在外的市场主体能够更加便捷地获取金融服务，提升普惠金融的覆盖率，为更大范围市场主体的生产经营活动注入金融活血；另一方面，数字金融依托大数据、云计算等数字技术，加快金融业数字化转型进程，优化信贷业务流程，降低信息搜寻成本、人力成本、运营成本和风险成本，进而有利于增加经济产出和促进经济增长。

数字金融能够助力提升科技创新水平，为经济高质量发展提供动力。创新是一个国家和地区经济高质量发展的重要驱动因素，数字金融作为生产活动的关键要素，能够促进金融、科技、产业的良性循环发展。从微观层面看，企业的科技创新活动具有投资规模大、不确定性强、沉淀成本高等特征，与传统金融机构的风险偏好匹配度不高，金融机构可以利用数字科技手段破除"数据壁垒"和"信息烟囱"，并为实体企业的基础研究、科技研发等活动提供相匹配的融资支持。从中观层面看，产业基础高级化和产业链现代化需要金融机构提供长期大额低息的资金支持。数字金融能够整合产业链、供应链、价值链等上下游数据，打造资金和信息闭环，激发数字产业化和产业数字化融合发展的耦合效应。从宏观层面看，数字金融能够充分发挥价值发现功能，推动数字、科技、创新、资金等要素向生产效率高的科技产业聚集，从而促进区域经济创新驱动发展。

数字金融可以促进资金均衡配置，为经济协调发展提供保障。长期以来，我国区域间、城乡间的金融资源配置存在异质性差异，金融资源的不平衡分布会加速经济发展的"马太效应"。数字金融能够弥合区域间、群体间的"数字鸿沟"，促进资金的公平分配和经济的包容性增长。一方面，大数据、区块链、人工智能算法等数字科技会改革、优化金融机构的信贷偏好，增强信息的溢出效应，降低金融机构的服务准入门槛，这有利于缓解小微企业、个体户、居民等面临的融资约束；另一方面，移动互联网支付等数字金融能够基于真实有效信息进行跨主体、跨区域、跨时期的资金配置，引导金融机构将东部地区富裕的金融资源配置到中西部地区急需资金支持的项目中去，减少区域间金融服务的可得性差距，从而有助于构建全国统一的金融大市场和促进区域协调发展。

数字金融可以加快经济转型的步伐。数字金融基于数据，以技术驱动，通过信息流和技术流加速资金流和产业流，可以有效地调动各种市场主体的积极性，有效地将资源应用到生产、分配、流通和消费各个环节，推动供给和需求之间的动态平衡，加快经济体系优化，促进我国经济社会朝着低碳、绿色、高效、集约的方向发展。

数字金融可同时促进数字产业化、产业数字化，充分利用数据的要素价值，加强对双循环"卡脖子"的金融支持，为企业提供安全、高效的金融服务。在各领域数字化的过程中，数字化金融可以通过延长产业链条，丰富应用场景，拓展新市场，数字化新模式、新业态不断涌现，加速数字产业化和产业数字化发展。

数字金融推动了高水平对外开放。以金融创新支付、金融基础设施升级、数字货币发行等方式，将数字金融服务作为共建"一带一路"倡议的重要组成部分，有效地将两个市场连接起来，帮助企业方便地开展对外投资，加快推动跨国技术转移，吸引高端创新成果落地，进而重塑世界经济格局。

数字金融可以有效地防范系统性风险。运用大数据、云计算等先进技术，构建数字化、智能化、透明化、精细化的"穿透式"数字金融安全网，建立健全防范、预警、处置和问责体系，可有效防范跨行业、跨市场、跨地域的风险传导，从而为监管部门提供更加科学精准的决策支持。

二、数字金融能够更好地满足人民群众对美好生活的向往

借助现代信息技术、大数据和云计算，数字金融在金融生态圈中的应用范围大幅拓宽，无实体网点、低门槛、24小时营业等优势，使得数字金融平台扩大了金融服务的覆盖面，与电子商务紧密合作降低了数字金融平台获取企业信息的成本。通过使用计算机，大多数的数字理财平台都可以进行大量的交易，从而大大提高了交易的效率。只有把群众的需求和需要放在首位，建立健全便利性、调控性和透明度的数字金融服务系统，才能加速优化分配结构、提高居民收入、挖掘消费潜力，不断增强人民群众的获得感、幸福感、安全感。

第三方支付以其便携性、低成本性和安全性迅速被大众所接受，使得消费者在网上便捷购物，不需要面谈付款，而是通过第三方支付平台，保障资金安全，让消费者可以在全球范围内自由购物。移动支付使居民只需要一部手机就能进行所有的消费、交易，使消费者随时随地都能获得所需要的物品和服务，既省去了随身携带现金的麻烦，又解决了交易过程中的各种费用和安全问题，提高了消费的支付与转用效率，提高了居民的生活品质。网络信贷的发展可以为那些没有受

到传统金融保护的群体提供服务，并为其提供一定的融资支持。网上保险具有跨地域服务的技术优势，可以让客户在谈判、签约时没有时间限制，降低成本，最终让消费者受益。网络众筹使众多无法从正规金融机构获得资金支持的中小创业者获得低成本资金支持，拓宽了小微企业的融资渠道，也为更多有创业想法却不具备资金规模以传统融资方式募集资金的投资者解决了融资难的问题。

三、数字金融将倒逼传统金融机构转型发展

数字金融在顺应时代、技术发展趋势的同时，坚持进行数字金融产品与服务的革新。目前，我国金融业准入门槛逐年下降，给传统金融机构造成了巨大的竞争压力，而传统金融机构在产品结构和服务上的创新能力不足，不能适应当前金融主体的需要，在激烈的市场竞争中处于劣势。此外，支付宝、微信等电子支付手段，在网上购物、实体支付等领域都占据了较好的市场份额，在无形中将传统金融机构的客户资源转移。

在数字化时代，传统金融机构面临互联网金融企业的冲击，同时也面临更高的顾客需求。面对激烈的金融市场，传统的金融机构要想在今后的金融市场中取得更大的优势，必须依靠数字技术实现业务模式的全面突破。首先，一些传统的金融机构存在着很强的路径依赖性，对金融业改革缺乏深刻的理解，以及内部人员的抵触心理。例如，在经营模式上，一些银行的线上和线下业务出现了"左右逢源"的局面，制约了其发展。其次，传统的金融机构管理者对数字金融的理解程度较低，对网点智能化、嵌入式场景化金融模型的认识也有很大的不同。一些传统金融机构的领导者对数字金融的认识还不够深入，一些数字化技术的应用使其在实际应用中变得更加复杂。再次，一些传统金融机构的技术人员缺乏，传统的IT人员已经无法适应这股潮流。最后，网络时代，传统的金融机构缺少流量。传统的金融机构依靠传统的基础设施来获取客户，相对目前的网络巨头来说，获取客户的流量要困难和昂贵，这就导致了传统的金融机构在业务发展中处于劣势。

目前，数字金融在线上与线下同步发展，部分金融机构已逐渐建立起了一个完整的数字金融生态，而金融机构则借助数字化转型而获得了新的发展动力。在线下，数字化金融的发展趋势是智能化和场景化。一方面，智能网点向智能化网点转变，智能化网点利用智能终端提高了客户的服务自主化程度，使客户能够自助办理的业务不断增多，网点"无人化"的时代已经来临。另一方面，通过金

融职能的模块化，可以将更多的金融业务融入线下的数字化场景中，如，将消费信用与新零售结合起来，金融机构可以通过数字化金融的方式，构建出更多的金融功能，使金融服务的内容更加多样化。在线上，金融行业持续扩大网络流量。一方面，各传统金融机构纷纷设立自己的网上业务办理通道，以方便客户获得金融服务，使其无所不在。另一方面，金融与网络公司之间的深度融合，特别是金融与网络应用的结合，借助金融服务带来的巨大流量价值，它不仅为网络平台企业带来了流量，也为金融机构带来了巨大的流量。在对中小企业的融资支持上，金融机构通过数字金融寻求解决中小企业资金困难的途径。一方面，利用数字化技术，对中小微企业进行风险控制、信用评估，增加其信用等级，增加其信贷额度。另一方面，利用数字化技术，金融机构可以推出新的金融产品，实现资金供求的对接。例如，利用供应链金融的方式，帮助中小微企业借助链家企业的融资渠道，并利用ABS贷款进行网上销售，为中小微企业提供资金支持。

四、数字金融将推动政府部门完善监管体系

数字金融的发展，一方面削弱了货币政策的作用。传统的货币政策效应是通过货币供应量的变化来影响市场利率，从而间接地影响到投资和消费，实体经济产出，也就是货币政策传导机制，其重点为货币供应量。随着数字经济的快速发展，更多的货币运转于银行体系之外，这会影响到中央银行的宏观调控，比如余额宝在2018年的时候，有1.13万亿元的资金投入应该统计在M0中，其流动不会对M1、M2造成太大的影响。还有，余额宝货币分属于现金还是资产。数字金融的迅速发展，导致中央银行控制基础货币的能力降低，加速货币流通，给现行的货币政策的理论架构和实际运用带来很大的困难。

另一方面，数字金融也存在一定的系统性金融风险。据不完全统计，目前国内有上万家数字金融平台，大规模较少，仅占20%左右。金融风险呈现两大特征：一是由于信息的不完全性，使得市场参与者对风险的识别能力和抗压能力有限；二是在互联网作用下，风险传导速度快得惊人，呈现出跨行业和跨区域特征。如果金融监管者仍沿用以往的管理模式，或是将其运用于金融技术的监管形式化、表面化，难以实现事前预警、事中监测和事后反馈3个层次的精确信息，就不能及时有效防范、发现和化解金融风险，把系统性金融风险降到最低。

随着数字金融的迅猛发展，混业经营已成为我国数字金融业的一个重要特点。中国现有的分业监管模式已不适应对数字金融的有效监管，但这一现状在短

时间内不太可能发生改变。事实上，混业经营模式已经成为一种趋势，比如蚂蚁金服，它已经获得了银行、保险、基金、股票等多个行业的牌照。现有的分业监管政策缺少有效的协调机制，如果沿用这种方式，很容易造成监管盲点，引发各种金融风险，同时一些新问题并没有纳入金融监管的框架，缺乏监管依据，使得监管效果大打折扣，这些问题对金融监管提出了更高的挑战。

因此，数字金融发展呼唤制度创新，这将推动中央银行和其他金融监管部门加快转型，不断完善监管体系，强化综合监管，突出功能监管，以数字金融的健康发展为基础，加快制定区块链金融监管、数字资产监管、数字货币监管、数字货币发行等方面制度，逐步建立和完善数字金融制度建设与信用体系，建立健全适应数字金融发展的市场准入制度和公平竞争监管制度，完善针对数字金融的全方位、多层次、立体化的监管体系，实现监管规则形式化、数字化和程序化。加快出台数字金融平台健康发展的具体措施，推动相关企业在适度监管下实现资本有序发展，维护行业公平竞争，保护消费者合法权益。金融机构要充分运用数字技术赋能金融风险防控，运用数据挖掘和机器学习等先进技术，优化风险防控指标与模型，防范和化解金融风险。

第四节　数字金融发展现状与趋势

一、数字金融发展现状

2019年，我国的数字金融发展呈现出以下几个特征：行业总体回归规范运营，金融技术赋能数字金融取得新突破，数字金融模式创新亮点纷呈，互联网巨头在金融机构持牌经营的要求下寻求转型，监管技术提升了数字金融治理水平，逐步明确数字金融的监管框架和体系。

（一）数字金融业务多元化

数字技术与金融的结合，将会产生多种类型的金融服务，包括数字货币、数字支付、数字信贷、数字证券等金融业态；包括以第三方支付为代表的付款服务，各类网络借贷平台的融资服务，网络投资理财业务等。从整体上来看，国内的数字金融业务以网络借贷、投资、移动支付和数字保险为主。

金融的基本流程就是通过对已有的资源进行重组，从而实现了经济效益和贸易价值的等效流通。互联网技术的诞生推动了信息化金融的发展。信息化金融是现代信息技术的一种综合发展并充分应用于金融业，它的数字化和虚拟化使得商品的价值不再过分依赖于特定的媒体和实体，而是通过数字和互联网来实现。物联网金融为金融业的无缝隙控制、流通和运营提供了便利。在实体经济领域，金融业的数字化、网络化、信息化都是通过金融科技发展而来的。

在互联网技术支持下，实体经济和金融产业的价值共同促进了信息网络的发展，为金融网络融合实物提供了便利。因此，物联网金融就是将物联网技术和金融技术结合起来。物联网金融能够将金融、服务、商业等各方面结合起来，真正实现金融服务的智能化和自动化，让服务深入实体世界，并产生多种商业模式，推动金融改革。目前，我国对物联网金融技术的研究和应用给予了高度重视，通过重新定义物联网金融的内涵，参与标准的制定和设计，从而在未来金融体系中占据更大的话语权。物联网金融是我国新兴战略性行业之一，受到广泛关注，社会根据区域发展差异，制定了相应实施政策、制度和规则，建立多元化示范项目并将其应用于建设现代化城市。

（二）数字金融融资已形成成熟的商业模式

从投资轮次和累计融资规模来看，数字金融服务业态、少量的数据处理和分析业务都已形成成熟的商业模式，具备了可持续运营的能力。融资有一个清晰的轮次，每一轮次都代表着公司的特定发展阶段，通常，轮次越高，说明公司的经营模式成熟度越高，生产经营状况越好。从目前的数据来看，个人数字信贷、企业融资和数字银行企业融资的融资次数均在3次以上，金融资产管理和销售、数字保险公司的平均融资轮次数也接近3次。

（三）数字金融的发展以控制数据流为核心路径

目前，数字金融行业正处于以数据流为中心的数字化基础架构、拓展业务链、搭建平台、拓展市场等阶段。数字金融公司利用数字化技术设施，对整个金融产业链进行全面监控，并沿着数据流延伸业务链，深度挖掘数据流价值，持续扩大高附加值业务，从而获得更大的收益。大数据、人工智能等技术的运用，对金融新产品、新业务的发展起到巨大的促进作用。当前，消费者对数字金融服务的黏性日益增强。

二、数字金融发展面临的挑战

（一）数字金融风险凸显

1. 信用风险

数字普惠金融的发展目标是通过数字技术为不同群体提供全面、高效、便捷的金融服务。数字普惠金融能否健康、稳定地发展，取决于信用环境的好坏。当前，我国的信用制度还不健全，因此，在构建数字普惠金融信用的过程中，会遇到很多的风险，这主要是因为信用信息的来源和存储存在问题。首先，在我国的信用信息收集中，征信机构的个人信息非法或过度收集和滥用是非常普遍的。如果征信机构收集的信用信息不实，则会使信息分析结果发生重大偏离，降低信用信息价值，影响到整个行业决策，带来巨大的金融风险。其次，用户征信信息被泄露、丢失、恶意篡改等现象较为普遍，一些市场参与者未经法定授权，擅自利用征信数据，导致征信信息存储失控。

2. 信息安全风险

普惠金融发展离不开大数据分析，信息数据采集的效率和质量直接影响到普惠金融的效果，应严格要求信息数据采集、传输、存储等环节的安全性。另外，在数字技术下，网络安全也是一个重要问题，一些普惠金融平台缺少建立数据库保护体系的技术支持，只好将建设权转让给其他公司。从而造成其数据库易被黑客侵入，数据被窃取，而且有可能被外包企业内部人员恶意泄露，从而损害普惠金融使用者的合法利益。相对于传统的普惠金融而言，数字技术收集的信息覆盖范围更广、内容更详细，如果用户的个人信息被泄露，将会引发一系列的负面影响，所以，如何提升普惠金融的安全性和稳定性，成为当前迫切需要解决的问题。

3. 数字技术操作风险

普惠的最大特点就是群体规模巨大，如果部分普惠金融的参与者通过技术上的漏洞来获取利益，就会给其他参与者带来无法弥补的损失，金融风险难以估量。但是，由于数字技术的复杂性，对从业人员的专业素质要求较高，新入门的从业人员，很难在短期内掌握和应用数字技术相关的理论和实际操作要领。数字普惠金融的最根本要求是普惠金融机构可以有效地运用数字技术来控制成本和风险定价。然而，很多普惠金融机构缺乏完善的数字化技术，很难通过大数据来解决企业发展中的困难，无法有效地实施普惠金融。比如，缺乏对相关系统基础设施、运行管理流程等方面的可靠评估，没有构建对交易过程的安全防护系统，信息数据系统存在漏洞且修补技术欠缺。

（二）数字金融自身的局限性

数字金融也有自身的局限，并不可能解决所有阶层的金融服务问题。数字金融不完全等于普惠金融，两者高度重合，但各有边界。数字化可以明显降低成本，但是仍需供需双方有一定的投入。

1. 数字金融和普惠金融具有不同的边界

对于数字金融服务，比较宽松的定义就是所有数字化了的金融服务。按照当前的发展趋势，金融服务几乎可以全部实现数字化。也有比较严格的定义认为，数字化金融服务就是通过互联网和移动网络提供的金融服务。

有时候很难对传统金融服务和数字金融服务作出非常清晰的划分。例如，目前分布在广大农村地区的金融服务点的代理人员可以利用POS机，通过互联网或者移动信号与银行连接，为当地的农村居民提供各种金融服务，包括查询、提取现金、转账和购物等。这是一种混合型的金融服务，它在解决当前农村金融服务"最后一公里"问题中发挥了重要的作用。

数字金融和普惠金融的边界不是完全重合的。数字技术拓展了普惠金融服务的边界。一方面，体现在它通过数字技术的发展及互联网基础设施的普及，打破了时间和空间的限制，实现金融在地理上的全覆盖；另一方面，数字技术带来的金融模式创新能够增加普惠金融的资金供给，拓展贫困人群的投融资渠道。随着数字技术金融创新的不断涌现，一些新兴的金融业态，如P2P网络贷款、众筹等新型金融工具和业务的产生，将普惠金融纳入更广阔的金融市场中，为增加普惠金融的供给提供了更多的融资渠道和选择。同时，数字技术的发展带来了"鲇鱼效应"，加剧了金融业的竞争，特别是它有助于打破我国农村金融体系中农村信用社"一家独大"的局面，有利于提高金融资源配置的效率，更好地满足广大农民的金融需求。

2. 数字鸿沟引起新的排斥

一是地域排斥。数字技术在金融领域的发展与地区经济发展水平息息相关，经济发达地区的数字技术应用和互联网金融发展水平普遍较高，经济落后地区的发展水平则较低。二是信息排斥。数字技术的应用在金融领域面临评估排斥。由于我国征信体系还处于初创阶段，广大农村地区农民的征信体系建设基本处于空白状态，导致金融机构很多时候无法判断客户的信用状况，形成信息排斥。虽然大数据、云计算技术确实能够降低互联网金融机构的信息搜寻成本，但很多农户并无网购记录或银行账户记录，使大数据很难覆盖这个群体，特别是贫困地区的农户。三是成本排斥。在推动普惠金融发展的进程中，金融机构面临最突出的难题就是缺乏优质的资金来源，运营成本较高，而依托数字金融维持运营必然会提高其产品定价，形成成本排斥。四是工具排斥。近年来，各大金融机构纷纷推出网上银行、手机银行业务，这些业务在农村发展相对缓慢，其中一个原因可能是工具排斥。农村地区人群的电话、电脑等电子产品拥有量少且使用能力差，相关费用承担能力不足，制约数字技术在贫困农村地区金融普惠效应的发挥。五是能力排斥。数字技术应用中还面临服务群体自我排斥的问题。数字普惠金融需要用户有一定的文化素质、金融素养和网络金融技术水平，而农民的金融知识水平一般较低，这导致了农民不了解、不信任或不愿意利用互联网金融。

简而言之，数字技术虽然能够迅速提升金融的包容性，但并不能改变金融服务业的本质，而是通过改良金融交易的各种要素，特别是降低交易双方的成本、增强风险控制的有效性、改善市场竞争等途径来提高弱势群体在金融服务市场的参与度。数字技术对金融市场中各种要素的改善是有限的。因此，数字金融也有它的局限性。

（三）数字金融监管面临挑战

一方面，要协调金融市场的稳定性与创新性，在不引起金融和社会重大风险的前提下，实现对实体经济的支撑。数据控制过于严格，会遏制大数据分析；允许企业随意侵犯个人的隐私，同样会造成严重危害。另一方面，如何保证"机会平等"和"商业可持续"两大原则；如何让市场机制在数字金融发展中发挥决定性作用；如何提升信息透明度、降低风险管理成本；打破"信息孤岛"、消除"数据死角"；如何强化信息网络和数据安全，构建信息数据"安全网"等都对金融监管提出了新的挑战。

（四）数字金融基础设施薄弱

（1）技术短板亟待突破。一是核心数字技术发展受限。当前我国数字技术科研创新水平不够高，数字基础设施发展深度和创新性都与世界先进水平有差距。二是数字共享技术存在短板。目前数据共享技术还有待突破，数据开放和共享程度低，信息沟通交流不畅，导致数字基础设施赋能作用有局限。

（2）配套资金投入有限。一是政府投入资金不足。我国政府虽然对数字基础设施建设投入了资金，但是与发达国家相比，投入资金的力度、比例相对较低，难以满足我国数字基础设施建设的需要。二是投资机构难以给予资金支持。部分投资机构顾虑投资风险、回报周期、盈利情况等多种因素，不愿加入数字基础设施建设进程中，导致资金投入主体力量不足。

（3）建设不平衡、应用不充分。一是区域间发展不平衡。经济发达地区创新技术领先，数字基础设施配备完善，而经济相对落后地区产业结构、技术研发、科技水平、人才布局等与经济发达地区差距大，导致数字基础设施薄弱。二是部分地区应用不充分。产业经济是支撑数字基础设施建设的基础和核心，然而，当前部分地区关键产业基础薄弱，融合数字基础设施能力有限，导致地区间数字基础设施应用有限。

三、数字金融的未来发展趋势

（一）服务趋向场景化

金融业的本质是为实体经济服务，数字金融也是如此。在推动实体经济发展的同时，要充分利用数字技术在资源、服务渠道等方面的优势，增强金融创新能力，提升金融服务水平，弥补传统金融服务模式的不足。随着数字金融的不断发展，"场景＋金融"的出现，将场景金融融入金融服务中，准确、全面识别客户信息，从而使金融供给对实体经济的多层次需求予以相应的满足和适应。数字化金融的最大特点就是服务的场景化，金融服务需求能够和多元化场景进行自然融合（不需要通过银行、保险公司等渠道），直接进入前端场景，满足用户的理财需求和消费需求。

场景金融可以优化和改进传统的高费率、复杂的理赔流程，提高工作效率，增强客户对金融服务的认同和接受程度。场景金融与当今的国民的衣食住行有着千丝万缕的联系，比如美团外卖、饿了么、滴滴在线支付等。此外，医疗、房地产、教育等行业均已形成"云经营"的模式，而数字化金融所提供的服务产品也日益丰富。

（二）运营管理数字化

从管理角度来看，现代数字金融运营管理数字化特点主要表现为：

（1）人力管理步入数字化。在数字金融的支持下，人力资源管理领域先后涌现智能柜机、自动聊天机器人、RPA人力技术等技术产品，能够及时为客户提供问答交互，减轻了人工客服的工作压力，降低了人力成本，提升了金融服务工作的实效性。

（2）组织管理呈现出数字化特征。首先，在数字金融发展过程中，人力资源管理模式也呈现出数字化。许多企业建立了人资服务平台，该平台会提供员工招聘与配置、考勤管理、薪资福利待遇等多种自助云的应用。其次，在人力培训开发、绩效考核管理工作中，企业会依托AI的知识管理技术与平台，持续地挖掘人才潜能，扩大企业的人力资源，获得最大的员工智力资本，提升员工的创新能力。再次，在内部管理层面，各金融机构均建立了数字量化模型，将绩效和价值观纳入模型之中，用于分析和监测本单位的工作数据，优化内控效果。最后，数字金融业务流程呈现出显著的数字化，综合使用技术、算法和场景等共同驱动的金融技术手段，对分散无序的业务进行整合，使之步入系统化与数据化，同时，对资源进行高效配置，不断增强业务能力，提高数字化流程运营效果。

（三）风险控制呈现出智能化

2021年，政府工作报告指出数字经济的发展趋势，要充分利用信息技术和智能的风险控制手段，以提高我国当前的金融风险管理体系和方法。数字金融带来了新的金融服务形式，同时也带来了新的风险特性，对金融风险控制提出新要求。从整体上来看，金融风险管理的智能体系是由人工智能、大数据、区块链等技术共同构成。

（1）人工智能技术在数字金融风险控制管理工作中的发展方向为运算智能、感知智能与认知智能。运算智能可以全面模拟人脑的记忆存储能力，进行快速计算；感知智能是对人脑视听觉与触觉的模拟感知；认知智能则是对人脑逻辑推理能力、分析能力与概念理解能力的模拟。

（2）大数据技术兼具容量大、数据信息类型多、信息存取效率高等优势，能够获取海量数据信息，做好数据分析工作，对不同格式与不同来源的信息进行分类存储，并准确实施关联分析，获取新知识，创造出新的价值，提升综合能力。在数字金融风险智能化控制管理工作中，大数据技术主要是提供数据信息存储与计算功能，结合数据内容评估金融风险等级，不断改善数据挖掘算法，确保数据信息计算的准确性。

（3）区块链技术是一种新型技术应用模式，其主要功能包括分布式数据存储功能、点对点传输功能、共识机制和加密算法。该技术能够实现共享，具有可追溯性与不可篡改性。

第三章
数字化与金融领域的融合发展

第一节 商业数字化的演变

一、商业信息化的发展

数字金融的发展一方面得益于金融科技的进步，更主要的是经济发展的需求，尤其是商业信息化发展的需求。所以商业信息化也是促进数字金融发展的主要因素。从商业信息化的发展历程看，主要经历了以下几个阶段。

第一阶段：信息互联网（PC互联网、移动互联网）。在该阶段，商业领域借助互联网主要处理了信息不对称问题，使信息不再被区隔，把那些通过特别渠道取得信息并投机的中介机构筛选掉了，同时也增强了商业领域的信息交流，有效降低了产业链的成本，疏通了产业链信息渠道，使交易发生在生产领域内部。在这一阶段，信息化建设对企业产生的价值有限，处于这个阶段的企业对商业信息化建设的规律认识不深，并不能真正理解商业信息化建设的目的，或者仅仅把商业信息化当成是形象工程看待。

第二阶段：物体互联网（物联网、人工智能）。在该阶段，商业领域借助互联网处理了物体不连接的问题，使生产与流通领域的物体由静止不动，变成能和人类互动。通过人工智能，物体与人力资源进行有效互动，极大地释放了企业信息的产业价值，实现了产品的型号和规划由一刀切变成了定制化、个性化服务。这一阶段主要实现了生产领域与流通领域和商业领域的有效沟通。大多数企业认识到信息化为企业带来价值的主要在于应用系统，并把主要的资源投入应用系统建设以及相关的服务上，企业逐渐接受外部咨询服务，引入外部力量帮助其进行信息化建设。

第三阶段：价值互联网（区块链）。在该阶段，商业领域借助互联网处理了价值不对等问题，使分配不再依托职位、年薪、奖金等，而是每个人创造的价值都能得到精确记载并随时完成，使原有的数据价值获得充分挖掘，商业对消费者的服务水平极大提升。在这一阶段。企业在基础设施和应用系统建设的基础上，全面关注信息化建设，更多关注信息化对企业发展的战略支持，开始把IT作为企业核心竞争力的一个重要组成部分，关注企业信息化建设的组织、流程和人力资源等，把信息化建设运维作为企业内部一个重要职能看待，而不仅仅是一个项目或者一个阶段的事情。

二、数字化时代的企业市场定位

企业的核心目标是为市场各种需求提供有效供给来实现经营目标的最大化。但是不同经营属性、组织结构的企业具有不同的经营目标，其根本在于企业总目标需要在满足企业不同利益群体的效用最大化的同时，必须兼顾企业内部不同利益群体之间、企业与市场、企业与政府部门、企业与社会之间的均衡关系。所以企业经营目标又是多元化的。有效连接这些盘根错节利益链目标的关键又在于解决相互之间的信息不对称性问题。先进的技术、科学的管理有利于协调各种企业目标，提高企业核心目标实现的可能性。数字化技术能够有效解决企业内外的信息不对称性，而且可降低管理成本，所以有利于优化企业目标。

在数字化时代，伴随着经济社会发展，不同企业的市场供求变化，市场定位也在不断发生调整和变化，总体而言，企业市场定位于以下4种类型：

（1）负责国计民生的资源型企业。这类企业属于国民经济发展的支柱型产业，关乎国家经济发展命脉，国家经济安全、民生基础需求，肩负国家发展的重大使命，如我国的国企和央企。这类企业规模较大，经营结构复杂，需要建立广泛的互联网机构，相应包括系统内部网络和对外运营网络，网络经营偏好又各不相同，如我国电力企业中，有水电、煤电、风电等发电企业，又有用户电表计量部门，还有国家电网电能输送和营销企业。前两者主要是内部互联网络，后者则主要包括内部管理和社会营销网络。

（2）负责商品流通的平台型企业，这类企业主要负责企业和消费者之间的流通，是商品流通和服务转化的中介，也是提升产品流通和服务质量的主要渠道，如腾讯、阿里巴巴、百度、京东、拼多多、美团、抖音、滴滴打车等平台。它们的优势在于部分平台完全依赖互联网经营，部分企业从事线上线下相结合（O2O）的经营模式，极大地方便了居民生活与消费。一部分企业通过快速发展，数字经济平台体量增大，经营生态圈改善，抗风险能力提高，它们对经济的贡献也比较大，但是可能存在垄断和无序竞争，受到监管部门重点关注。

（3）在各种细分领域里有独特产品或深度服务的小公司和价值主体。它们是国民经济的有益补充，也是大众创业的主要平台，还是国家解决就业问题的主要领域，对整体国民经济发挥有益的辅助作用。尤其是一些小而美、独具特色的科技小微企业和创新企业，将属于本类型的主要业态形式。这类企业借助数字化技术为消费者提供一些特色产品和服务，满足消费者的个性化需求。

（4）依托互联网、人工智能、大数据、高端通信、机器生物合成等技术，建立起跨界经营、运营生态圈健全、线上线下结合的综合科技型经营平台。这一部分企业技术先进，关系到国家技术发展的未来，但初期投资风险高、建成周期长、风险承担能力弱，存在融资难融资贵的问题，需要相关政策的扶持，如与"中国芯""卡脖子技术"等相关的企业。

三、数字化消费金融

（一）影响消费的金融因素

心理账户理论是众多影响消费者购买决策的因素之一，最早由著名行为经济学家理查·德塞勒（Richard Thaler）提出。所谓的心理账户，就是人们在心里无意识地把财富划归不同的账户进行管理，不同的心理账户有不同的记账方式和心理运算规则。这种心理记账方式经常会以非预期的方式影响着决策，使个体的决策违背最简单的理性经济法则。

受到"心理账户"的影响，居民在消费时比较随意，并不会慎重去考虑消费后果，主要表现为三大心理效应，包括沉没成本效应、非替代效应和交易效应。对于消费者来说，现金支付钱财损失是非常直观的，但银行卡支付、数字支付具有较强的隐秘性，在心理账户的影响下，居民消费则更加活跃。

影响消费者购买决策的因素十分繁杂。其中，支付是消费过程中最重要的一环。早在1979年，赫希曼（Hirschman）等通过对某连锁超市调查问卷的研究就发现支付领域的变革会改变人们的消费习惯，不同支付方式对消费者购买意愿的影响存在明显差异。后续学者们的研究也验证了这一点，并对此进一步拓展和深化。国内外学者关于支付方式对消费者购买行为影响的研究结论可分为两大类：一类是支付方式对消费额度会产生一定的影响，另一类是支付方式会影响消费者产品偏好的结论。

首先，支付方式会影响消费额度。从流动性角度看，消费信贷可以缓解流动性约束，促进当期消费的增加。其中，范伯格（Feinberg）通过实验研究发现，使用信用卡支付的消费者其购买决策速度和购买金额明显得到提高，为此提出了"信用卡效应"。黄兴海运用协整理论建立误差修正模型，实证检验了银行卡使用可以缓解流动性约束，提升消费倾向进而拉动我国经济增长。李广子、王健运用信用卡信用额度调整数据对消费信贷与消费行为之间的关系进行研究，结果表明信用卡消费信贷在促进消费和调整消费结构等方面发挥重要作用。从消费者心理角度看，张奎认为使用银行卡支付更容易造成冲动消费，并得出假定其他因素不变情况下银行卡渗透率每上升0.1，边际消费倾向将增加0.005。

其次，支付方式会对消费产品偏好产生影响。瑞格汉和斯里西斯塔瓦（Raghuir and Srivatava）对购物卡和现金这两种支付方式进行比较发现，人们更愿意用购物卡消费奢侈品，用现金消费日常生活用品。查特吉（Chatterjee）等研究发现不同支付方式下消费者对产品感知不同。在刷卡支付下，消费者更关注产品收益；在现金支付下，消费者更关注产品成本。不同的支付方式会对消费习惯及消费偏好产生不同影响已被证实。和发达国家市场相比，我国大部分消费者在消费时却并没有养成随身携带信用卡的习惯，而是跨越式地形成了使用移动支付的消费习惯。

目前的支付方式主要包括现金支付、信用卡支付和数字支付。在现金支付方式下，消费者被要求"先付款后消费"，消费与支付之间的时间间隔较短，且花费的钱以实体形态消失于自己的钱包，因而消费者所承受的支付疼痛感较强，往往体现出支付的负效用大于消费的正效用。而以信用卡为代表的"先消费后付款"，消费与支付之间的时间间隔较长，因此信用卡支付比现金支付的支付疼痛感要小。数字支付作为一种新型的支付方式，具有信用卡类似的特征，可以实现延期支付。人们在使用数字支付购买商品及服务时感受到的支付痛苦随时间推移而下降，因而，人们的非计划购买和负债将会增加。比如，移动支付通过扫码、刷脸支付手段的支出仅仅以数字形式消失于电子账户中，免去信用卡支付输入密码和账单签字环节，消费者所承受的支付疼痛感进一步减弱。

此外，支付情境会影响支付感受。例如，相较于信用卡而言，移动支付时人们更不容易联想到现金，支付意愿会增强，因而消费意愿被满足的概率会得到提高，进而刺激消费，具体如图3-1所示。

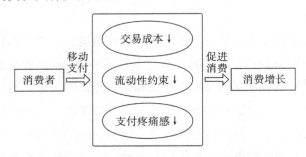

图 3-1 移动支付对消费行为影响的路径与机制

（二）消费金融的理论基础

消费金融有两层含义：①满足消费者金融产品和服务需求的各类金融业务；②满足各类消费者需求的资金信贷服务。2014年我国出台《消费金融公司试点管理办法》规定：互联网消费金融是指银监会批准，在中华人民共和国境内设立，不吸收公众存款，以小额、分散为原则，为中国境内居民个人提供以消费为目的的贷款的非银行金融机构，包括个人耐用品贷款及一般用途个人消费贷款。

国外学术界称之为家庭金融，是指家庭根据当前整体收入现状和未来收入预期，通过借助金融工具和平台的作用来实现自己消费预期目标的融资行为。因此消费金融包含了与消费者相关的多种金融活动。

根据金融消费的用途，可以将其分为消费支付结算、消费借贷、消费存储、消费保险、消费投资。总体呈现小额、快捷、便利、个性化服务，主要用于居民消费等特征，可以实现消费的现期和跨期的金融平滑。消费金融的具体结构关系图如图3-2所示。

依据科斯的交易成本理论，交易过程需要当事人投入时间、精力及其他开支，而达成交易所付出的以上代价就是交易成本。无论是传统支付方式还是移动支付方式，在完成交易过程中均存在交易成本，但不同的支付方式其交易成本存在差异。消费者会对不同交易成本根据成本收益法则进行核算，做出购买决策，最终产生的消费者剩余也会不同。通过对现金、信用卡和移动支付这3种支付方式比较发现，移动支付方式，相较于传统支付方式具有一定的交易成本优势，会大大降低时间成本、搜寻成本及支付成本，进而增加消费者剩余。

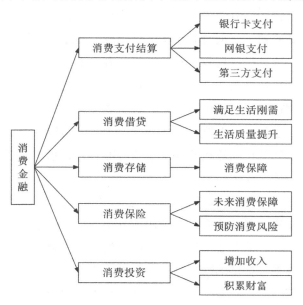

图 3-2　消费金融结构关系

基于流动性约束和心理账户理论。在金融市场不完善的情况下，当面临当期低收入情况时，消费者往往无法通过借贷或抵押以平滑消费。此时，消费者会减少消费，增加储蓄，最终导致消费者消费水平大打折扣。数字金融能缓解消费者面临的短期流动性约束，促进消费。数字金融的消费金融公司降低了借贷准入门槛，即便是无收入、无抵押物的消费者也可以享受其消费信贷服务。此类消费信贷服务无论是使用范围还是使用便捷度都大大优于传统信用卡，促进消费信贷向普惠化方向发展。借款者只需要花几秒钟简单填写一下资料，所借资金便可立即到账。所借资金不受消费场所的限制，既可以线上消费也可以线下消费，消费者还能自主选择分几期还款。提高支付效率的同时，大大提高了消费者效用水平。

在传统支付方式下，消费者需要先到达指定场所，接着在购买和支付过程中免不了排队等候耗费时间。而移动支付是采用互联网技术通过移动终端（通常为手机）经数字流转完成支付的方式。无论是近场支付，还是远程支付都更为便捷、高效。一方面，移动支付的近场支付大大减少了排队等候结账以及现金找零所耗费的时间，同时也免去了银行卡刷卡过程的烦琐程序；另一方面，远程支付还省去了出门赶赴特定消费场所的时间。

在传统支付方式下，人们为了找到合乎心意的商品需要付出大量的搜寻成本。而移动支付方式则具有得天独厚的信息优势，可大大减少消费者为搜寻商品信息所花费的时间和精力。消费者为购买到满意的商品，在搜寻过程中会同时对商品属性及价格等信息进行比较。在传统支付方式下，消费者需要辗转于各大商场及购物点进行询价比价及讨价还价；在移动支付方式下，各类商品的属性及价格等信息只需一键搜索便一目了然，既省时又省力。此外，移动支付方式作为支付体系创新的核心已经与线上线下各大商铺实现无缝衔接，消费者海量的交易数据经过互联网技术的处理能够精确匹配消费者的偏好，系统筛选出消费者欲购的商品，大大降低了搜寻成本。

在现金支付方式下，买卖双方经过一番讨价还价后一旦确认最终成交价，支付成本就一锤定音，无法改变。在信用卡支付方式下，消费者享有折扣优惠。而在移动支付方式下，消费者不仅会享有店铺的折扣优惠，还常常会在成交价的基础上享受第三方平台提供的随机立减和鼓励金优惠。从优惠范围来看，信用卡优惠仅仅局限于那些与银行合作的店家，并且要求使用指定银行的信用卡在特定时间才能享有优惠。而移动支付不受时间空间限制，线上随时随地都可以领取第三方平台发放的通用红包。就优惠力度而言，微信、支付宝等移动支付竞争商常常提供让人应接不暇的商家优惠，甚至推出系列免单活动，相比于信用卡支付优惠力度大得多。消费者通过移动支付降低了支付成本，从而获得一定的消费者剩余。

综上分析可知，数字支付方式既可以降低时间成本又可以降低搜寻成本和支付成本，使得总交易成本降低，最终导致消费者剩余增加。

（三）消费金融的发展

伴随着我国经济高速增长，无论是居民杠杆率，还是消费信贷渗透率，都已经到达阶段高点。消费是拉动我国经济增长的最主要动力，也是经济高质量发展的重要保障，所以消费信贷的覆盖率及杠杆率仍有较大的拓展空间。同时在居民财富稳步增长、行业监管规范化的保障下，我国居民消费升级将成为消费金融的发展机遇。

我国消费信贷出现在20世纪80年代，但是进入21世纪后才呈现出快速发展趋势。在近些年，数字金融又成为消费金融重要的方式。2009年，我国开始试点消费金融公司，2015年开放了消费金融市场，使我国消费金融行业发展迎来了良好的发展机遇，发展较快，尽管消费金融受到疫情冲击，但是发展依然较快。2020年以来，消费金融公司批筹速度加快，市场上涌现出一批消费金融公司。

（四）移动支付对消费金融发展的影响

随着互联网、智能手机应用服务的日益普及，移动消费金融发展迅速。作为数字金融体系的基础设施，移动支付近10年来的蓬勃发展引起了学者们的高度重视。

移动支付的支付场景大致可分为4类，线上消费类交易、线下消费类交易、个人类交易（转账，发红包）和金融交易。其中，消费类交易是移动支付的主战场。当前我国居民已经养成无现金消费的习惯，便捷的移动支付方式已然成为大众所接受和认可的支付方式。居民消费、收入和移动支付之间具备长期均衡的协整关系。有学者研究发现，就长期均衡关系而言，居民收入一旦增加1%，居民消费会相应变动0.8383；移动支付每变动1%，居民消费会相应变动0.0388%。移动支付与我国居民消费之间存在明显的短期动态调整机制，当居民消费的短期波动偏离长期均衡时，误差项将以0.9173的调整力度将居民消费拉回到均衡状态。因此，移动支付不仅是对现金及银行卡支付方式的替代，还对居民消费起到有效促进作用，最终达到推动国家整体经济健康持续发展的效果。所以移动支付在促进消费、拉动内需、降低社会结算成本、提高支付效率方面发挥着一定的正向作用。

第二节　金融机构数字化

一、金融机构数字化的内涵

金融数字化一般指商业银行、非银行金融机构和非金融机构借助互联网、移动技术、大数据、人工智能等技术将线下业务线上化、将人工服务智能化和集约化，并且开展新型金融业务的形式。其本质并没有改变金融的功能，但是在金融服务形式、服务方式上发生了质的变化。

金融机构是专门从事货币信用活动的中介组织，按照地位和功能可以分为：①中央银行，如中国人民银行、美联储等。②中介服务银行，包括政策性银行和商业银行。前者是指由政府创立，以贯彻政府的经济政策为目标，在特定领域开展金融业务的不以营利为目的的专业性金融机构，如中国进出口银行、中国农业发展银行等。商业银行主要是从事借贷、中间业务的金融中介，如中国工商银行、中国建设银行、中国银行、中国农业银行、巴克莱银行、三井住友银行、花旗银行等。还有地方政府创办的商业银行，如深圳发展银行、广东发展银行、兴业银行、上海浦东发展银行，以及企业开办的招商银行、中信实业银行、中国光大银行、华夏银行等。③非银行金融机构，如保险公司、信用合作社、邮政储蓄、财务公司、证券公司、信托公司、企业财团财务公司、金融租赁公司、货币经纪公司等。非银行金融机构具体又分为存款型金融机构和非存款型金融机构：存款型金融机构包括存续信贷协会、储蓄互助银行、信用合作社，非存款型金融机构包括金融公司、共同基金、养老基金、保险公司、证券公司等。④在境内开办的外资、侨资、中外合资金融机构。

非金融机构是指除金融机构之外，不经营银行一般业务的金融机构，主要提供专门的金融服务和开展指定范围内的业务，一般不具有创造信用的功能。非金融机构主要包括公募基金、私募基金、信托、证券、保险、融资租赁等机构以及财务公司等。

金融业务的互联网化使金融机构通过"互联网＋"的技术创新和金融服务融合互动式突破，逐渐成为日趋成熟的消费行业。金融业务的互联网化，令围绕高端化、精英化的传统金融服务行业开始逐渐延伸出门槛更低、频次更高、服务更加综合快捷的数字金融，其消费市场的崛起势在必行。

二、金融机构数字化的模式

传统金融的互联网化主要表现为运营模式的数字化和金融工具的数字化。就运营模式而言，传统金融包括中央银行、银保监会、证监会等监管机构，商业银行（或称为金融中介机构）、保险、证券、信托、证券、融资租赁、邮政储蓄、信用合作社等金融机构。

传统金融机构的数字化早于数字经济平台的金融化，较早的形式就有银行卡支付、电子转账、证券交易系统等。目前，传统金融机构的互联网化主要包括银行、证券、保险和信托的互联网化，如图3-3所示。

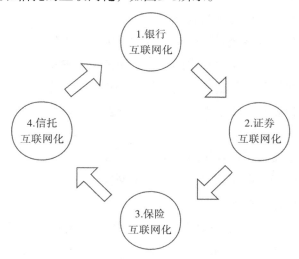

图 3-3　传统金融机构的互联网化

（一）银行数字化

1. 银行数字化的发展

早期学术界将商业银行开展的数字化业务称为商业银行业务的网络化。但是银行的网络化有两种含义：①金融机构通过互联网开展线上业务；②银行的各种运营网络，如内部管理网络、社会服务网络等。本书的内容主要指前者，但还包括了其他数字技术，所以为了将商业银行的互联网业务与其内部运营网络加以区分，一般将商业银行业务在线上开展的数字化经营方式，称为金融数字化。商业银行数字化一般是指商业银行借助互联网、电子通信、移动通信和物联网技术，借助云计算、大数据等方式通过互联网为客户提供存款、贷款、支付、结算、转汇、电子票证、电子信用、账户管理、货币互换、网贷金融、投资理财、金融信息等全方位无缝、快捷、安全和高效的数字金融服务。

在银行业、信息与通信技术、互联网的飞速发展以及信息与通信技术广泛应用于金融范畴的形势下，数字银行也伴随而生。商业银行通过数字技术提供包括传统银行业务和因信息技术应用带来的新兴业务，突破了时间、空间限制，使得人们感受到了前所未有的金融消费的多样性。

20世纪末期，随着计算机的发展及应用，商业银行的经营方式出现了网络化的趋势。第一家网上银行——美国安全第一网络银行问世。中国银行于1996年开始筹建自己的网上银行，创立了独具特色的网站。随后我国各大商业银行纷纷效仿并推出自己的网上银行业务及服务。

随着电子商务、数字金融及网络经济的走强，网上银行交易量及规模出现平稳增长。与此同时，随着用户规模的扩大，用户量级的快速增长以及移动支付的迅猛发展使得手机银行有了更多的使用机会。相比网上银行，手机银行存在一定的优势，这种优势表现在便于携带、可以方便获得用户所处的地理位置、便于分析用户的行为等。

数字银行基本覆盖了商业银行的绝大部分业务，但是一些关键性涉及客户安全的业务还需要到柜台办理，如开户、开通网银、变更用户信息等。因此网上银行并不能全部替代银行业务。

与此同时，商业银行也通过技术升级，投入大量智能化终端设备，建立了智能投顾系统，有效改进了柜台服务的效率，节省了人力资本，由此出现无人银行。

目前，许多国家也正在研发数字货币支付系统来取代传统的现金支付。但是金融的数字化远不止于此，至少在可预见的未来，金融的互联网化还应该包括生物科技技术的考量，如穿戴设备和芯片植入技术在金融领域的广泛应用。

2．银行数字化的类型

（1）按经营组织形式分为：①纯网上银行，提供在线服务的独立银行，没有物理柜台，如美国安全第一网络银行分支机构网上银行。②银行网上业务，如我国开展网络业务的银行。

（2）按业务分类分为：①电子银行的网上查询、转账、缴费、网上支付、外汇、证券交易等业务；②各种商业银行的互联网理财，如中银活期宝、兴业银行掌柜钱包、民生银行如意宝；③电商平台，如网上商城（如建行善融商务、交行农博汇、农行E商管家、工行融e购），信用卡商城（招商、民生、中信银行的线上信用卡商城）；④网贷平台，如平安银行"陆金所"、国开行"开鑫贷"、民生银行"民生易贷"等。

（二）证券数字化

1．证券数字化模式

证券业以金融科技为媒介向客户提供相关业务的形式被称为证券数字化，具体模式包括国外模式与国内模式。

国外模式主要包括：①E-trade模式。属于纯粹网络证券经纪公司，代表有E-trade公司、TDAmeritrade公司等，缺点在于缺乏长期积累的客户。②嘉欣模式。属于综合性证券经纪公司。主要通过电话、传真、网络等提供线上和线下服务，优点是成本低廉，缺点是资讯研发能力弱。③美林模式。属于传统证券经纪公司的网上化。主要为高端客户提供个性化服务，导致利用互联网的深度不及前两个公司。

国内模式主要包括：①券商自建网站。这种模式在证券公司中比较普遍，代表性的公司有广发证券、国泰君安、中信证券、海通证券等。优点是借助网络进一步发挥证券公司的服务优势；缺点是需要投入大量资金。②独立第三方模式。该模式是网络公司、资讯公司和软件系统开发商负责开设网络站点，为客户提供资讯服务，券商在后台为客户提供网上证券服务，代表有同花顺、大智慧等。有些只提供资讯，如东方财富网，其优点是可以充分发挥技术和信息优势，缺点是证券服务获得需要一定时间。③券商与银行合作模式。该模式是在银行、保险和证券分业的情况下，券商与银行合作的典型模式，主要是指银行与券商联网的基础上，投资者直接利用在银行各网点开立的活期储蓄账户作为证券保证金账户，通过银行的委托系统（如电话银行、银行柜台、银行网上交易系统、手机银行等），或通过证券商的委托系统（电话委托、手机证券委托、网上委托）进行证券交易的一种服务。优点是便捷费用低，避免券商挪用；缺点是存在法律风险。

2．证券数字化的业务类型

（1）数字基金。数字基金是指借助数字技术实现基金交易的模式。这种"金融脱媒"的理财模式，弱化了银行的金融中介地位，大大提高了理财效率并降低了理财成本，节省了投资者前往银行、营业部的时间、交通成本，不仅使投资者能够享受更方便、快捷的服务，而且投资者利用互联网获取信息的成本也大大降低，在一定程度上争夺了银行原有的客户，但是会使投资用户下沉（低端化）、碎片化。

（2）数字期货。数字期货是指投资者利用数字技术在互联网上进行的各种期货交易活动。该形式将对传统期货公司产生影响，具体包括：①以免费为手段的数字期货冲击了传统期货公司的佣金收益；②将瓜分客户保证金，对传统期货公司的保证金产生冲击；③降低交易成本，提高市场流动性；④突破时空限制，加强交易的适用性；⑤增加交易品种，扩大客户群体；⑥增加交易透明度，确保交易健全性。

（3）数字信托。信托（Trust）就是信用委托，是指委托人基于对受托人的信任，将其财产权委托给受托人，由受托人按委托人的意愿以自己的名义，为受益人的利益或者特定目的进行管理或者处分的行为。信托具有保密性、独立性、安全性、避税性等优点。这些优点也让信托拥有永恒的市场。数字信托就是通过数字科技进行的信用委托，业务一般涉及三个方面的当事人，即投入信用的委托人，受信于人的受托人，以及受益于人的受益人。

数字信托的划分类型主要包括：①以信托关系成立的方式分为任意信托和法定信托。任意信托是根据当事人之间的自由意思表示而成立的信托。法定信托主要指由司法机关确定当事人之间的信托关系而成立的信托。②以信托财产的性质分为金钱信托、动产信托、不动产信托、有价证券信托和金钱债权信托。③以信托目的分为担保信托、管理信托、处理信托、管理和处理信托。④以信托事项的法律立场分为民事信托和商事信托。⑤按照委托人的不同分为个人信托、法人信托、个人法人通用的信托。⑥按受托人承办信托业务的目的分为盈利信托与非盈利信托。⑦按信托涉及的地理区域分为国内信托和国际信托。

数字信托的特征主要有：①委托人对受托人的信任。这是信托关系成立的前提。一是对受托人诚信的信任；二是对信托人承托能力的信任。②信托财产及财产权的转移是成立信托的基础。③信托关系是多方的，有委托人、受托人、受益人，这是信托的一个重要特征。并且，受托人以自己的名义管理处分信托财产，这又是信托的另一个重要特征。④能够提供强化个性化服务。⑤有望降低信托投资门槛，传统的信托投资门槛较高，国内一般是100万元起投，所以主要是高收入客户的投资俱乐部，数字信托有望降低投资门槛。⑥提升项目对接效率。

数字信托是金融行业投融资模式（person to business，P2B）与线下线上（offline to online，O2O）电子商务模式结合，通过互联网实现个人和企业之间的投融资。数字信托的理念为数字金融的安全性增加了一道保障，基于专业金融服务公司的眼光和高于金融行业的自创标准风控体系，对借款企业提供线下的信息核实、资产抵质押、信用评级等征信服务，实体确保出资人的资金安全。不同于传统信托，互联网信托平台只针对中小微企业提供投融资服务。

数字信托和传统信托各具优势，但是数字信托优势更明显，见表3-1。随着数字信托营销费用成本的降低，一方面可以有更多资金投入信托增值服务，优化信托转型升级；另一方面可以给投资人更高的回报，从而增加投融资人规模和推进信托的社会化。

表 3-1　传统信托与数字信托的区别

项目	传统信托	数字信托
营销方式	银行、第三方机构	互联网直销
流动性	较差、受限于现值安全性	可流传、拆分、证券化
风险控制水平	较好	信用差异大、存在违约风险
目标客户	高端财富人群	具有一定的普惠性
门槛限制	百万元起投	门槛较低
期限灵活程度	较差	较灵活
资源配置效率	较低	较高
融资成本	较高	较低
法律依据	信托法	《信托法》+《关于促进互联网健康发展的指导意见指南》

（三）保险数字化

1. 认识保险数字化

保险数字化是指保险公司或其他中介机构利用数字金属开展保险业务的行为。早期的数字保险主要是保险产品电子化和销售部分电子化。主要手段是网络营销和电话销售。目前已经出现了纯粹的数字保险公司，如日本的AFLAC公司和美国的INSWEB公司。我国于2000年由中国平安保险公司推出了货运险网上交易系统。2012年放心保成功上线，兼具B2B和B2C的功能。

2. 保险数字化模式

（1）保险公司网站模式。保险公司借助网络宣传产品，做网上推销保险，管理客户，提供其他增值服务。其缺点为：内容信息不足，对公司信息技术要求高，代表模式如Ecoverage。

（2）数字保险专门超市模式。网络平台介绍保险公司产品信息，让客户自主选择所需保险。优点是有利于保险公司和客户之间的信息对称性。主要业务有供求匹配费、双向代理费、广告费。代表有中国平安、中国人寿、中国太平洋保险以及INSWEB、慧择网。

（3）数字保险支持平台模式。该平台只为保险提供信息和技术支持，但有很深的保险业背景，有强大的信息优势和社会公信力。代表有易保网。还有就是数字平台中介保险超市，如淘宝模式只提供平台，由保险供求双方自行匹配。

第三节　数字经济平台的金融化

一、数字经济平台金融化概述

主要是指数字经济平台借助数字技术从事金融服务的模式。一般包括网络自主经营模式、通信运营商经营模式、平台中介服务模式等。数字经济平台的金融化最初是为了解决平台内部会员的支付问题而产生的内部循环支付系统，具有支付平台内外的排他性、支付单向性等特征。随着电商平台的崛起，数字经济平台开始通过与商业银行展开合作，逐步把商业银行的支付业务发展为第三方支付业务，随后又将业务拓展至融资、结算、清算、理财功能的金融形式，目前包括第三方支付、众筹、小额信贷、智能投顾等，整个发展经历由内循环到外循环，由单一功能到综合性功能的过程。

二、数字金融平台

（一）数字金融平台的产生

数字金融平台正逐渐成为经济社会的基础设施和企业商业模式的基石，对金融领域也产生了深远影响，从而推动了数字金融平台的大量涌现。数字金融平台包括自建平台和加入第三方平台。数字金融平台产生于资本市场多层次化发展的需求。除了在股票、债券、衍生品、大宗商品等主流交易场所，还有大量的金融产品，因为条款标准化程度、风险收益特征、信息披露等方面，适合不同个人、机构的差异化融资和风险管理需求，适应于不同的托管、交易和清算机制，也适合具有不同风险识别和承受能力的投资者，由此出现各种通过互联网进行金融交易的平台。

（二）数字金融平台分类

根据不同的划分标准，数字金融又可以划分为不同的类型。按服务内容类型划分有信息服务型、广告型、交易型、管理型、综合型。按业务类型划分有第三方支付、数字借贷、众筹融资模式、手机银行、虚拟货币。按平台类型划分有B2C、B2B、C2C、CPS、O2O、网上商城、运营平台等类型，其中，B2C是企业面对个人的电商平台，B2C平台仍然是很多企业选择网上销售平台的第一目标。B2B是企业面对企业的电商平台。C2C平台是客户对客户的形式。C2C在2013年之前很流行，不过到了2013年趋势已大不如前。天猫从淘宝平台独立后，C2C与B2C的差距就已逐渐拉开，B2C将辉煌继续。CPS平台又称为"供应商代发货"模式，即按销售付费，主流的CPS平台有领克特、亿起发等，是电商较主流的推广方式之一。O2O平台即Online To Offline（在线离线/线上到线下）模式，主要包括团购平台，如拉手网、大众点评、高朋、F团等。网上商城主要是在互联网开设综合性商场，如京东商城。除此之外还有通信运营商的运营平台，如中国移动、中国联通、中国电信等运营商在现阶段都有属于自己的商城平台。

（三）典型的交易平台

1．Second Market公司

成立于2004年，主要业务包括最初交易限制性股票、认股权证和可转债，随后扩展到固定收益债券、破产债权和非公众公司股票。目前交易标的超过50家公司，包括Facebook、Twitter这样的公司。主要制度包括：以公司同意转让为前提，要求局部披露信息，个人投资者必须具有100万美元以上净资产或年收入超过20万美元。主要交易方式是：卖方在网上挂出信息，系统自动搜索买家，然后由公司电话通知双方，待双方达成一致后，Second Market公司随即处理交易的法律、结算和支付问题，并按成交价格收取2%～4%的佣金。

2．Share Post公司

该公司成立于2009年，业务范围包括：私募融资、编制指数、第三方研究报告。主要制度有：①投资准入。机构投资者至少1亿美元资产；个人100万美元以上净资产或过去两年内年薪超过20万美元。②股权转让。③私募资金。④编制指数。也是美国第一个私人公司股价指数。⑤提供第三方研究报告，包括Twitter，Yelp，Facebook，Zynga等公司报告。⑥提供交易信息，包括报价、成交信息、历史交易数据。⑦收费模式，每月向完成交易的双方收取34美元，不区分私人还是机构。

3．国内平台

国内平台主要包括阿里巴巴、腾讯、美团外卖、大众点评、拼多多等，还有通信商以及京东、苏宁、国美等电商。

三、数字金融产品

（一）数字金融平台经营类型

其主要包括：①投资产品，如保险理财、股票型和债券型基金；②融资产品，如贷款；③风险保障型产品，如保险；④投资＋支付复合型产品，如余额宝；⑤社交型产品，如微信红包；⑥数字货币；等等。

（二）数字金融平台运营模式类型

其主要包括：①自建平台，如建行的善融服务；②利用第三方渠道；③在电商平台上开店，如淘宝各旗舰店；④以余额宝为代表的第三方融资；⑤基金超市，如好买基金网；⑥保险超市。

从社会交流属性，又包括：①社交网络的互联网平台金融，利用了大数据分析、数据流、云计算和社交关系，如腾讯。②供应链金融。利用连带关系与互联网合作，推销网络供应链金融。

（三）数字货币

其又称为虚拟币，指利用电子和网络技术，通过网络流通转移、具有购买力的虚拟兑换工具。比如比特币。优点：人人可以制造货币，全球流通，交易无法辨认用户，存在较大风险，跨国交易和流通容易威胁国家金融安全，交易风险也比较高。

（四）互联网门户

互联网门户是指利用互联网提供金融产品、金融信息服务和进行金融产品销售、并为金融产品销售提供第三方服务的平台。具体分为：第三方咨询平台、垂直搜索平台、在线金融超市等。第三方咨询平台为客户提供最权威、最全面的金融行业数据及咨询，如网贷之家、和讯网和网贷天眼等。垂直搜索平台对某一特定行业进行的搜索，如有融360、好贷网、安贷客、大家保和eHealthInsurance、

Insurancehotline等。在线金融超市，是提供大量金融产品的互联网平台，如大童网、格上理财、91金融超市、软交所科技金融服务平台。

第四节　商业银行与数字金融的比较

一、数字经济平台金融化与金融机构数字化

从数字经济平台与金融机构二者内涵来看，数字经济平台化金融指传统金融机构与互联网平台机构利用互联网、信息与通信技术和人工智能等数字技术实现资金融通、支付、投资和信息中介服务的新型金融业务模式。金融机构数字化是指传统金融机构将产品和业务转移到线上进行，开展数字化金融服务。

从数字经济平台与金融机构二者业务关系看，二者业务存在竞争关系，同时也存在互补关系。就目前我国的金融体系而言，传统金融服务依然在我国金融中居于主导地位，数字经济平台金融是我国金融体系的有益补充。未来应该是一个统一金融体系下相互协同发展的格局。

目前，商业银行是我国金融服务体系中最重要的机构，而且数字金融和商业银行业务关系最为重要，所以接下来主要分析比较商业银行与数字金融的关系。

二、商业银行与数字金融的比较

（一）理论探讨

学术界已经开始高度关注二者的竞合关系，认为数字经济会造成对商业银行存款转移和盈利冲击（宫晓林，2013），甚至是金融机构的"搅局者"，带有"颠覆性"（周光友，2006），但二者也可能是协同关系（曹凤岐，2015），为此形成冲突论、替代论和协同论三种观点。

冲突论认为，伴随着利率市场化步伐加快、银行同业间业务竞争加剧，商业银行利差收入下降，已经开始重视中间业务领域（谭润沽，2010），但是数字经济以业务便捷、成本低廉的优势，从而对商业银行的交易结算、代理收付、信用

卡套现、沉淀资金分配产生挤出效应（廖愉平，2015；谢太峰和刘科，2019），引致大量支付业务逐步与商业银行脱媒（徐岚，2014；郝身永，2015），分化了商业银行存款业务（郑志来，2015），还通过增加非准备金理财产品对商业银行信贷渠道传导产生冲击（黄益平和邱晗，2018），造成商业银行盈利水平整体下降（战明华等，2018），所以，双方当前表现为对峙和相互消耗。

替代论认为，站在数字经济视角，我国新型数字货币替代现金的数据显示，从2011年以来，新型数字货币对现金的替代量逐年迅速增加（王峥，2018；周光友，2006），替代量约占我国现金流通总量的1/3。而且网上跨行清算系统有效整合了不同商业银行的网银支付功能（杨德勇，2017），为其客户提供了优质的个性化和低成本服务，其中以支付宝为代表的电子支付清算业务发展，提高了资金到账支付率；提升了客户支付的可操控性和便利性（郑志来，2015），有效替代了商业银行结算功能，将对商业银行造成颠覆性替代（周治富，2017），闲散资金又催生了余额宝的出现，进而推动了货币基金市场的发展，提高了社会闲散资金使用效率，也为替代基金、保险、证券等业务奠定基础。

协同论认为，商业银行与数字经济各具优势，通过相互合作，取长补短，可以达到优势互补的效果（Bernardo，2016），促进了二者的良性竞争最终达到互利共赢（吴晓求，2015；沈悦，2015）。尽管商业银行在活期存款规模、存款利息支出、盈利等方面受到数字经济的冲击，但是商业银行的非利息收入占比、价值创造能力则与数字经济呈现正向关系（顾海峰和闫君，2019），而数字经济大数据征信与最大化的客户集聚，又有利于商业银行整合客户资源，改善盈利能力（Kao，2010），所以二者存在共生关系和协同效应的基础，有望从两边向中间靠拢，双方边界逐步模糊，逐渐由竞争与合作并存的矛盾关系，发展为一个优势互补、业态多元化的支付生态网络（范金亚，2017）。

综上所述，学者们的认识正在统一于：商业银行的确受到数字经济一定程度的影响，短期内的局部性冲突和替代不可避免，但在长期中，基于中央稳定创新的金融指导方针以及二者各具特色的市场与技术优势，有望形成一个取长补短、互利互惠、共生共享的全局性协同发展的市场格局。这些讨论令我们深受启发，认为若要充分厘清二者的竞合关系，还需要继续深入研究二者存在冲突、替代抑制或协同的程度，二者协同度的发展趋势，不同经营属性的商业银行和数字经济协同度的影响的结构异质性。由于支付宝和财付通等平台在数字经济市场的经营占比已高达4/5以上，所以，数字经济对协同度影响的结构差异性不明显，为此将重点分析不同经营属性的商业银行对协同度影响的结构异质性。

合作竞争理论认为，局中人因市场环境发生变化出现竞争，最初是一个零和博弈，竞争者之间必然存在冲突或替代效应，表现为一种对峙性，相互消耗，或一方"捕食"，一旦形成垄断，最终导致市场无效性。但是，市场竞争又是一个重复博弈的过程，随着竞争环境、竞争对手认知、市场机遇等因素的变化，促使局中人不断调整竞争方式，从单纯对抗走向一定程度的合作。所以，市场不是消灭竞争，而是利用竞争实现资源合理配置，通过双方一定程度的合作来降低沉没成本，由此产生优势互补的协同效应，最终提升市场运行效率（Adam M. Brandenburger and Bary J Nalebuff，1997）。协同论者认为，行业中的多个主体可以通过竞合使彼此获得关键性行业技术和互补性资源，实现资源共享，产生"1＋1＞2"效果的共生关系（Igor Ansoff，1965）。

综上所述，二者既有相同点又有不同点。其中，相同点主要包括3个方面：①服务对象相同。即投资方和借贷方都是相同的。②出发点相同。二者的产品设计基本都以理财为出发点。③风险控制目标相同。二者的风险控制都以征信为前提，控制风险为第一目标。

不同点主要包括5个方面：①运营模式不同。传统金融主要是以分支经营网点为依托面向高端客户；数字经济平台金融主要是以线上信息化服务为主，服务于小额、零散金融需求的客户。②交易媒介不同。传统金融主要是实体店、数字经济平台金融主要提供的是网络服务。③信息处理方式不同。传统金融高度依赖标准化信息，数字经济平台金融主要以非标准化、碎片化和静态化信息为主，注重个性化信息。④产品销售方式不同。传统金融是熟人营销，数字经济平台金融是网络大数据控制。⑤风控方式不同。传统金融主要是信用防范（征信、信息披露等），数字经济平台金融是大数据分析。

（二）二者的 SWOT 分析

SWOT分析法，即态势分析，就是将与研究对象密切相关的各种主要内部优势、劣势和外部的机会和威胁等因素作为分析内容的方法，运用这种方法，可以对研究对象所处的情景进行全面、系统、准确的研究。传统金融与互联金融的

SWOT分析如表3-2所示。

表 3-2　传统金融与互联金融的 SWOT 分析

	传统金融	互联网金融
优势	实力雄厚 客户资源丰富 风险控制体系完善 市场准入严格	用户群体庞大 平台资源开放 海量信息和数据 便捷高效
劣势	垄断地位有所下降 受时空限制较大 运营成本高	征信体系不完备 监管不到位，准入门槛低 高端金融服务不具优势 主动营销能力差

（三）数字经济平台金融对商业银行的冲击与协同

数字经济平台金融对传统金融的冲击主要表现在4个方面：①对传统金融的服务渠道和平台产生冲击；②对传统金融的信息渠道和风险管理产生冲击；③对传统金融的融资模式产生冲击；④对原有的金融服务理念产生冲击。

但同时，数字经济平台金融与传统金融也存在一定的协同关系。首先，两种金融模式的有机结合增加了客户的体验感；其次，两种金融模式有效扩大了金融服务的覆盖范围，使更多的客户享受到了金融服务；再次，两种金融模式有效地平衡了巴莱多定律和长尾客户的金融服务关系，使高净值客户和普惠金融理念均获得金融服务的权利；最后，健全了国家金融监管体系，尤其是大数据的应用，有利于健全金融征信体系。

总之，数字金融是一种基于互联网、大数据、云计算、移动通信、社交平台及搜索引擎等信息技术，实现资金融通、支付、结算等金融相关服务的金融业态。其发展主要有两种模式：一是数字经济业务金融化；二是金融业务数字化。

数字金融是现有金融体系的进一步完善和普惠金融的重要体现，正是基于这样的差别使其相对于传统金融服务具有独特的优势，但也产生了新的金融风险，需要跨部门协同制定相关监管制度。

因此，数字经济平台金融与传统金融各有优劣，互联网平台金融对传统金融产生了一定的冲击，二者存在竞争与合作，也有融合的基础，有协同发展的可能性。

三、我国商业银行与数字金融的融合

（一）商业银行与数字金融的融合趋势

随着数字经济的迅速发展，在潜移默化地对商业银行做出改变的同时，商业银行也应该主动出击，借助数字金融发展的机会，做出相应的改革措施。

（1）商业银行各业务与数字经济的有序度总体均呈上升趋势，从无序向有序状态演进，商业银行整体状况以及各业务与数字经济的协同度呈现逐渐协同的态势。表明二者存在合作共生的基础。

（2）商业银行各业务与数字经济的协同趋势存在一定的差异性。负债和中间业务与数字经济呈现强烈的协同性，资产业务与数字经济具有协同趋势但发展缓慢于前两者。表明二者趋于协同但存在程度大小的差异。

（3）商业银行三大核心业务与数字经济的协同度受到商业银行各业务经营要素不同程度的影响，而且这种影响在国有银行与非国有银行之间存在一定的结构异质性。表明二者协同度存在结构异质性。

因此，商业银行发展因为数字经济的介入，在短期内与数字经济存在一定的冲突或替代性，但从长期看二者可以取长补短，优势互补，通过彼此有效配置支付市场的资金资源，实现和谐共生。

（二）应对措施

（1）健全引导二者协同发展的金融体制。在未来很长的一段时期内，商业银行仍然是金融市场主体，尤其是中小型企业，高净值客户主要是金融服务商，数字经济则主要是辅助商业银行，服务于中小微企业和长尾化客户，是小而美的支付运营商，但是也将拥有广阔的市场前景。为此，相关机构应该在维持金融稳定创新的前提下，构建二者合作的运行机制。具体而言，如两大征信体系合理对接，具体业务有效配置等。

（2）建立多元化支付市场环境。经过多年市场化改革，商业银行经营主体结构已经多元化，而且各类业务又受到多种因素影响，对商业银行与数字经济之间的协同度存在结构异质性影响，为此需要细化支付市场分类，优化不同经营属性的商业银行的各项业务与数字经济的协同契合度，形成精细化的协同环境，推动传统商业银行与数字经济的深度融合。数字经济已经形成一定的市场垄断，不利于市场的多元化发展，也需要进行一定市场拆分，最终促进支付多元的高协同性的支付市场。

（3）建立合作共赢的企业经营理念。商业银行应该积极地做出经营理念和运营模式的改变，深悟数字经济"便捷、开放"等精髓，推出更多的客户需求的支付产品，根据不同需要的人群发展更多样化的负债产品。数字经济也应该学习银行所具有的"安全、可靠"等性质，强化征信机制，控制好融资杠杆、二者互补。现代经济体系离不开大数据的发展和应用。我国数字经济驶入快车道，各个行业正在积极推进数字化转型、网络化重构以及智能化提升，目前处于融合并行发展阶段。促进大数据的应用，促进大数据和各个行业实体经济深度融合，毫无疑问是推进数字中国建设的重要途径和基础。

第四章

数字化时代下金融经济升级的制度革新

第一节　数字经济制度体系的理论基础

一、数字经济制度的基础理论

（一）社会基本矛盾运动原理

经济制度是生产关系的总和，由社会生产力发展的状况决定，并决定政治制度和社会意识形态。数字经济制度是由数字经济生产力的发展状况决定的，在社会中占主要地位的生产关系的总和。数字经济制度是以强制力作为保证的正式制度，构建了数字经济系统的基本框架。

矛盾运动是推动社会历史前进的根本动力。"没有矛盾就没有世界"。基本矛盾贯穿事物发展的全过程，规定着事物发展的基本性质和基本方向。马克思洞察了人类社会的基本矛盾是生产力与生产关系、经济基础和上层建筑之间的矛盾。"社会的物质生产力发展到一定阶段，便同它们一直在其中运动的现存生产关系或财产关系发生矛盾……随着经济基础的变更，全部庞大的上层建筑也或慢或快地发生变革。"习近平总书记在纪念马克思诞辰200周年大会上的讲话强调："我们要勇于全面深化改革，自觉通过调整生产关系激发社会生产力发展活力，自觉通过完善上层建筑适应经济基础发展要求，让中国特色社会主义更加符合规律地向前发展。"

生产力体现人和自然的关系，是推动社会进步最活跃、最革命的要素，生产关系体现人和人的关系，两者互相作用和制约。生产力决定生产关系，生产关系反作用于生产力。生产力发展到一定阶段，之前与其适应的生产关系可能不再适应生产力的发展，从而被更适应生产力发展的新的生产关系取代。生产关系要适应并促进生产力的发展。生产关系的总和构成经济基础，上层建筑由经济基础决定并反作用于经济基础。当生产关系发生变化时，作为生产关系总和的经济基础也会要求上层的政治、法律制度和意识形态作相应的变化，以巩固和完善经济基础，促进生产力发展。"事实一再告诉我们，马克思、恩格斯关于资本主义社会基本矛盾的分析没有过时。"马克思揭示的社会基本矛盾运动原理没有过时，它依然决定着社会发展的总体进程和基本趋势，但其表现形式已有了新变化和新特征。生产力、生产关系（经济基础）、上层建筑相互作用及相互制约的矛盾关系，也影响、适应和指导数字经济的运行领域。数字化的知识和信息作为生产要素，与资本、劳动一起，共同推动数字经济生产力的发展，不但解放和发展生产力，而且推动生产关系和经济基础的重构，推动数字经济制度等上层建筑发生变革，促进数字经济制度体系智能化、全域化、多元化和精细化水平的提升，推动数字生产力的发展。

技术是建立秩序的重要方式。通信和电报的发明，带动了"每一单个人可以获知其他一切人的活动情况，并力求使本身的活动与之相适应"。互联网、大数据、人工智能、物联网、区块链等信息技术也具有类似作用，这一构想在那个特定时代，预见了当前和今后信息技术的图景。信息技术对社会的影响不仅仅作用于生产力领域，对世界范围的生产关系也产生深刻影响。基于信息技术所推动的政治化的数字帝国主义倾向初见端倪。

马克思对制度的洞察，主要体现在对"生产资料所有制""财产制度""土地制度"等概念的运用上，体现在对经济基础和上层建筑的辩证关系阐释中，是生产力和生产关系互动的反映，主要包括经济制度和政治、法律、意识形态、文化等制度。这些制度体系建立在特定时期的生产力发展水平之上，其制度变迁不以人的意志为转移。

（二）制度变迁理论

随着制度环境的变化，制度的结构和功能会随之发生变化，而不是固定不变的。制度变迁也称制度创新，是指新的制度完全或部分替代原有制度的过程，涉及制度产生、运行、衰减、更替和消亡等阶段。现阶段，我国数字经济的正式制度变迁主要由政府引领和规范。

制度变迁和演化是新制度经济学的重要研究议题。旧制度经济学吸收了德国历史学派、达尔文进化论等的合理内核，指出了制度在经济发展中的重要性，奠定了制度研究的早期基础，其代表人物包括托斯丹·邦德·凡勃伦（Thorstein B Veblen）、约翰·罗杰斯·康芒斯（John Rogers Commons）等。新制度经济学则主要从交易费用和产权理论视角，研究制度安排和机制设计，其代表人物包括罗纳德·哈里·科斯（Ronald H.Coase）、道格拉斯·诺斯（Douglass C.North）、奥利弗·威廉姆森（Oliver E.Williamson）、阿曼·阿尔钦（Armen Albert Alchian）、哈罗德·德姆塞茨（Harold Demsetz）等。科斯发现了产权制度和交易费用间的关联，最早运用交易费用开展制度分析，认为制度的产生、运行和变迁都须考虑交易费用因素。康芒斯（1962）认为，制度是集体行动控制个体行动。总体上看，制度是工作规则的组合（奥斯特罗姆，2000），也是规则、程序与规范的复合体（诺斯，2000），是影响人类行为的规则和规范，具有一定模式或框架，因而是一个系统，具有一定的结构和功能。

技术创新对制度变迁和经济增长都具有重要作用，甚至起决定性作用。诺斯（1981）不认可技术决定论，认为制度不仅决定技术创新，而且促进经济增长，制度的作用在于降低交易费用、保护产权，约束追求主体效用最大化的个人行为，并由此得出结论，西方国家经济增长的决定性因素是制度因素而不是技术因素。合理的制度安排可以促进经济增长质量的提高（陈丹丹和任保平，2010）。制度经由技术、资本和劳动力等因素推动经济增长，也可能成为这些因素的瓶颈（韩晶和朱洪泉，2000）。徐永慧（2019）指出，人口红利和资本积累是中国经济增长的主要动力。但杨英杰、郭光敏（2019）认为，经济高速增长主要得益于要素投入、技术创新、制度创新、发展市场、政府行为和意识形态等方面。大量劳动力转移、固定资本投资、创新与技术变革、社会主义市场经济体制、有效市场与有为政府等因素共同起作用，带来了中国经济增长的奇迹。在经济制度安排中，产权保护程度对经济增长的作用最大（潘向东等，2005）。资源的产权包含所有权、使用权、收入权和转让权四个方面。

新制度经济学长期关注制度变迁过程，强调制度变迁在经济社会发展研究中的关键作用。制度变迁影响有效需求、要素投入、经济结构和科技创新等。

然而，一般来说，制度只能在一段时间内保持稳定，其结构性的功能并非一成不变、永久地充分发挥作用。节约交易成本和改善绩效是制度变迁的内在动力。弗农·拉坦（Vernen W.Rutta）（1991）提出，制度决定着技术创新，诱导技术创新。林毅夫（1994）将制度变迁模式分为诱致性制度变迁和强制性制度变迁。前者制度变迁动力在于激励机制的诱导，后者则在外部压力推动下实施。杨瑞龙（1998）提出"中间扩散型"制度变迁的概念，用以解释地方政府推动制度变迁的进程。长期来看，由于利益冲突、时滞或路径依赖等因素的存在，制度变迁表现出缓慢性和渐进性等特征。

新制度经济学的方法论和理论成果在数字经济研究领域有着广阔的应用前景，其交易费用、产权、制度变迁、路径依赖等理论及观点，有助于深化对数字经济实践和理论的解释。然而，目前对数字经济制度体系构建的研究主题还未得到学术界应有的关注，研究的深度有待提升，研究的逻辑框架不清晰，尚未形成系统的理论与方法论体系，在系统性、创新性和解释力方面，还有广阔的研究空间。

二、数字经济制度的基本原则

数字经济制度是体系化的规范和规则，是调整数字经济运行的基础性机制。制度功能是指制度的合目的性，即特定制度或制度体系满足某种需要的属性。数字经济制度的功能可以分为激励功能和约束功能。恰当的激励是制度持续运行的动力和基础，严格的约束则确保数字经济主体行为的规范和有序。以互联网金融点对点借贷平台（P2P）为例，在其初步发展阶段，行业发展原则上以市场自律为主，行政监管为辅，主要由制度的激励功能发挥作用。2016年以后，随着借新还旧、停业跑路等"庞氏骗局"的频发、多发，监管部门开展的集中整治活动，较多发挥了制度的约束功能。

数字经济制度在发挥激励和约束功能时，应坚持公平原则、效用原则、法定原则和及时原则。

（一）公平原则：数字经济制度的赏与罚

"赏""罚"分明是公平原则的核心，是人人平等原则在数字经济制度领域的延伸和应用，是数字经济活动过程中最重要和根本的原则。数字经济制度对数字经济所有参与主体提供平等的保护，提供平等的表达和参与机会。数字经济的任何参与主体，在适用数字经济制度上都一律平等，同等行为同等对待，相似情形相似处理，做到同情同判。同时，应避免过度激励，防止制度激励措施的泛化，防止诱发机会主义行为。

（二）效用原则：预期收益大于成本

效用原则对人的需求动机有一定的适用性和解释力，是制度发挥激励和约束功能的哲学基础。在数字经济制度体系的变迁过程中，数字经济主体可能利用特定的制度安排来实现自身利益，体现一定的相对自主性和策略性。预期收益高于成本是数字经济主体参与创设、遵从或者变革制度的前提。在公正的基础上，积极引导和制约数字经济参与主体在追求个体福利水平的同时，实现社会总福利水平的最大化，即实现和接近社会总福利的帕累托最优。从数字经济制度体系本身来看，激励制度和约束制度的实施，其所获预期收益均应大于成本。

（三）法定原则：限制自由裁量权

在数字经济领域，无论是激励制度还是约束制度，均应坚持法定原则，明确激励约束的内容、条件和途径，依法依规、按程序实施，维护数字经济参与主体的合法、正当权益。同时，应避免权力滥用，防范超越规定权限行使自由裁量权。

（四）及时原则：强调时效性

数字经济激励制度或约束制度实施得越及时，则越公正有效。从时效维度看，及时和有效都很重要。拖延和积压的后果，可能会引发负面情绪，产生数字经济制度激励或约束所不期望产生的负面效果。

三、数字经济制度的体系结构

数字经济制度体系是由相关具体制度构成的整体，各具体制度又各有其制度功能，彼此之间互相影响和依赖，共同确保数字经济健康发展。数字经济制度体系的运行涉及人的需求、动机、目的和行为等方面，涵盖结构与功能、规则与程序、过程和结果等环节，通过引导人的需求和动机，激励或约束数字经济参与主体朝着预定的方向行动。数字经济制度体系包括产权制度、规划制度、创新制度、开放制度，以及税收征管、公平竞争、测度考核、安全保障等具体制度。这些具体制度的设立和运行，都是为了稳定预期，调节数字经济参与主体的行为，并约束机会主义动机，实现数字经济持续健康发展。趋利避害是人类行为的重要原则。激励和约束并不矛盾，而是相辅相成、相互促进的。在数字经济运行过程中，引导和控制人们的行为，离不开激励和约束两种方法和策略。研究数字经济制度体系的构成，离不开对激励制度和约束制度的系统研究。激励和约束方法策略的规范化和程序化，分别形成了激励制度和约束制度。

激励制度和约束制度对行为方向、偏好和选择等方面会产生较大的影响。由于制度自身的差异，其所产生的激励或约束效应也不尽相同。大多数制度都具有一定的激励功能，也兼具约束功能，但能区分是以激励为主，还是以约束为主。在研究过程中，根据制度功能的不同，将数字经济制度体系分为以激励为主的制度（包括产权制度、规划制度、创新制度、开放制度）和以约束为主的制度（主要包括税收征管制度、公平竞争制度、测度考核制度、安全保障制度）两个子体系。

（一）激励制度：产权、规划、创新与开放

激励是对行为人及其行为的肯定和正面评价，其直接对象是人的动机和需求。制度激励影响人们的行为方向、动机偏好。在数字经济中，制度激励功能发挥的差异，决定着数字经济发展的方向、进程和速度。解决行为人的行为动力问题，需要发挥数字经济制度的激励功能。数字经济制度通过对行为人的需求满足和动机刺激来调动行为人自主、积极做出特定行为。激励制度是一种吸引和引导，建立在自主和自愿基础之上，而不是建立在强迫或强制基础之上。本书中的激励制度主要包括产权制度、规划制度、创新制度和开放制度。

产权制度对数字经济活动调节有重要意义。向市场主体提供将外部性内部化的激励，从而提升资源配置效率，是产权的主要作用。根据科斯定理，产权是市场运行的核心，产权制度是资源配置优化的基础，也是其他制度安排的基石。好的产权制度有利于维护交易秩序、降低交易成本、提升经济效率。

规划制度是关于长远的、全面的计划的制度。数字经济领域的规划制度，着力解决总体目标和重点任务，协调数字经济长期发展过程的总量和结构问题。规划本身虽然也具有一定的约束性，但主要以指导性为主，具有建议性、预测性和灵活性，期望数字经济主体自行、积极按照规划目标和意图采取行动。规划制度往往涉及一定的利益分配，推动数字经济主体结合自身情况和需求，趋利避害，采取符合切实利益的行动。所以，规划制度主要具有"诱导"和激励性质，有利于减少数字经济的盲目性，合理引导、调动和配置资源。由此，在研究过程中，

要将数字经济相关的规划制度纳入激励制度的范畴。

创新制度在数字经济制度体系中发挥"驱动器"作用。创新制度有利于促进知识、技术和信息加速流动，协调数字经济创新资源，提升数字经济的整体运行效率。数字经济创新制度决定一个国家数字经济发展的方向和动力，通过增强数字经济主体的创新能力，营造数字经济创新发展的良好环境，成为数字经济高质量发展的"融合剂"和"催化剂"。在数字经济制度体系内部，创新制度与规划制度、产权制度等互相衔接融合，共同激发数字经济参与主体的活力。

开放制度是数字经济制度体系的重要组成部分。互联和开放是数字经济的固有属性。互联网等新兴技术进一步突破了传统的国家、地区界限，整个世界经由互联网连通成一个村落。从物联到数联，再到智联，万物互联推动生产力和生产关系发生巨大变革。资本的扩张推动和加快全球市场的有效开拓，世界的不可分割和人类前途命运的休戚相关，为数字经济的动态演化提供了物质基础和动力前提。开放制度顺应数字经济发展的潮流和趋势，围绕数字经济发展实施更大范围、更深层次、更宽领域全面开放，营造公开、透明的营商环境，推动人们逐渐摆脱农业经济、工业经济时代的时空限制，进一步增强人与人、人与物、物与物之间的互动和联系。总之，开放制度对制度学习、利益格局调整等数字经济制度变迁过程具有重大而深刻的影响。

（二）约束制度：税收征管、公平竞争、测度考核和安全保障

约束制度是强制要求数字经济主体承担行为后果和成本的规则体系。监督和惩罚是制度实施的保证，违反约束制度将会受到惩罚。约束制度借助干预或控制手段，对数字经济主体实施塑造和管制，纠正其自发状态或机会主义行为的偏差。数字经济统筹发展和安全，唯有在进行激励的同时，施以有效约束，才能以良法推动数字经济实现高质量发展。约束制度主要涉及税收征管制度、公平竞争制度、测度考核制度和安全保障制度。

税收征管制度是指国家税务征收机关依据有关法律法规，对数字经济领域的税款征收过程进行的组织、管理和检查的活动。根据税收中性原则，数字经济和传统经济承担同等的税负。在数字经济活动中，跨国数字企业依托数字技术与平台，即可开展有形商品的跨境生产经营和线上销售，因而在所得来源地的国家设立物理实体性机构的需求有所下降，从而对传统的常设机构原则构成挑战，对所得来源地国要求分享跨境数字经济活动税收利益的挑战日益凸显。数字经济税收

征管制度既要适用税收征管的一般规律，也要符合国际税收原则。

公平竞争制度是市场经济制度的核心。与传统经济比较，数字经济中的竞争，正从产品竞争转向平台竞争，从静态竞争转向动态竞争，从资金竞争转向技术、知识竞争，从营销、销售竞争转向用户、流量竞争。多边、跨界的平台竞争和算法竞争正与传统的竞争方式相融合。规模经济和范围经济的融合所导致的赢者通吃局面，正在改变传统的市场竞争和垄断格局，其中，平台、数据和算法形成了新的竞争市场结构。公平竞争制度立足解决数字经济所面临的突出问题，运用公平竞争审查、公平产权保护工具和手段等竞争政策，确保所有数字经济主体获得公平竞争的权利。

测度考核制度涵盖数字经济活动相关的指标体系、政策体系、标准体系、统计体系、绩效评价体系和政绩考核体系等领域。国内外对数字经济制度的认知并不一致，甚至存在较大分歧和争议。目前，技术进步给数字产品的价格统计带来了挑战，对跨境电子商务的测度可能会引起偏差，对非正式交易难以进行有效评价，高频率化、非标准化、高碎片化、产权分离化的非结构化和半结构化数据难以通过传统统计指标进行度量。这些都是测度考核制度需要研究解决的问题。

安全保障制度的指向性和针对性很强。在信息化条件下，数字经济涵盖的范围和主体不断增加，提升了数字经济的复杂性，但各国的数字安全治理仍处于探索阶段。加强网络内容监管、治理虚假信息，日益成为全球普遍共识，受到各国高度关注。信用关系的技术化面临风险，工业互联网安全风险突出，互联网用户的法治观念与维权意识有待提升，"数字鸿沟"问题明显。这些问题的解决，亟须在数字经济安全保障方面加快建章立制的速度。

四、数字经济制度体系的运行目标

目标是行为的导向和标准，本身就具有激励和约束作用。任何制度的创设，均体现制度设计的目标。数字经济制度体系在保持制度供给和制度需求均衡的基础上，还可在减少不确定性、节约经济运行交易费用、抑制机会主义倾向等方面，在促进分工和协作、竞争和合作等环节，发挥关键的基础和保障作用。如果无法有效防止机会主义行为或者不可预见的行为，就不是高质量的数字经济制度体系。

（一）促进制度供给和制度需求的均衡

数字经济制度体系的运行，既取决于其本身的科学性、合理性，也取决于制度的供求关系，即制度供给和需求能否实现均衡。数字经济制度供给及时顺应制度需求，两者相互协调，才能提高数字经济制度体系的有效水平。否则，无效的制度供给会造成制度资源的浪费，也有损制度权威。

长期来看，制度的非均衡具有必然性。比如，随着平台经济的崛起和在线销售额的激增，以及更多互联网平台的出现，欧盟不得不重新审视《垂直区块豁免条例》（2010年实施，2022年5月31日失效）这部市场分销方面的反垄断法规继续存在的必要性，以及是否与其他方面存在法律冲突。再如，为了保障电子商务主体的合法权益，《中华人民共和国电子商务法》于2013年启动立法，历时5年，直到2018年8月才通过立法。总体上看，从均衡到非均衡，再到均衡的演化历程，虽然有长有短，但寻求短期内数字经济制度的均衡和稳定，一直是制度体系运行的永恒目标。

数字经济生产模式、产业结构和市场运行模式的改变，将打破既有的制度均衡，新的数字经济制度往往随着非均衡的产生而出现。比如，在数字经济条件下，之前基于全日制就业形态运行实施的社会保障、薪酬人事等制度，面临着从均衡到非均衡的交替。在"零工经济"中，自由劳动者的权益保障缺乏依据，劳动者的谈判能力有限，适应劳动者流动性和就业方式多样化的就业服务及用工管理制度有待完善。自动化或人工智能的发展，导致机器替代人的现象出现，从而产生失业问题。大型科技企业引致收入差距扩大和全球不平等加剧，技术革新或使这一趋势进一步恶化。少数的大型科技企业的利润率日益高企，而大量低技能劳动者被排除在现代制造业的门外，随着前一类企业在经济中的占比越来越大，全社会的工资中位数停滞不前，降低了劳动收入占国内生产总值的比例。苹果、微软、亚马逊等企业富可敌国，赢利能力强，其所聘员工的薪酬普遍较高，但人员数量远少于传统的商业巨头。为缓解技术变革对传统就业模式造成的上述负面影响，各国政府高度重视劳动力市场的制度变革，推动建立更加灵活和高质量的再就业制度体系。就业领域的案例表明，制度均衡与制度创新交替出现，成为制度变迁的常态化过程。

然而，数字经济制度是具有正反馈机制的自我维系和强化的体系，一旦确立，便不会轻易被更好的制度替代，而会沿着特定的路径发展演进，其发展结果还可能导致多重均衡。大数据和平台帮助供求双方绕过传统中介，实现点对点的沟通，降低交易成本；实现快速匹配，缩短周转时间，加快资本循环，增进信息公开，提高了资源配置效率和整个社会的运行效率。近年来，"互联网＋"推动传统服务业焕发蓬勃生机，外卖骑手、线上红娘、内容创作者、自由设计师、网约车司机、线上健身教练等各类灵活就业者，获得了大量就业岗位。虽然也有就业压力和担忧，但基于平台经济的快递、外卖骑手、家政保洁、司机等行业，行业集中度有所上升，并创造了新的就业机会。同时，平台企业垄断地位的持久性和稳固程度却远逊于传统市场。平台企业有效整合供给端与需求端，形成巨大的市场优势和影响力，甚至具备了准公共基础设施的功能。平台企业不但占据较大市场份额，而且拥有数亿级的高黏度活跃用户，兼具组织者和参与者双重角色，并将市场这只"无形的手"在一定程度上改造、滥用为维护平台企业赢利诉求的"有形之手"。许多中小企业被动纳入平台，增加了转向备选平台的搜索成本、数据迁移成本、学习成本、谈判成本等，其成长空间被压缩。对拥有提取、控制和分析数据能力的平台企业而言，更多的用户意味着更多的数据，更多的数据意味着拥有更强的能力，于是可以凭借击败潜在竞争对手的先发优势，以"野蛮"方式进行数据资源的"跑马圈地"。平台企业借助技术创新成为行业领先者后，继续利用"平台＋数据＋算法"垄断用户需求，借助用户流量优势、算法优势、数据优势和资本优势，还可以在新的领域形成垄断优势。产权界定不清、收益分配不合理，降低了数据垄断的风险，纵容了平台企业独占数据的动机和行动。一旦其占有数据资源后却不愿共享，甚至为了拒绝共享而设置过高壁垒或隐形门槛，就会推高数据要素的获取成本，制约基于数据深度挖掘的持续性创新，对数字经济的正常竞争秩序产生实质影响。以上不公平竞争行为，对反垄断规制等公平竞争制度提出了挑战。

（二）节约制度运行过程的交易费用

随着数字经济市场规模的持续扩大，交易费用会不断增加，原有的经济形态要求建立更加合理的新制度，从而降低交易费用，提高数字经济市场主体的参与积极性。

数字经济制度运行所产生的交易费用，主要源自不确定性、机会主义和资产专用性等方面。无论是以激励为主的数字经济制度，还是以约束为主的数字经济制度，其确立、运行和演化都需要考虑交易费用因素。在特定国家治理环境下，以最小交易费用实现制度预期功能，成为数字经济制度体系的运行逻辑。只有预期收益大于预期成本，一项新的制度安排才可能产生直至巩固。有效的数字经济制度有助于降低交易费用，减少不确定性，抑制机会主义行为。

技术、信息和要素相对价格的变化，成为数字经济制度创新的重要源泉和动力，推动一项制度替代另一项制度。比如，公平竞争制度的变迁成本或交易费用近年已有所降低。由于技术创新引起生产函数和消费函数发生变化，市场主体所形成的网络外部性、天然垄断性和极强渗透性等特征，导致传统反垄断规则的适用性面临挑战。然而，对企业结构、供求结构、价格结构、市场占有率等的分析，对竞争和垄断机制的评判，都可经由数据的收集、整合、分类、加工、处理来实现，从而提升协同和协调程度，并降低竞争制度的变迁成本，增强竞争制度创新的内在动力。近年来，我国互联网领域的反垄断监管改革进程不断加快，数据收集使用管理、平台企业垄断认定等方面的制度不断完善，线上经济得到规范，促进平台经济长远健康发展的效果十分明显。2021年4月对阿里巴巴集团控股有限公司实施的"二选一"等涉嫌垄断行为立案调查和处理结果（除责令该公司停止违法行为外，还对该公司处以其2019年度中国境内销售额4557.12亿元4%的罚款，约计182.28亿元）；2021年10月对美团在外卖领域实施"二选一"行为的处罚结果（责令美团停止违法行为，全额退还独家合作保证金12.89亿元，并处以其2020年中国境内销售额1147.48亿元3%的罚款，约计34.42亿元）。这两个处理结果都彰显了反垄断监管的力度和效果。

（三）提升资源配置效率

数字经济制度体系的运行目标在于促进供需对接，优化资源配置，在一定程度上遏制和解决生产过剩趋势，整合碎片化资源，有效缓解市场失灵。在大数据、区块链等技术的支持下，互联网和物联网共同连接起生产者和消费者，通过网络组织传递、共享的数据和信息，突破了资源获取的时空限制，一定程度上实现了供需双方的实时双向反馈，降低了交易双方的搜寻、议价和监督等成本，尤其节约了消费者的选择成本和交通成本。

即使技术不发生变化，制度创新也有利于减少不确定性，降低复杂性，化解利益冲突，从而提升数字经济的劳动生产率，实现数字经济增长。在数字经济制度体系保障下，生产和消费之间开放、共享的协作模式，构成了数字经济生产效率提升的重要来源。生产和消费之间具有同一性，这种"同一性"在数字经济中得到了进一步体现。消费者经由各种算法，根据购物清单、浏览记录和行动轨迹等数据，重组为数字化的"消费者"。消费者对产品和服务的隐秘性、易变性和复杂性需求，具有了一定的稳定性和周期性，并呈现一定的行为惯性和经济理性。然而，只有在数字经济图景下，消费者心理结构、思维认知和行为方式等方面的规律，才能通过数据解析呈现出来，从而为生产者整体研判市场需求提供依据。需求侧的变化必然要求供给侧及时做出调整。生产者生产什么，生产多少，怎样生产，以及新产品能否研发成功，越发取决于能否对与消费者需求有关的数据进行精准分析，而传统的经验驱动模式已难以快速把握和响应消费者个性化和多元化的需求。生产者和消费者之间经由互联网形成的关联优势，为前者进行市场测试、加快获取市场反馈、减少创新试错成本、提升产品和服务性能提供了可能性。比如，制造业企业借助数字化、开放式的研发设计平台，及时、低成本获取消费需求信息，并持续参考在线消费者的体验评价和优化建议，快速和精确地优化产品细节。这种快速迭代研发模式一旦实时、动态地将消费者的需求信息和变化反馈到研发端，就会有效推动产业链与创新链的紧密对接，提高生产过程的柔性和产品的异质性，降低产品和服务的市场风险，并且优化供给侧结构，提升资源配置效率。

（四）加大数据产权保护力度

产权是否清晰界定，在一定程度上决定了产权能否得到有效保护。产权配置可在一定程度和范围纠正由契约不完全带来的效率损失。产权是动态变化的，也是相对的。传统意义上的产权，具有排他性、可分割性、可转让性和可交易性等特征。但由于数据生产要素自身的特性，其产权形式也呈现一定的特殊性。产权用以界定人们在数字经济活动中如何获益或承担损失。恰当合理的产权安排是数据资源得以优化配置和有效利用的根本保障。

数据作为一种生产资料，所有权归属尚不清晰。在产权制度安排上，却可以被开放、免费、共享、永久和重复使用。作为一种虚拟物品，特定数据被一个人使用时，也可以被他人正常使用，而且可以被无限供给和使用。数字技术弱化了私人所有权对使用权的竞争性约束。与数据这一特定资源相联系的收益权等权利可以是共有的，也可以是私有的。与土地、资本和劳动比较，数据更具有替代性、非稀缺性、非排他性等特征。数据的多归属性促使传统产权在更大范围内和更大程度上实现分离和重组。在共享经济中，产品或服务的需求者更关注数据的使用价值，而非数据本身的所有权；供给者则希望在特定时间内为获利而让渡闲置数据资源的使用权。供给者和需求者的身份可以转换或互换，主要取决于参与主体的资源余缺情况。可见，共享经济的生产方式摆脱了"死劳动对活劳动的统治"，生产过程体现了需求者和供给者的共同参与意愿。数字经济打破了对物品使用的固有限制，推动了资本权利在物权领域的进一步延伸。数据资产随着数据管理和数据应用的逐步深化，逐渐受到应有的重视，正在实现由保值到增值的跨越，数据流带动资金流、物资流、人才流等资源要素向实体经济集聚，从而释放数据红利。

可见，数字产品和服务的财产所有权归属正在弱化，所有权和使用权正在分离，数据生成者、提供者、控制者、运营者和开发者等数字经济主体间的法律关系有待进一步明晰。针对现实存在的突出矛盾，中国共产党中央委员会（简称中共中央）、中华人民共和国国务院（简称国务院）《关于构建更加完善的要素市场化配置体制机制的意见》提出，要根据数据性质完善产权性质。《中华人民共和国民法典》（简称《民法典》）主张保护数据生产要素的交易和市场化，其第一百二十七条规定，法律对数据、网络虚拟财产的保护有规定的，依照其规定；在第五百一十二条中，则明确了数据作为合同标的物以及其交付与所有权转移规则。

第二节　数字经济时代的市场竞争治理

一、数字经济时代的市场竞争逻辑发生深刻变化

数字经济是一种以数字平台为关键组织方式的双边或多边市场经济形态。它应用新一代信息技术打破时间和空间约束，促成了平台上各类从业主体之间的高效连接、精准匹配和高频交互，拓展了平台服务的广度和深度，释放了规模经济和网络效应，满足了各类用户的个性化、多样化、长尾化需求，强化了平台生态系统的共生共赢。数字经济生态系统打破了传统商业模式的线性价值链，构建起复杂的网络状平台型非线性价值网络，提高了社会资源的配置效能，对人类生产和生活方式产生了革命性变革，推动人类社会急速步入数字经济时代。平台、数据、算法、资本等是数字时代经济发展的新要素，对市场经济的微观基础、产业组织、竞争模式以及运行机制产生深刻影响，有助于提升市场效率、激发动态创

新和增进社会福利。具体来看，在数字经济时代下，企业之间呈现出如下新的竞争范式和特征。

（一）竞争理念发生革新：逐步由静态原子竞争理念向动态跨界竞争理念转变

传统市场经济下，技术进步速度相对较慢，企业之间的竞争更多依赖于市场内竞争的方式，如价格战、兼并收购等方式击败竞争对手，提高自身市场份额，企业之间竞争呈现出静态、原子式的特点。数字经济时代，技术创新、算法创新、数据要素、风险资本等要素在竞争过程中发挥的作用日益突出，动态竞争、跨界扩张、长期发展开始成为数字企业普遍秉持的竞争理念，它们更多地利用海量数据资源、巨量资本加持、先进的算法和强大的算力资源，催生出大量的新产业、新业态，如以平台经济、共享经济等商业模式创新来颠覆传统行业和领域，重塑市场竞争格局。例如，苹果、字母表（即谷歌）、微软、元（即脸谱）、亚马逊等数字企业都是综合利用平台、数据、算法、资本、技术等复合竞争优势，加速推进数字技术与实体经济深度融合，通过动态竞争、跨界融合等竞争方式在全球创新和经济版图上不断攻城略地，迅速改变市场竞争格局，创造出诸多前所未有的新业态新模式。

（二）竞争方式发生改变：逐步由产品服务竞争方式向生态系统竞争方式转变

传统市场经济下，企业之间的竞争方式相对单一，竞争手段较为简单，主要体现在产品和服务价格、质量、品牌等维度，价廉物美是企业赢得市场份额、攫取竞争收益的主要方式。美国竞争战略研究学者迈克尔·波特的《竞争战略》《竞争优势》等著作花了大量篇幅来论述传统企业的低成本和产品差异化竞争方式。进入数字经济时代，数字企业，如谷歌、脸谱、苹果、亚马逊、腾讯、阿里巴巴等，作为数字经济运行的关键枢纽和"看门人"（Gatekeepers），利用其汇聚的海量数据、算法和资本力量，以核心平台为依托，通过平台包络（Platform Envelopment）、并购重组、增加协作企业和互补服务、拓展系统架构等多种方式，向金融支付、物联网、人工智能、生活服务、产业互联网等诸多领域扩张，实施跨界竞争和融通合作，打造起根深叶茂的庞大"生态帝国"，数据驱动型的生态竞争成为数字企业抢占市场份额，赢得市场优势，获得超额利润的重要方式之一。

（三）竞争优势来源再造：数据和算法成为企业价值实现和竞争优势新源泉

传统经济条件下，企业基于"经济人"的利己逻辑，控制或独占各种稀缺性投入要素和生产能力，借助成本领先和差异化策略，来构筑其核心竞争优势。数字经济时代，数字企业结合"利己"和"利他"逻辑，利用其源源不断积累的数据资源、数据技术和算法能力以及独特的生态系统竞争方式，促进数字经济市场各类主体互动匹配，来不断提升价值和创造竞争优势，打造企业发展的"护城河"。一方面，数字平台企业可以利用海量的数据资源、先进的数据处理和分析能力，来增强自身学习能力、提升企业管理和决策科学性，以优化算法性能，促进供需双方精准对接，从而获取更多的用户，抢占更多的市场份额，形成"滚雪球"效应。另一方面，数字企业还可以基于数据和算法优势衍生的规模经济、范围经济，来强化成本和差异化方面的领先优势，更可以利用数据垄断和算法匹配能力，赋能平台生态系统内各类主体，促进接入平台生态体系的各方互动竞合，共同成长、共同增值，持续巩固其作为市场运行枢纽和价值创造中心的地位，进而在市场竞争中形成独特的优势。

（四）竞争格局发生嬗变：逐步由竞争性市场结构向垄断性市场结构转变

传统经济条件下，受限于成本下降速度和市场空间约束，企业规模扩张速度相对缓慢，直到规模经济和范围经济发挥作用时，企业才可逐步获得垄断或寡头地位。因此，在大部分时间内，大多数市场呈现出竞争性市场格局，但也有少部分市场，一旦领先企业取得垄断地位，这种垄断局面往往在较长一段时期内很难被打破，正如标准石油、IBM、AT&T等企业垄断石油、计算机、通信等行业的历史所显示的。相比之下，数字经济时代到来，数字企业（如谷歌、苹果、亚马逊、微软、脸谱、腾讯、百度、今日头条等）突破了时间和空间约束，基于指数化的用户增长和数据积累，结合独特的平台组织模式，形成了数字经济特有的直接或间接网络效应，不断拓宽规模经济和范围经济的边界，甚至在全球范围实现扩张，由此让数字企业可以在很短的时间内，就在核心业务领域发展到难以想象的规模，并借助垄断地位向其他相关领域延伸，实现"赢者通吃"，以致市场集中化（Market Tipping）甚至"一家独大"成为数字时代市场结构的"新常态"（New Normal）。例如谷歌对全球搜索引擎、移动操作系统等多个领域垄断，脸谱对社交网络、在线广告等诸多领域的高度寡占甚至垄断。

二、我国数字市场竞争治理面临的根本性挑战

垄断和不正当竞争是市场经济演进过程中常见的市场治理问题。数字经济环境下，垄断和不正当竞争问题并没有发生根本性变化，从行为基本特征及所产生的后果来看，具有共性的一面，但由于不同传统的市场运行逻辑，数字经济市场垄断和不正当竞争在甄别和判定方面更为复杂，表现方式和影响程度也存在一定差异，进而导致数字经济企业竞争行为面临更多的治理难题。总体来看，当前我国数字经济竞争治理主要面临三方面挑战。

（一）理论层面：数字市场运行与竞争规律亟须再认识

能否从理论上正确认识和把握数字市场运行规律、竞争范式及规制对象，不仅关乎各方能否形成共识和化解分歧，也关乎制度建设的进程、内容及价值取向，还事关竞争监管力度和效能，可以说是推进数字市场竞争制度创新，实现数字市场良性运行的基础性、关键性问题。然而，当前社会各界对此类问题的认识仍存在较大分歧，进而妨碍数字市场公平竞争制度建设进程。因此，亟须从理论上深化认识，以推动各方就数字市场公平竞争制度建设形成共识。具体而言，当前需要重新认识和把握如下两个问题。

1. 正确认识和把握数字经济发展与监管经验教训

回顾我国数字经济成长历程，中央和地方各级政府实施了广泛且众多的市场导向型产业发展政策和创新扶持举措，同时秉持包容审慎的监管理念和价值取向，坚持发挥市场机制作用和激发创新创业精神，从而催生了如今我国活力迸发、规模庞大的数字经济新产业、新业态和新模式，成就了全球数字经济发展的"中国奇迹"。时至今日，要进一步推进数字市场公平竞争制度创新，就必须全面客观看待这些年来包容审慎监管理念和产业扶持政策，这关系到应不应该继续实施包容审慎监管理念。一度有声音指出，过度强调包容审慎监管和产业政策，可能会诱发数字企业垄断、监管套利、选择性执法及监管盲区等新问题，甚至侵蚀监管权威性，妨碍数字经济健康发展，借此提倡抛弃这种柔性的监管取向，转

向从严加强监管，以消除监管套利和空白。

然而，我们仍要看到的是，我国仍是发展中国家，数字经济发展和市场发育程度与欧美特别是美国仍存在较大差距。在大国战略竞争的背景下，如果在制度建设过程中，彻底放弃以往经过实践检验的、成功的经验，摒弃包容审慎，转向从严从重监管，"九龙治水"迅速转变为"九龙降水"监管模式，势必会造成监管与发展关系失衡，甚至矫枉过正，影响市场主体预期，同时也不利于统筹用好产业政策与竞争政策来激发数字市场发展活力和潜力。

2．正确认识和把握数字市场公平竞争规制的对象和内容

近年来，互联网、大数据、云计算、区块链、人工智能、虚拟现实等新一代数字技术加速创新，与实体经济深度融合，推动经济社会各领域发生全方位深层次变革，以平台经济、共享经济为代表的数字经济正在成为重组全球要素资源、重塑全球经济结构、改变全球竞争格局的关键力量。这个过程本身是以谷歌、脸谱、苹果、亚马逊、微软等为代表的大型数字平台为了做大做强做优，获得或巩固自身市场垄断或寡头地位，通过整合数据、资本、技术、人才等各类创新要素，持续开展技术创新、模式创新等创造性破坏，放大规模经济和网络经济，形成庞大的数字经济生态系统和垄断市场结构的过程，因此，市场垄断型市场结构和超大型数字平台，本身是技术进步和创新竞争的结果，其存在本身就是"熊彼特创新"的典型表征，并为更多数字企业开展数字创新发展提供了更大的激励，故而，数字市场公平竞争制度建设的目标应该是保护创新的过程，规制对象应聚焦垄断行为，而非垄断型市场结构或垄断状态。

我们也注意到，国内外部分学者从书本教条、贫富差距和意识形态等多维度出发，认为形成垄断型市场结构或大型平台就是危险的，大就是恶，不仅没有认识到垄断状态与垄断行为的重大区别，也没有认识到过度竞争的危害，更关键的是，忽略了数字市场动态创新、颠覆式竞争频率远超传统市场的特征，最终形成"凡是垄断，必须要反；凡是大企业，必要治理"的不良倾向，从而导致公平竞争制度建设导向都可能出现问题的风险。因此，推进数字市场公平竞争制度建设，仍然需要正确看待关于垄断与数字创新和数字经济发展之间关系的认知分歧；同时还要区分垄断状态与垄断行为、有效竞争与过度竞争等基本理论问题，明确竞争规制的重点对象不是垄断结构，而应是垄断行为和市场竞争过程；此外，还应明晰制度建设的目标是维护公平、有效且动态的竞争，而非静态竞争、过度竞争甚至恶性竞争。

（二）制度层面：数字经济市场竞争规则亟待优化

公平竞争的数字市场秩序，既需要事前、事中、事后全链条科学规范的基础性竞争规则作为制度保障，也需要可操作可执行的相关实施细则和指引来保驾护航。近年来，为完善社会主义市场经济体制，加快培育和发展数字经济新动能，我国持续推进市场准入制度、反垄断与反不正当竞争制度以及公平竞争审查制度建设，初步形成了比较完备的数字经济市场运行与发展的竞争法治框架，进而为我国数字经济快速发展奠定了基本制度基础。然而，与新时代数字经济高质量发展和构建新发展格局的要求相比，在制度层面上，我国数字市场公平竞争规则仍面临如下挑战。

1. 数字经济市场数量监管制度亟待优化

以市场准入和退出监管为主的数量监管制度是市场经济公平竞争制度的重要组成部分。传统上，我国市场准入和退出监管制度主要是以行业为主，采取属地化管制的监管体制。而在这种监管制度和体制下，企业通常注册地、经营地都相对清晰，市场影响范围也通常限于局部范围，属地监管和线下监管的手段往往也能发挥实效。而数字经济具有跨界扩张、跨地域甚至全球化经营的特性，数字企业注册地、服务器所在地、竞争行为发生地等相分离，传统以分级管理、分片管理、分业管理为重的数量监管制度框架，已经很难应对垄断行为和不正当竞争行为跨区域实施等一系列问题和风险，迫切需要优化数字经济市场准入和退出监管制度。以网约车为例，国家将网约车监管列为出租车的一种，并实行准入许可管理，但考虑到客运市场监管是地方事权，进而将准入监管具体事宜交给地方来实施，有的地方不知道怎么管，有的地方简单沿用传统的准入管理办法，对于平台许可数量、驾驶员许可数量、车辆的许可数量实行严格管控，既不利于强化本地出租车市场竞争，也不利于发挥网约车新模式的创新活力，未能兼顾多方利益。

2. 反垄断与反不正当竞争规则需健全完善

经过多年发展，我国已形成了以《中华人民共和国反垄断法》《中华人民共和国反不正当竞争法》《中华人民共和国电子商务法》《中华人民共和国消费者权益保护法》等法律为核心，《网络交易监督管理办法》等部门规章、《国务院反垄断委员会关于平台经济领域的反垄断指南》等执法指南以及各类指导意见为补充的数字市场竞争制度体系。然而，一方面，《中华人民共和国反垄断法》《中华人民共和国反不正当竞争法》《中华人民共和国电子商务法》等法律规定偏重原则要求，缺乏可操作性的监管指南和实施细则，监管标准和尺度不一，影响监管执法效能。例如，《中华人民共和国反不正当竞争法》对违法经营额的认定不明确、处罚金额较高，实践中操作难度大。另一方面，不同于传统企业的垄断行为，数字平台企业更善于运用与算法、数据、技术、资本等相关的竞争策略和垄断行为，如算法合谋、算法操纵、数据滥用、掠夺性定价、拒绝或限定交易等，这些新型垄断行为通常更加隐蔽、更加复杂，对取证和执法能力要求也比较高，现行的《中华人民共和国反垄断法》等法律法规并没有明确的规定和清晰的判定标准，既可能造成竞争监管者执法缺乏充分的法律依据，也容易使得其自由裁量权可能较大，进而造成对数字市场竞争秩序的不当干预。

3.涉数字经济领域行政权力限制竞争行为也亟须制度规范

近年来，针对行政权力干预市场、限制市场竞争，如地区封锁和行业垄断等问题，我国探索实施了公平竞争审查制度。自2016年该制度实施以来，已经实现了对增量文件的全覆盖和存量文件的基本覆盖。在数字经济领域，融合型新业态新模式层出不穷，部分部门和地方为促进这些新业态新模式发展，出台了一些显性或隐性的指定交易、准入限制、政府补贴等支持政策。

（三）实践层面：数字市场竞争监管工具箱亟待革新

借助于数字技术，数字平台可以更加隐蔽地实施各类垄断和不正当竞争等违法违规行为，甚至影响用户和监管机构的认知逻辑，传统监管手段在应对这些问题时较为乏力，导致很难及时辨别清楚这些行为及其产生的后果。具体表现在如下几个方面。

1.滥用市场支配力行为类型复杂多样且认定难度加大

数字经济背景下，技术、算法、数据、规则等成为数字平台谋求和巩固自身的市场支配地位、获取高额垄断利润的新型竞争手段。例如，部分垄断数字平台策略性运用倾斜式定价（Skewed Pricing）、算法操纵、算法歧视、自我优待、技术性屏蔽、拒绝交易或不兼容、独家协议等排他性行为，来排斥和限制市场竞争，以达到维持和巩固自身垄断地位的目的。然而，理论上，对于这些行为本身的性质及其竞争效果，无论是学界，还是竞争监管部门，各方分歧仍然较大。以倾斜性定价为例，传统上倾斜式定价通常被视为一种掠夺性行为，但在数字经济环境下，众多平台企业基于双边市场模式，普遍采取这种定价模式，使各方很难简单将其视为滥用市场支配地位的行为。此外，实践中，竞争监管机构单纯凭借传统的监管理念、工具和手段，很难及时对这些行为性质以及对应的竞争损害进行甄别和规制。

2. 基于算法的垄断协议更加隐蔽且更难以治理

垄断协议包括横向垄断协议和纵向垄断协议。其中价格合谋或卡特尔是横向垄断协议主要的类型，纵向约束则是纵向垄断协议的典型形式。与传统的价格合谋行为相比，数字经济条件下，部分数字企业可能利用大数据、人工智能等手段进行合谋，攫取垄断利润，这些合谋行为具有较强的隐蔽性，透明度更低。此外，在位垄断平台企业还可以利用其垄断势力或讨价还价能力，通过各种纵向约束方式，影响用户群体的行为，达到阻止潜在平台进入市场或延伸垄断势力的目的，这些行为也比较隐蔽且竞争损害往往难以判别，可能在极短时间内对市场竞争产生颠覆性影响，甚至永久性损害。竞争监管部门在识别和处置基于算法等技术手段的垄断协议时，面临较大的挑战。

3. 并购和平台包络竞争策略的竞争效应难以有效辨别

初创企业和中小微企业是市场活力的重要源泉和就业创造的基础力量。近年来，部分超大型数字平台利用其数据、资本优势，大量并购或通过战略投资等多种方式直接或间接控制了大量的初创企业和中小微企业，形成规模堪比国家的庞大"数字经济体"。一方面，这类行为可以消灭直接或者潜在的对手，持续巩固其市场优势地位；另一方面，延伸市场势力，提高进入壁垒，对潜在或新进入者产生强大的"寒蝉效应"，对竞争者产生持久的损害（王磊和曾铮，2021）。此外，部分数字企业和资本还通过并购等策略向诸多关乎国家安全和社会稳定的领域野蛮扩张，引发各类金融和社会风险。然而，我们也要看到，大型平台对初创企业的并购，可以为风险资本和初创企业家退出提供重要渠道，可以激发更多风险资本投资和创新，有利于市场竞争，增进市场动态效率，促进市场动态演化，增进社会福利。因此，竞争监管机构对数字市场的并购行为及其竞争效果作出充分研判、分析和认定，全面判定并购行为的竞争效果，从而采取正确的规制策略。

4．不正当竞争形式多样且频发、高发

互联网、电子商务、直播平台等数字经济新兴领域不正当竞争行为表现形式多样且呈频发、高发态势，比较典型的包括恶意诱导消费、商业欺诈、虚假宣传、强制交易、不正当有奖销售、销售假冒伪劣等直接侵害消费者的不正当竞争行为，以及侵犯商业机密、商业诋毁、刷单和虚假交易、恶意爬取数据和流量劫持以及利用身份关系、技术手段来限制、干扰或者破坏其他经营者经营自由的新型不正当竞争行为。这些行为不仅直接损害了其他经营者和消费者的合法权益，也扭曲了正常的市场竞争机制，破坏数字市场营商环境。全国人大调查数据显示，2018年至2020年10月，涉及网络不正当竞争行为的判决案件，占全部反不正当竞争法判决案件的比重尽管相对较低，为3.6%，但鉴于网络自身传播和影响的特殊性，其社会关注度却高达72%。

第三节　以制度创新促进数字市场竞争

数字经济具有利益多元、创新频繁、线上线下融合的突出特征，数字企业的竞争手段也不同于传统企业，具有高技术化、隐蔽化、多维化等特点，导致单靠传统的直接行政干预、命令式监管以及线下现场监管等已经难以适用。建议聚焦我国数字市场面临的突出问题和挑战，以构筑国家数字经济竞争新优势为落脚点，准确把握数字经济市场运行和竞争的本质特征和基本逻辑，健全数字市场公平竞争制度框架，进一步完善涵盖事前事中事后的全链条制度体系，全面增强数字市场治理手段，提升监管效能，着力营造高效规范、公平公正、自由开放、活力有序、预期稳定的数字经济市场环境，促进数字经济持续健康发展。具体建议如下。

一、加强数字经济市场运行规律与竞争理论研究

首先，加强对数字市场竞争监管重大理论和实践问题研究。重点加强数字市场竞争监管的依据、内涵、理念、原则和方法等方面的研究，正确认识和把握数

字经济市场运行的特征以及竞争方式变革的内在逻辑，正确认识和把握数字经济市场结构与技术创新之间、发展与监管之间、产业政策与竞争政策之间的关系，抓紧研究形成科学有效的数字经济市场与竞争理论体系。

其次，推进与第三方机构合作加强数字市场调查研究。加强数字经济发展形势研判，深化对数字经济发展规律和特点的认识，借鉴国内外学界最新研究成果，提高对新型数字经济垄断和不正当竞争行为的甄别能力，更好发挥调查研究的监管决策依据和治理工具功能。

二、加快完善数字市场竞争监管的制度规范

首先，要持续完善数字市场竞争监管基本性法律法规。探索借鉴欧盟《数字服务法》、《数字市场法》及德国《反对限制竞争法》等相关内容，加快完善以《中华人民共和国反垄断法》《中华人民共和国反不正当竞争法》为主体的数字市场竞争监管基础性法律法规体系，进一步夯实竞争政策的基础性地位。同时结合不同的数字经济新产业新业态新模式，充分听取业界意见，坚持包容审慎的监管理念，进一步完善数字经济准入和退出监管规则，降低市场准入和退出门槛，促进市场动态竞争。

其次，要加快完善数字市场竞争监管操作指南和实施细则。针对金融、科技、内容、安全、民生等重点领域，紧扣资本、人工智能、数据、算法、技术、行为等关乎数字经济发展和竞争策略选择的关键要素，加快制定数字经济主要细分领域竞争监管的相关指南和实施细则，发挥监管指南的导向作用，增强市场主体的可预期性。

再次，要根据经济发展水平和数字经济特点，分类健全、完善公平竞争审查制度。我国数字经济发展具有区域不平衡、新产业新业态新模式众多的特点，而且数字经济给传统线下产业带来了巨大冲击，"新旧摩擦"比较突出，地方政府有动力也有意愿去干预市场，这其中就可能存在保护传统产业的可能性。针对地方保护、地区封锁和行业垄断等问题，要进一步分类完善公平竞争审查制度，从源头上防范排挤和限制竞争的政策出台。重点是加大对准入限制和各类支持性政策的审查力度，增强审查的制度刚性，切实提升审查效能。

最后，要完善数字经济领域相关道德伦理规范。推动经济数字企业制定数据、人工智能、算法等相关领域的道德伦理规范，形成正确的数字伦理价值观，

确保技术使用应以人为本，尊重用户的选择自由和基本权利，保护好用户的隐私和权益，促进市场有效竞争。

三、加快完善数字经济竞争制度高效精准执行机制

首先，要探索建立健全跨部门、跨区域执法联动响应和高效协作的数字市场竞争监管机制，不断推进违法线索相互通报、监管力度保持一致、处理结果互享互认，消除监管盲点盲区，共同降低监管成本。

其次，要加快完善数字市场竞争监管体制，依法推动反垄断执法事权下放，构建纵向联动、横向协同的数字市场竞争监管体制。

最后，要强化多元共治，构建政府与市场、政府与社会组织多元协同、共享共治的扁平化监管体制，不断探索数字经济监管中更高效的治理架构和模式。

四、创新科技手段监管数字经济方式

首先，要加大力度创新智慧监管手段。充分发挥新科技在市场竞争监管中的作用，可依托5G、互联网、大数据、人工智能、区块链等新一代信息技术推进监管创新手段创新，打造数字平台市场竞争监管治理大数据平台，大力推进"互联网＋监管"和"大数据＋监管"等智慧监管新方式新方法，增强主动发现、主动监测和过程取证等方面的能力，提高竞争监管的针对性、科学性和时效性。

其次，要充分发挥信用新型监管功能。进一步破除社会信用体系发展障碍，健全企业信用监管机制，强化数字平台等数字经济市场主体责任意识，完善信息公示制度，提高信息透明度；同时，健全信用激励约束和失信联合惩戒机制，推动数字平台企业强化自身信用建设。

五、加强数字市场公平竞争倡导和竞争文化培育

首先，要积极推进数字市场公平竞争倡导。在加强反垄断执法的同时，要发挥典型案件示范警示作用，加强反垄断宣传教育，增强各类市场主体的公平竞争意识，为数字经济市场主体公平竞争创造良好的制度环境。

其次，要引导企业形成竞争合规文化。支持和引导数字经济企业建立和加强竞争合规管理制度，培育竞争合规文化，增强竞争合规意识，有效防范反垄断和反不正当竞争法律风险，共同营造守法的行业氛围，为促进数字经济持续健康规范发展贡献力量。

第五章

数字金融助力下的产业结构升级

第一节　金融发展与产业结构升级

一、产业结构升级的基本理论

（一）产业结构升级的基本含义

产业结构升级具有以下两方面的含义。

（1）结构效益优化。在产业结构的演变与调整过程中，因为结构的不断协调有效提高了产业效益。

（2）转换能力优化。在产业发展中加强技术创新，提高根据市场需求的变化灵活进行社会资源供给的能力。

（二）产业结构升级的机制

产业结构升级的关键是要实现高加工度与高附加值导向的产出结构、规模经济导向的组织结构和高新技术导向的技术结构，本质是促进资源配置效率的提升，转化经济增长模式，提高经济效益，实现经济的可持续发展。

产业结构升级机制包括行政计划机制和市场竞争机制，这是以资源配置手段为依据而划分的。

1．行政计划机制

运用行政手段进行经济资源配置就是行政计划机制，其主要特点是自上而下进行配置，中央先提出计划，地方逐级执行计划，层层调整产业结构（组织结构、产出结构和技术结构），优化资源配置，提高资源的利用率。

政府在行政计划机制下主要通过出台产业政策对产业结构进行调整，调整的基本程序是，政府从产业结构现状出发，预测结构变动及走向，立足经济发展目标，向地方各级发布信号，以对市场经济主体的结构及供求格局进行调整。

政府在产业结构调整与升级中发挥着重要的调控职能，为顺利实现产业升级目标，政府主要采取以下两种方式发挥调控职能。

1）价格调控

第一，国家直接干预价格，如定价、限价。

第二，国家通过调整汇率、利率、税率等间接干预价格，产业间的比较成本和比较收益发生变化，以此对资源流向进行调节，缩小供给结构与需求结构的偏差。

当干预取得了成效时，就要开始新的干预了，以不断促进产业结构的优化与升级。

2）非价格调控

第一，政府通过财政方面的投资、融资来直接配置资源。

第二，政府通过法律政策和计划审批来引导资源配置。

2．市场竞争机制

市场竞争机制是资源配置的重要机制之一，指的是发挥市场的作用，对资源进行优化配置，令市场供需的变化从市场价格中体现出来，在市场的调节与控制下，资源的配置效率能够得到提升，资源能够得到最大化的利用。此外，市场竞争追求的是超额利润，在利益驱使下，市场主体通过技术创新去优化产业结构，促进产业结构不断升级，并呈现出高附加值、高加工度的发展趋势。

市场竞争机制要具备以下两个假定条件才能充分发挥作用。

第一，完全竞争的假定条件，即有足够多的企业，市场上各企业自由出入，没有形成垄断。

第二，价格灵敏性的假定条件，即价格灵活变动，能将市场供需情况和稀缺资源的配置情况充分体现出来。

从市场经济发展的现实情况来看，不可能完全具备上述两个假定条件，但在某种程度上可以满足这些需求，创造近似于上述假定条件的条件。例如，尽管完全竞争的市场不可能出现在现实中，但垄断竞争市场是经常出现的；尽管供求关系发生变化后，不可能第一时间从价格中反映出来，但各类资源是否稀缺及稀缺程度还是能够在市场竞争中体现出来的。那么，市场竞争机制在市场经济中对产业结构进行调整时，会经历怎样的过程？简单介绍如下。

首先，中间需求结构和最终需求结构随着技术的进步、收入的增加以及收入分配的变化而发生变化。

其次，需求结构发生变化后，原有供求格局被打破，出现产品供不应求或供过于求的现象，导致供求不平衡的产品的价格发生变动。

最后，产品价格变动幅度小的情况下，会给有关企业的生产带来影响，产品价格一旦出现大幅度波动的情况，价格下降的产品对应的部门的资源会向价格上涨的产品对应的部门转移，直到形成新的供需平衡，然后进行新一轮的产业结构优化调整与升级。

（三）产业结构优化升级的主要内容

产业结构调整与优化升级是产业结构由低层次向高层次不断演进的高度化过程。产业结构优化升级主要包括产业结构合理化和产业结构高度化两个方面的内容。高度化和合理化是相辅相成的：合理化是高度化的基础，没有合理化，产业结构的高度化就失去了基本条件，不但达不到升级的目的，反而可能发生结构的逆转；高度化是合理化进一步发展的目的，合理化本身就是为了使产业结构向更高层次转化，如果不是为了达到这一目的，合理化的存在也就失去了意义。

1．产业结构合理化

产业结构合理化是指产业之间的经济技术联系和数量比例关系趋向协调平衡的过程，是各产业按比例协调发展规律的基本要求，其决定了资源在各种产业之间能否优化配置，避免造成资源积压和浪费。

2．产业结构高度化

结构高度化过程就是产业发展中高加工度、高附加值、高技术含量和高知识含量的比重不断提高的过程，在这一过程中，产业技术创新能力的提高和产业中知识含量的增加构成了结构高度化的基本动力。产业结构升级的重点是在产业结构协调化基础上促进产业素质和国际竞争力的全面提高。为此，应重点发展那些发展前景广阔、技术含量较高的产业，以及那些有利于产业技术装备更新和改造传统产业技术的产业。有些产业具有从研究开发到实现产业化的潜在技术基础，可以填补产业和技术空白，有利于形成新的增长点，这些产业符合可持续发展战略的要求，有利于资源节约以及保护生态环境，有利于提升产业供给能力，这也是应该重点发展的产业。这些产业的发展有利于促进产业结构升级，促进经济持续健康发展。

二、金融发展促进产业发展

（一）金融发展与经济增长

金融体系具有风险管理、信息揭示、公司治理、动员储蓄、便利交换5个基本功能。每一种功能都可以通过促进资本积累和技术创新来影响经济增长。有不少模型描述金融功能对经济增长的促进作用：在资本积累上，一些增长模型或者利用资本的外部性，或者利用稳定收益，来衡量人均产值的稳定增长。在这些模型中，金融体系发挥的功能包括通过影响资本形成率来影响经济的稳定增长。金融体系通过改变储蓄率和储蓄再分配这两个渠道来影响资本积累。金融体系还可以通过改变技术创新比率来影响经济增长。发挥五大金融功能，促进金融创新，以推动资本积累和技术创新，从而促进经济增长。金融体系在发挥五大功能的基础上影响经济增长的机制如图5-1所示。

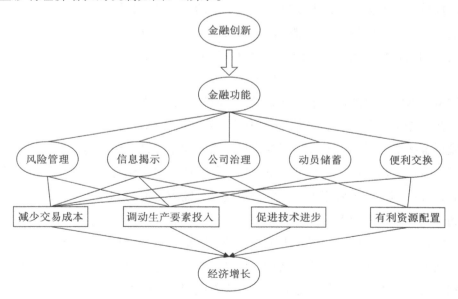

图 5-1　金融影响经济增长的机制

（二）金融发展与产业成长

不同产业在成长过程中对外部融资有不同程度的依赖，依赖程度越大，金融发展对产业成长的促进作用就越大，因此，在金融发达的国家中，对外部融资具有很大依赖程度的产业成长速度特别快。因为金融发展有助于企业克服道德风险和逆向选择问题，降低企业的外部融资成本。

（三）金融发展与产业结构优化

金融市场在市场经济中发挥着重要的作用，如对资金的筹集、资金流向的引导、合理配置资源、反馈市场信息、推动技术变革、优化企业经营模式等，这些因素都能够使产业结构不断趋于合理。产业结构的变化是由资金的运用结构所决定的，资金分布情况又从产业结构中反映出来。金融对资金供给变化、资金配置结构变化产生影响是通过资金形成机制、资金导向机制和信用催化机制实现的，从而促进产业的优化发展。

我国调整产业结构的主要方向是从粗放型转向集约型，而且强调发展技术密集型产业，不管采用存量方式还是采用增量方式来进行结构调整，注入大量资金都是必需的，这时银行信贷就发挥了非常重要的作用。

在现阶段，间接融资是我国企业融资的主要方式，在国家通过制定产业政策和发挥政府职能去推动产业发展的过程中，信贷杠杆的作用不可忽视，国家要根据现实情况制定信贷政策，健全信贷相关制度，对不同地区或不同行业的信贷比例进行调整，将资金引向更能发挥价值的地方，有目的、有侧重地加快一些产业的发展速度。对于我国现有的新兴产业或投入不足的重点产业，要完善贷款和投资政策，保障新兴产业和重点产业能够及时获得资金支持，实现更好的发展。

我国企业除了采用间接融资的方式，还要在直接融资上开辟路径，这就需要发挥金融资产供给场所——证券市场的重要作用。证券市场有着期限性、流通性、收益性、风险性等要素，若对它们进行不同的排列组合，可创造不同的金融产品，提供不同的金融服务，使各类投资者的需求都能得到满足，实现资金在市场的快速集聚，为调整与优化产业结构、促进产业发展提供资金保障。

随着社会资源的大规模及大范围流动，产业结构的合理化和高级化动向也会发生新的变化。我们调整产业结构，根本上来说就是解决市场上各类企业的出入问题，这其中关于资源的配置和重组是必然会遇到的问题。不管是资本市场，还是货币市场，它们的优势都是相似的，如联系面广、消息反馈迅速，根据市场需要对企业的重组、兼并等调整给予支持，使市场竞争力强、发展前景广阔和符合可持续发展理念的优势企业获得更多的资金，以促进这些企业的成长与发展。经济资源不应该流向没有生命力、没有前景以及效益差的企业，这类企业中，个别企业会因为资源需求长期得不到满足而被市场淘汰。通过引导资金流向扶持优势企业发展，淘汰没有生命力的企业，这本身就是优化企业结构的表现。

我国调整产业结构，需要从金融市场中获取参考信息，并依赖金融市场进行技术革新，优化企业运营模式。市场上对各类资源的需求和供给是不断变化的，这是调整产业结构的主要依据之一。资源供应和需求各自的变化及供求关系的变化使得调整产业结构成为一项复杂的工程。证券市场是金融市场的重要组成部分之一，其能有效传递信息，及时反馈信息，发挥证券市场的优势和功能，能够使我国在调整产业结构的过程中遇到的缺乏信息依据的问题被有效地解决，并依据证券市场上的有效信息来对资本的流向进行正确合理的引导。同时，金融市场十分注重技术的改革与创新，通过技术革新能有效促进产业升级发展。

第二节　数字金融下的传统行业革新

一、数字金融颠覆传统行业

数字金融兴起后，传统行业深受影响，有的传统行业积极应战，主动转型，抓住数字金融发展的时代机遇获得了良好的发展；有的行业十分被动，依然沿用传统发展模式，无法及时适应不断变化的市场经济，因此受到了严重的冲击，甚至一蹶不振。本文主要选择几个代表性行业进行分析，包括支付业、保险业、房地产业、零售业和小贷业。

（一）支付业

数字金融背景下，移动支付的出现改变了人们的支付习惯，传统支付业受到严重冲击，处境艰难。

改革开放后，市场经济体制主体地位的确立促进了市场经济的快速发展，在交易市场，现金交易成为主流，计划经济体制下的凭票供应的交易方式逐渐退出市场。后来随着金融业的兴起和快速发展，交易市场出现了除现金支付外的新的交易方式，即POS交易，我们迎来了银联的时代。

进入21世纪后，第三方支付机构和第三方支付方式随着电子商务的快速发展而诞生。此后，第三方支付在线上交易中成为主要交易方式。支付宝服务在2003年最先由淘宝网推出，随后，支付宝成为独立的支付平台，而且是我国最大的第三方支付平台，它的出现大大推动了线上交易市场的繁荣发展。2005年，腾讯也推出了在线支付平台——财付通，其与支付宝在2011年正式获得第三方支付牌照，而且是由央行颁发的。此后在线支付不仅是线上交易市场的重要交易方式，而且也向线下交易市场拓展。一些互联网巨头（如百度等）也开始积极开发移动支付技术，拓展属于自己的移动支付功能。

移动互联网的快速发展冲击了传统互联网，移动支付方式也相应地冲击了传统支付方式（现金交易、POS交易），渐渐占据主流地位的移动支付深受互联网用户和移动终端用户的青睐。

总之，在数字化时代，交易市场的主流交易方式已经变成移动支付，这一主流支付方式还具有大数据的增值功能，打破了传统的支付格局。随着数字金融在多个领域的进一步渗透，传统支付行业将持续受到冲击，被严重颠覆到"面目全非"。

（二）保险业

保险业面对数字金融的颠覆和挑战，能够主动出击，积极应战，进军互联网，在产品研发方面推陈出新，虽然艰难，但发展较好。

在数字金融的浪潮中，保险业表现出"不好欺负"的一面，主动出击，向互联网市场进军，积极探索"互联网＋保险"的新兴发展模式，以维持自身的发展。

"大数定律"是保险业中非常重要的一个经营理论，该理论关系着保险行业经营的稳定性，也与给付和补偿的实现程度息息相关。因此，在保险业中非常重视数据的采集工作。随着互联网的不断发展，保险业逐渐运用云计算、大数据等新型互联网技术来存储与计算数据，渐渐推出了互联网保险。

众安在线财产保险股份有限公司是我国第一家互联网保险企业，成立于2013年11月，由中国平安、腾讯和阿里巴巴联手推出，该企业通过互联网平台销售保险，并提供在线售后服务和理赔服务。该企业成立后，不断开发适合在线销售的保险产品，获得了很多商户的认可。之后，其他一些大型保险公司也积极联手互联网企业共同开发互联网保险产品，现在，互联网保险产品琳琅满目，为人们提供了更多的选择空间。

保险业在数字金融的冲击下并没有被打败，一方面与保险行业积极应战，主动转变发展理念，探索新的发展模式有关；另一方面也与保险业自身的天然优势有关。保险业在我国属于朝阳产业，改革开放以来，该产业在我国发展势头强劲，取得了可观的成绩，为国家经济发展贡献了自己的力量。但是与发达国家的保险业相比，我国保险业的发展还很滞后。保险业的经营流程中没有像制造业那样复杂的环节，如生产环节、存储环节、运输环节等，保单是基于用户的需求、意向、购买能力而生成的。正因为有这个优势，在数字金融的时代背景下，保险业可以抓住这一重要的时代机遇，探索新的发展模式，实现更好的发展。

（三）房地产业

近年来，我国经济高速发展，再加上城市化建设进程的快速推进，房屋建筑面积和规模不断增加与扩大，房地产业取得了有目共睹的好成绩，极大地推动了我国市场经济的繁荣发展。但是，由于房价近年持续上涨，政府制定相关的紧缩政策出面调控，一定程度上打击了房地产业的发展势头。与此同时，数字金融也逐渐渗透房地产业，影响了房地产业的发展。

目前，互联网推出许多房地产金融产品，为低迷的房地产业注入了新鲜的血液。但从根本上来看，这解决不了房地产业的根本问题，而且房地产业投资本身就有很大的风险，将线下风险转移到线上只会进一步增加不确定性，管控起来难度很大。

数字金融对房地产业的影响很大，房地产业面对数字金融发起的"战争"，以积极的态度应战，致力于探索跨界新模式，在市场经济中展现出新的活力。

面对数字金融这一新面孔，房地产业应对态度积极、乐观，主动与数字金融合作，共同开发互联网金融产品。

（四）零售业

零售业与居民的日常生活密切关联。改革开放以来，我国零售业发展速度极快，而且发展模式较为成熟，取得了良好的成就。但随着数字金融时代的到来，大众的消费方式发生了巨大的转变，线上消费成为人们日常消费的主要方式之一，这在很大程度上冲击了线下零售业的发展。随着互联网技术的发展和互联网销售平台的兴起，传统零售业受到了电商的沉重打击，陷入衰退的境地，如果不及时变革和创新，将会面临被市场淘汰的危险。

在互联网时代，传统零售商应树立互联网经营观念，对数字化发展模式进行探索，积极进行顺应时代潮流的转型发展。

互联网企业向来积极主动地适应时代的发展形势，传统零售业虽然面临艰难处境，但是零售业所服务的群体依然是庞大的消费者，消费者并没有因为传统零售业的艰难处境而减少，只是转变了消费方式，从线下消费转为线上消费，通过"网购"满足自己对零售产品的需求。对此，互联网企业在零售业领域"大做文章"，面向零售业消费者提供金融服务。

总之，传统零售业被电子商务、赊账服务严重打击，消费者的线上消费越来越普遍，消费金融在数字金融时代的发展空间十分广阔。

二、信贷征信行业新发展

（一）数字金融背景下我国信贷征信行业的新发展

1．个人征信市场前景广阔

数字金融的发展催生了对个人征信市场化的迫切需求，具体表现在以下两个方面。

第一，互联网消费金融公司在发放消费信贷时，面临央行征信中心系统对线上人群覆盖率低，线上群体个人征信数据缺失的问题，难以满足消费金融的需要，促使互联网企业自建征信部门或者与其他市场化征信机构合作收集征信数据，从而逐渐成为弥补央行数据短板的重要部分。

第二，笔数多、金额小、纯信用的借贷平台需要广泛收集资金需求方的信用信息，进行多维度刻画，风险范围、风险环节更加宽泛。但按照相关法律规定，借贷平台很难直接接入央行征信中心系统查询客户信用信息，通过线下对借贷方进行信用审查难度大、成本高，需要与个人征信市场化机构合作来健全平台风控体系。

2．大数据征信成为发展趋势

一切征信产品和服务都是建立在数据的基础上的，对数据的获取与挖掘能力是征信机构的核心能力。个人征信的数据主要分为基本信息、还款能力、负债记录、行为特征、社交资料、公共记录信息六个维度。只有广泛采集这6个维度的信息才能使征信数据产生价值。采集的过程中还要处理冗余信息，搭建模型进行加权分析，形成征信产品。

数字金融背景下，新型征信机构运用大数据、云计算等技术，与互联网海量数据深度融合，形成"大数据征信"，且成为一大发展趋势。互联网征信机构依托股东所搭建的平台，以低成本收集海量数据形成先发优势，通过技术整合应用于多种场景。其中，腾讯征信依托财付通数据以及社交数据（不含微信私聊数据）；芝麻信用依托阿里巴巴下属电商交易信息以及支付宝、余额宝采集的个人信用信息数据。其他征信机构依靠多年的风险评估经验、特色征信数据，深耕细分征信市场领域。这些机构利用海量化、维度广的大数据服务多种生活应用场景，在个人征信业的覆盖面和层次上不断拓展与提升。

（二）推动信贷征信行业数字化创新发展的建议

针对数字金融背景下信贷征信行业发展中存在的问题，可以采取以下途径予以解决，以进一步推动信贷征信行业的数字化创新与发展。

1. 构建征信信息共享机制

要实现征信信息共享，可通过以下几个方面努力。

首先，政府出台关于信息共享的强制性政策，或由行业协会主导将行业对接标准统一确定下来，构建大型征信数据库，从技术上支持接入机构，为其采集信息、搭建数据库、构建评估标准提供便利，同时政府可针对接入机构出台一些优惠性的税收政策。

其次，将央行征信中心系统逐步纳入网贷平台信息，在很大程度上共享个人信贷和中小企业信贷的相关信息，在央行征信系统与网贷机构之间构建通畅的信息共享渠道。

最后，相关主体本着自愿的原则将数据报送给第三方公司，关键要从自身需求出发，建立信用体系，将征信产品统一对外输出。独立的第三方征信机构将数据收集、汇总，第三方征信公司的运营可以由各股东机构参与，股东机构和第三方征信公司共同将个人征信数据的采集模式确立下来，使金融机构规范自身的征信内控制度、促进服务人员素质的提升，打通业务流程的各个节点，最终构建成从采集信息到报送信息再到使用信息的完整统一模式。

2．加大对个人信息的保护力度

首先，对网络平台采集授权制度予以建立并不断健全，从制度层面充分保障个人信息安全，规范对个人信息的采集和使用。相关制度中要明确征信机构可以在哪些范围内采集个人信息，规范与约束征信机构的采集权利。统一征信机构采集与使用个人信息的相关标准，预防征信机构对个人隐私的无节制挖掘。征信机构只有在合理范围内采集个人信息，并使个人清楚征信机构对自身信息的使用情况，才能对个人的正当权益予以维护。

其次，征信机构要加强在技术防范上的工作，树立保护信息的意识，切实维护各信息主体的权益，防止信息泄露。此外，积极培养网络技术人才，提高保护信息的专业性、实效性，通过专业人才来防范泄露风险。另外也要加强对监管方式的创新，并顺应时代发展，探索多元化的监管方式，落实各项监管工作，提高监管手段的科技性与实效性，保障监管的效果。

最后，作为金融市场的重要活动主体，征信机构采集与使用个人信息必须符合政府的政策要求，而且也要主动参与对个人信息安全的保护工作，配合政府共同对个人正当权益予以全方位保护。当前，越来越多的数字金融机构从事个人征信业务，但是对新兴金融机构进入征信行业缺乏严格的审核规范和统一的准入标准，对此，政府部门或行业协会应积极制定标准，对金融机构进入征信行业的流程予以规范。采用实名制对用户信息进行严格审核，杜绝虚假信息。公安系统、银行系统、社保系统及征信机构共同建立联合信息系统，对比分析用户的申请资料与其在公安和银行机构中留下的个人信息，保证个人信息真实、安全。此外，还要通过开发人脸识别、指纹识别等技术来促进安全认证服务的不断完善。

3．完善征信法律制度体系

政府部门要积极制定与出台信贷征信业的相关法律法规，完善法律体系，并从数字金融背景下征信行业发展中出现的新问题着手，提高对规章制度制定的针对性和实效性，营造良好的法律环境来约束征信行业在数字金融背景下的行为。此外，关于个人征信中收集、使用信息以及维护信息安全等行为，也要加强立法规范，通过落实网络实名制、电子签名等措施切实保护个人信息安全，防止个人隐私信息的泄露。关于征信行业的法律制度体系应该是全方位、多角度的，全面规范与保障征信行业的健康发展。行业协会要将自身的纽带功能充分发挥出来，为各征信机构之间的合作、交流搭建良好的平台，防止恶性竞争，营造和谐、公平竞争的市场氛围。此外，为了更好地对用户的合法权益予以保护，打击信息泄露行为，要不断建立与健全用户反馈和投诉机制，对于征信机构中存在的不良行为，用户可通过正规渠道检举、揭露，由行业协会或公安部门予以严格处理。

三、传统银行的数字化转型

（一）数字金融背景下传统银行数字化转型的新发展

1. 商业银行数字化转型现状

面对产业革命和科技革命的双重影响，国内商业银行纷纷加入数字化转型浪潮，结合自身的规模、业务战略、经营模式、金融科技能力等因素，由内而外地从组织、文化、架构、技术、生态等多个层面发起变革，并已取得了一些阶段性成果。

在数字化转型过程中，国内商业银行逐渐从"以产品为中心"向"以客户为中心"转型，以数据为基础，以数字技术为手段，综合运用新理念、新技术、新方法，将客户、场景、产品、服务等转化为数字形态，提升数字化产品服务、运营、风控、合作方赋能等能力，持续推动业务领域的数字化转型，对内、对外赋能。国内传统银行从产品服务、运营管理、风险防控、合作方生态等方面的数字化转型取得了一定成果。

1）打造数字化产品服务，提升客户体验

客户越来越强调自身体验，金融服务需求的个性化、差异化特点更加突出，银行服务已逐渐从"产品驱动"转向"客户驱动"，借助数字化的技术手段，商业银行不断创新产品服务，持续建设数字化服务渠道，丰富客户服务渠道和手段，创新升级营销方式，提升客户体验感与忠诚度。

2）构建数字化运营体系，实现降本增效

银行内部运营数字化水平是银行对外服务的驱动力，影响着业务办理效率和服务体验，国内商业银行积极拥抱数字化技术，构建线上线下一体化运营模式，建设自动集约化的运营管理平台，在此基础上优化业务流程、创新业务运营服务模式，提升服务质量，实现降本增效。

3）推进全流程风险量化管理建设，提升风险管控能力

随着5G技术的商业化应用，万物互联数字化时代已经到来，商业银行基于丰富的银行业务数据以及外部数据（如企业经营、政府管理、社会信用、供应链

等数据），通过应用大数据、人工智能、云计算、生物识别、物联网等新技术，构建全面量化的风险识别管理模式，实现风险管控从"人控"到"数控"的转变，并逐步向"智控"转变。

4）探索共享融合的数字化生态体系，创新服务模式

在开放融合的时代，商业银行将加速与其他行业的融合，通过"输出"与"引入"相结合的策略，打造场景金融，建立开放、合作、共赢的金融服务生态体系，构建GBC端（政府端，goverment；企业端，business；消费者端，customer）联动的服务新模式。

2. 商业银行数字化转型趋势

随着5G、量子计算、多方安全计算等数字化技术的快速发展，技术和金融加速融合，银行数字化转型加速，数据资源价值将更为凸显，金融产品服务将更加智能化，业务场景结合将更为紧密，经营管理模式将更加高效，商业银行的数字化转型总体上将呈现以下趋势。

1）数据来源与形式将会更丰富，数据价值将会更突出

随着5G、物联网、音视频等技术的发展，银行借助数字化技术无缝感知客户，获取数字化时代赖以生存的数据生产要素，满足"数字经济"时代经营发展转型与市场拓展竞争需要。同时多方安全计算等隐私保护技术快速发展可以实现数据"可用不可见"，将推进金融数据与行业数据、政府数据等融合，加速数据要素市场建设。后续银行数据来源与形式等将进一步加大和丰富，数据作为银行生产要素的作用和地位将会更加突出。

2）智能化技术将会规模化应用，金融业务更加智能化

随着NLP（Neuro-Linguistic Programming，神经语言程序学）、计算机视觉、生物识别、RPA（Robotic Process Automation，机器人流程自动化）、语音交互等技术能力的提升及门槛的降低，银行业丰富的金融大数据蕴含的价值将被充分发掘，为产品、流程、渠道、运营、营销、风控等传统金融服务体系带来智能化应用提升，并形成规模化应用，甚至能够对一些复杂程度高的金融业务做出科学预测及决策参考。

3）银行服务将会全面开放，场景式金融提升客户体验

随着银行监管政策及标准规范的逐步完善，开放银行将进入高速规范发展期，通过丰富服务模式、拓展行业范围及特色场景，逐步构建金融与非金融一体

化、开放多元的服务模式，实现安全、便捷、无感、无界的客户体验，随时随地为客户提供全方位服务。

4）银行业将加深与产业融合，生态体系实现多方共赢

主要商业银行正在逐步建设自己的行业生态，也将会更密切地融入各个行业生态中。未来，一方面，围绕金融机构的科技体系将会形成生态共同体，金融机构将联合头部企业，优势互补，在基础设施、开放化业务系统建设、产品服务等方面，共同合作输出行业解决方案；另一方面，银行将与其他行业更加密切地合作，在数据共享、模型建设、平台搭建、产品设计、人才培养等方面进行合作，打造全用户渗透、全市场对接、全业务协同、全流程联动的金融生态体系。

（二）传统银行数字化转型及发展的建议

1．以科技创新引领业务转型发展

加强对新兴互联网技术的场景挖掘与实际运用，重点支持多个关键业务领域的产品创新与转型发展，以技术创新推动业务流程重塑、业务模式创新以及业务生态拓展。

2．重视数字化顶层设计

传统银行顺应数字金融发展的趋势及时了解和预测，灵活调整战略决策，加强数字发展的总体规划和顶层设计，形成综合性战略布局。同时，积极建设数字化核心平台，与外部机构合作，致力对关键应用技术攻关的研究，通过持续的资金投入保障数字化转型计划的有序落实。

3．加强组织形式的创新

直销银行与传统网络银行业务的主要区别不是获客渠道，而是需要建立独立的客户经营、服务及产品设计、风险管控体系，借鉴互联网、金融科技、生态圈等多种手段，再造一个"子银行"。未来可充分利用各股东优势设立直销银行，围绕"智能制造的产业链"和"智能生活的生态链"提供全方位的金融与非金融服务，加强母行与子公司的协同联动，借助场景引流扩大市场渠道，并通过培养优秀科技人才队伍来提供科技和人力支撑。

4．推动新一代智能化网点转型

第一，深入研究网点业态与定位，形成多方位的网点管理体系（包括旗舰店、综合性网点、专业网点、全自助银行等），并加强针对不同业态网点的产能

管理。

第二，推动网点的智能化转型，使用新技术、新设备，在推广智能设备的同时，与柜面交易的流程优化、柜面人员的分流以及加强客户营销团队等相结合，提高客户体验。

四、金融服务业创新

（一）数字金融背景下金融服务业的新发展

在新经济时代，任何一个行业随时都可能发生颠覆性的发展与变革。在互联网金融背景下，科技金融的理念深入人心，传统金融行业联合互联网公司共同推出的互联网金融产品极大地满足了用户的需求，为用户提供了便捷而高效的服务。人们的金融习惯也随着互联网金融产品的出现而发生了改变。互联网金融的发展使传统金融的经营模式发生了颠覆性的转变，未来金融市场也必然会出现一系列的新变化和新面貌。传统金融的发展以政府的宏观调控为依托，但在市场经济下这一模式的问题越来越多，而数字科技金融模式使传统模式发生了根本性的转变，为我国金融市场的繁荣发展注入了新的血液与活力，使传统金融市场的不足得到了弥补，原来的空白得到了填充。在数字金融快速发展的今天，研究金融服务业的数字化创新与科技化创新具有重要的现实意义，不仅对金融服务业本身的发展有促进意义，还对数字金融的发展及经济的高质量发展具有重要意义。

下面具体分析我国金融服务业在数字金融背景下的发展现状与存在的主要问题。

1. 金融服务业发展现状

1）融资方式多样化

现阶段，我国金融服务业的融资方式越来越多样化，除了传统金融服务体系中由政府提供融资服务这一传统融资方式外，一些新型融资方式（如股权众筹、小额贷款、科技银行贷款等）也随着时代的进步尤其是数字金融的发展而出现。这些新型融资方式为客户贷款提供了便利，解决了很多企业尤其是中小企业的融资问题，因此在互联网时代越来越受认可与欢迎，也对传统金融服务业造成了一定的冲击。

2）加大政策扶持力度

我国政府非常注重科技与金融的融合发展，为响应号召，地方政府积极出台相关政策来推动金融与科技的深度融合发展，其中财税方面的政策与法规不断健全，有效扶持与推动了金融服务业的发展。此外，我国不断健全金融业法律法规，尤其是科技金融领域的法律法规，促进了科技金融发展中资源优化配置效率的提高、服务能力的提升、科技金融平台的完善以及金融服务科技创新的发展。

3）互联网金融大众化

现在，第三方支付平台的出现深刻改变了消费者的支付习惯，越来越多的电商开发属于自己的第三方支付平台，为线上消费者提供便捷的支付服务，提高支付的效率。微信支付、支付宝支付、财付通支付等已成为消费者现代生活中不可或缺的组成部分。传统金融支付模式在第三方支付平台快速发展的今天受到了严重的冲击，因此必须加强数字化转型与科技化发展，适应数字金融时代的新潮流。

2．金融服务业发展的问题

1）监管政策有待健全

随着金融服务业科技化改革与发展的推进，我国面向传统金融服务业出台的金融法律法规在全新的金融服务体系中已经不能完全适用。而且，数字科技金融服务业包含很多复杂的金融业务，如果沿用传统法律法规，容易让一些科技企业钻漏洞，出现不正当竞争行为，影响金融服务市场竞争的公平性，影响科技金融的可持续发展。因此，针对科技金融服务业的法律法规有待出台与完善。

2）客户信息的安全性面临威胁

依托云计算、大数据等新型互联网技术发展起来的数字金融服务业给客户带来了极大的便利，但与此同时也出现了大量有关客户信息泄露的安全事故。病毒、黑客攻击互联网金融服务运行平台，或人为恶意操作等都有可能泄露客户隐私，伴随而来的是互联网欺诈等恶劣事件的发生，严重损害了客户的权益和隐私安全。因此在金融服务业创新发展中，必须加强对金融服务平台的风险监管，提高风险管理的效率。

3）科技金融服务平台有待创新

现阶段，我国很多科技金融服务平台采用独立运作模式，该模式的主要问题是功能结构简单，搜索信息有区域限制，缺乏良好的综合服务能力等。互联网金融时代倡导的是"开放、平等、协作、分享"的理念，如果平台缺乏共享和开放理念，那么很难取得持久的发展。对此，要进一步加大科技金融服务平台的开放力度，实现信息共享。

4）金融服务体系有待完善

在数字金融背景下，金融服务业与科技企业密切合作，打造科技金融服务模式，但这一新兴服务模式存在资本市场发展力度不够、金融资源配置效率低、机制结构单一等问题，制约了科技金融服务的进一步发展。因此"科技＋金融"的金融服务体系有待完善。

（二）数字金融背景下金融服务业创新发展的建议

针对我国金融服务业发展的现状与存在的一些主要问题，结合数字金融背景，提出以下创新建议与发展策略。

1. 完善金融服务业相关政策法规

在数字金融时代，很多互联网企业进军金融服务行业，对此，政府与监管部门应加强全方位的监管，包括对市场准入、市场运作以及平台运行等多方面的监管。此外，要面向科技金融服务业这一新兴的金融服务业领域出台相关政策，不能一直沿用传统法律体系；要营造良好的法律环境，充分保障科技金融服务业的稳步发展。

在建立健全这类法律体系的过程中，要对互联网金融服务、电子货币等予以规范，将电子资本流动、电子商务运作的标准和程序确立下来，加强网上银行资格认证。此外，要对支付结算的相关政策予以制定，从法律层面保障网上银行和网上金融的安全。在完善金融服务业政策体系方面，互联网金融企业要将自身的创新优势充分发挥出来，坚守法律底线，配合监管部门的各项工作。

2. 加强金融服务业信息安全防范

金融服务业应联手科技企业、互联网企业共同开发适用于网络科技金融服务领域的安全技术产品与服务，具体应该从以下三方面努力。

第一，科技企业、金融服务业、互联网企业共同致力于对能够充分保护客户隐私和个人信息安全的软件程序的研发。

第二，加强交易环节的安全防范，将身份识别、短信验证等方式充分利用起来。

第三，增强客户的安全意识。随着信息化时代的不断发展，人们的日常生活已经离不开互联网、通信设备，利用互联网和通信设备购买网络金融产品或享受金融服务时，用户要特别关注个人信息安全和保护个人隐私，避免不法分子通过不正当渠道获取个人信息，要高度重视维护自身的正当权益，保障自身的安全。

3．加大金融服务平台的创新力度

金融服务业联合互联网企业、科技企业构建的互联网科技金融服务平台应该充分彰显共享性和开放性的优势，所以要加强对该平台运作模式的创新，并采用集成技术为用户提供"一条龙"服务，同时还要利用互联网技术提高金融产品与客户需求的匹配度。为提高互联网科技金融服务平台的综合服务能力和创新力，还要从金融产品和服务的生命周期、匹配服务、项目执行、协同管理等方面进行全方位的监管和优化，突破信息获取的地域限制，完善平台的功能结构，提高平台的综合服务效率。

4．健全金融服务体系

我国对互联网科技金融服务体系的建立健全可借鉴金融服务业发达国家的成功经验，如加强多元化科技金融市场融资体系的构建；建立咨询智库，邀请智库专家对科技企业的成长性进行专业判断，基于此对互联网科技金融服务业的经营风险进行准确评估和严格控制管理。

第三节　数字金融下的企业转型发展

一、企业转型发展中的金融支撑

（一）金融支撑企业转型的传导机制

在产业结构调整和企业转型的过程中，金融发挥了不可替代的重要作用，这是由金融的功能与内在运行机理所决定的。金融对企业转型的支撑作用主要通过一定的传导路径得以实现，金融的这一支撑作用能否得到最大限度的发挥，关键取决于传导机制是否通畅和完善。下面具体分析金融支撑企业转型的几大传导机制。

1．资源配置机制

1）金融的资本集聚功能促进企业规模扩大

间接金融机构，如银行、保险公司、农村信用社等将社会闲散资金以吸收保险费、存款的方式集聚起来，使之成为具有一定规模的长期资本。企业增加投资、调整产业结构、扩大企业规模等需要稳定的资金来源，金融机构吸收的这些长期资本则是主要资金来源。这些社会闲散资金一定程度上解决了企业在转型中面临的资金难题。

企业融资除了从间接金融机构获取资金，也有直接渠道。企业的直接融资与证券市场息息相关。企业通过金融工具（如发行债券、股票等）从资本市场直接筹集资金，支撑企业加大生产投入力度，调整产业结构，扩大经营规模，实现转型发展的目标。

2）金融的市场甄别功能有助于优化产业结构

金融具有市场甄别功能，能够对资金的流向进行引导，促进资源的优化配置。这主要从间接融资和直接融资两个方面体现出来。

在间接融资方面，间接金融机构，尤其是银行这样的机构，会严格筛选贷款企业和贷款项目，经过筛选后更倾向于为生产效率高、经营效益好的企业提供贷款资金，这有利于保障银行自身的资金流动性、安全性以及收益性。银行向企业发放贷款后，会对企业的资金流向及企业的运营情况进行跟踪了解，以确保贷款资金在企业得到了最大化的利用。

在直接融资方面，企业成功融资后，投资者有权监督企业的运营情况。投资者在购买债券和股票时，会经过慎重考虑和选择；如果企业经营方向与市场潮流相符，生产效率高，经营状况好，而且有市场前景，那么这些企业发行的债券和股票更容易受到投资者的青睐；如果企业违背市场运行规律、技术缺乏创新、经营效率低下，那么将很难获得投资和很难成功申请贷款，会面临严重的资金问题。可见，金融的市场甄别功能使得资金主要流向经营效率高的企业或行业，而经营落后的企业不得不通过技术创新、产业结构升级等方式来改变现状。

2．产业整合机制

1）资本市场为产业整合提供了重要平台和渠道

产业整合的范畴比较广，产业链上、中、下游环节不同企业的纵向合并与重组；某个环节中多个企业的横向合并与重组以及企业集团内部各部门的整合都属于产业整合的范畴。有的产业整合是以资本为纽带的，在这种整合方式下，相关企业合并共同发展，各个企业原来的优势依然存在，并能充分发挥，从而实现了企业间的优势互补与取长补短。企业实现产业整合的方式非常多，如证券市场的股权投资与转让、资产并购与资源重组、买壳上市或借壳上市等都是常见的产业整合方式。在企业集团内部的整合中，金融作为重要的纽带与工具发挥了不可替代的作用，正因为有金融这一工具的存在，企业集团的经营才更顺利地走向多元化、高级化以及国际化道路。此外，产业整合在某种程度上也是产业资本与金融资本相融合的结果。

2）金融创新推动产业整合

金融机构为了自身利益而进行的金融创新对产业整合起到了重要的推动作用，具体表现如下。

第一，金融期货期权市场、创业板和中小企业板等股权、证券交易所的市场创新大大降低了金融风险，为产业整合创造了良好的条件。

第二，金融产品创新，如产业链融资、商标专用权质押贷款、票据发行便利、联保贷款等为企业融资提供了便利，提高了融资效率。

第三，金融机构的创新，如信用担保公司、小额贷款公司等提供金融服务和融资保障，推动中小企业产业升级。

3．政策导向机制

政策导向促进了企业转型及产业结构的升级，具体从下列三个方面体现出来。

第一，国家通过制定政策对新兴产业的战略性投资和技术创新予以引导，推动企业技术创新和产品创新，进而促进企业升级转型。这些政策主要包括政策性担保、差别信贷政策以及税收优惠政策等。

第二，国家进出口信贷银行、开发银行等政策性金融机构通过发放优惠贷款，为企业调整产业结构、实现转型升级提供良好的条件，但金融机构限制落后企业的贷款申请。

第三，商业险金融机构的监督管理机制较为完善，对于申请贷款的企业，商业性金融机构都要进行严格的贷前审查，发放贷款后还会进行监督，对贷款资金的去向进行跟踪了解。这不仅控制了金融机构自身的风险，也促进了企业的转型。

4．风险投资与风险分散机制

1）风险投资

获得长远的经济利益及促进企业经济的可持续发展是企业调整产业结构和进行转型的最终目标。为达到这一目标，企业必须加大资金投入力度，这其中必然会承担较高的风险，而且需要较长时间才能看到效益和成果。对此，金融机构要提供常规性融资，投资者要承担较大的风险，而且要等较长的时间才能看到回报，需要耐心等待。符合这些特点的投资有风险投资和私募股权投资。

风险投资是指向开发高新技术或促进其产业化的中小企业提供股权资本，通过股权转让来收回投资并获取投资收益的权益性投资行为；私募股权投资是指向非上市高成长型企业提供股权资本，并为企业提供经营管理和咨询服务，以期在被投资企业成熟后，通过股权转让获取长期的资本增值的权益性投资行为。风险投资和私募股权投资为企业转型提供了资金支持，分散了风险。

2）风险分散

金融的风险分散机制表现在以下几个方面。

（1）担保公司为企业融资提供信誉担保或抵押物。

（2）保险公司为企业提供财产保险、信用保险以及员工人寿保险。

（3）金融市场生态环境的优化和金融监管的加强为企业提供了良好的金融环境。

（4）金融期货期权市场为企业趋避利率、汇率、股票、债券等金融资产价格风险提供了途径和工具等。

（二）推动金融服务升级，促进企业转型

企业转型与创新发展离不开金融的支撑，为更好地发挥金融的支撑功效，应进一步加强金融行业的创新发展，提高金融业的服务水平，进而更好地为企业转型升级服务。

1．投资与财富管理方式创新

1）拓展私人银行业务

向富裕的家庭或个人提供私密性的银行业务就是私人银行业务。一些金融业发达国家的金融机构在私人银行业务方面取得了很大的成就，银行提供的私人业务涵盖多个领域，如规划投资和保险、规避资产风险、现金管理、信托、遗产管理、收藏和拍卖等，银行作为"全能理财管家"对富裕的家庭或个人来说是生

活中必不可少的一部分。我国应借鉴国外的成功经验，对业务范围进行拓展，为富裕家庭或个人提供优质的全能理财服务，从而将高端客户的资金及资产集聚起来。

2）加大对投资理财业务和产品的创新力度

在投资理财方面，信托理财、结构性存款等依然是最主要的业务，在此基础上，贯彻流动性、安全性以及收益性原则，对新的理财业务和产品进行科学创新和深入开发的重点是要在债权、股权、产权的交易和投资等方面下功夫。

3）提供差异性金融服务

城乡居民的金融理念和需求不同，要根据城乡居民的收入差异、风险偏好差异、金融需求差异有针对性地设计不同层次的产品，提供多样化的服务，满足各类人群的金融需求。

2．中小企业金融服务创新

第一，针对中小企业开发更多的融资方式和渠道，解决中小企业的融资难题，如无抵押贷款、小额贷款、网络银行贷款及综合授信贷款等。其中网络银行贷款是应该重点开发与完善的方式和渠道。网络银行的优点在于投资较少、成本低、实时服务、全面服务、全天服务等。此外，和传统贷款相比，网络银行贷款对贷款抵押品的要求并不是很高，而且贷款程序简单，门槛低，对于抵押物少、融资难的中小企业来说是非常适合的融资方式。开发网络银行贷款服务，需要建立风险补偿基金，从而更好地控制风险，保障银行的利益。

第二，根据中小企业的特点和经营现状开发适宜的金融产品，提供相应的金融服务，不断拓展和创新金融服务，如在做好存、贷、汇等传统业务的基础上提供与完善金融信息服务、投资咨询服务等。

第三，提供全方位的跟踪金融服务，如在企业集中的地方设立金融分支机构。

3．培养金融创新人才

第一，以专业技术职业任职资格互认、异地人才服务、高层次人才智力共享、专业技术人员继续教育资源共享以及公务员互派等协议为依据，鼓励优秀金融人才在各大城市之间和不同金融机构间自由流动，以优化整体用人环境。

第二，制定优惠政策和激励措施，如设立金融人才奖，修建金融人才公寓等，吸引优秀金融人才。对紧缺高端金融人才采取特事特办，给予特殊优惠政策。

第三，借助现有人才培训模式及师资力量建立紧缺人才培养及人力资源开发的互动机制，充分利用大城市的人才优势。

第四，发挥高等院校、社会培训机构和相关企业在培养和集训金融人才方面的作用与优势。

二、数字金融对企业转型的促进作用

（一）构建商业银行与企业的新型关系

1. 新型关系构建的数字经济背景

特定历史条件下的社会经济、金融体制及市场经济环境的发展情况在很大程度上决定了当时商业银行与企业之间的关系定位。我国在改革开放以前，社会经济体制以计划经济为主，具有高度集中性，在这一经济背景下，金融管理体制具有"大一统"的特点，真正意义上的商业银行是不存在的，社会上的企业主要是国有企业，银行的资金流动机制其实是面向国有企业的完全供给机制。所以，我们可以用资金无偿供给关系来概括当时金融与企业之间的关系。从我国实行改革开放政策到21世纪初，市场经济的主体地位逐渐确立，社会经济发展的市场化进程不断加快，社会上陆续出现商业银行，这些金融机构建立了商业化概念，这时金融与企业的关系可以概括为"双向选择"的战略合作伙伴关系，这是由市场价值关系所决定的。至此，金融与企业间的资金无偿供给关系、服务与被服务的关系被瓦解。尽管金融与企业的关系发生了历史性的转变，但由于当时金融科技发展刚刚起步，导致金融机构与企业之间在市场信息的获取上出现了完全不对称的局面，而且商业银行的很多决策对传统信息技术手段过分依赖，银行与企业之间的关系主要靠人脉和经验去维系。21世纪以来，随着新一代互联网技术尤其是大数据在金融机构的深入渗透，商业银行在经营管理中逐渐开始运用移动终端、物联网、人工智能、云计算、区块链等新一代信息技术。在经济高质量发展的今天，经济转型的方向转变为数字化方向，金融机构的运营以新技术为主导，金融与企业的关系也因此发生了深层的转变，在数字金融背景下二者的关系具有了数字化的烙印。

2. 数字金融背景下新型关系构建的可行性

数字金融背景下商业银行与企业之间的关系发生了质的转变，二者之间建立新型关系是以二者所具备的共同特点以及共同享有的基础条件为前提的，具体表现在以下几个方面。

1）信息透明

数字金融背景下，随着数字技术的出现和应用，金融与企业之间在传统经济模式下的信息不对称和不透明的问题得到了解决，信息的透明度、对称性以及精准度随着数字经济发展水平的提高而增加。透明、精准的信息为商业银行与企业之间建立互选关系以及各自的决策提供了可靠依据，提高了决策的科学性和准确性。

2）广泛运用新技术

在数字金融背景下，移动终端、物联网、人工智能、云计算、区块链等新一代信息技术全面且深入地渗透到社会生产和生活中，企业的传统经营理念、运营模式也因此发生了转变，企业在降低成本和提高效率的基础上实现转型升级，使得企业在社会经济发展中的地位也发生了重大的转变。与此同时，在金融机构的整个运转过程中，科技基因深植于其中，甚至出现了由商业银行（传统金融机构）向金融科技公司的定位转变。为了适应金融机构的数字化发展进程，企业也积极进行转型升级，提高企业运营管理的自动化、数字化及科技化水平。总之，在数字金融时代，新一代信息技术在企业和商业银行中都得到了广泛的应用，为二者构建新型关系、解决信息不对称问题奠定了良好的基础。

3）平台化运营

新一代互联网技术的应用突破了传统经济模式下金融机构与企业建立关系的时空限制，为企业与银行共享市场信息提供了良好的平台，各种网络平台之间信息互通，资源共享，从而促进了集成化超大网络信息化平台的形成。在如此巨大的虚拟平台空间下，金融机构的相关信息和企业运营的重要信息得到真实而全面的反映，该平台的存在降低了企业与商业银行之间建立关系的成本，提高了建立关系的效率。

4）线上化管理

移动办公、异域管理、线上决策等是数字经济时代企业经营管理的基本功能，线上经营管理实现了管理与场景的分离，充分体现了数字化技术的功能与作用。数字金融背景下商业银行与企业之间的很多金融活动，如支付、申贷、审批、提款等已经完全线上化。

总之，数字金融背景下银企关系发生了根本性变化，由于二者的关系建立在新技术广泛运用的基础上，因此双方均以数据语言来沟通，信息透明全面，运营智能优化，已升华为"融为一体、同生共死"的新型银企关系。

（二）缓解中小企业的融资约束

1．降低金融服务门槛

中小企业具有发展规模小、经营不稳定、资质担保价值低、缺乏信用审核记录等特征，开发创新业务对资金投入的数额、持续性、稳定性等提出了较高的要求，因此中小企业的集资项目不被正规金融机构认可。与传统金融机构相比，数字金融通过互联网技术赋值能够以相对可负担的成本为有金融服务需求的，如中小企业提供高效、稳定的金融服务。具体来说，数字金融作为一种全新的金融创新服务模式：一方面通过打破传统金融服务对金融基础设施和地理的依赖等限制，扩大了金融服务的覆盖面，降低了中小企业金融服务需求的门槛；另一方面，数字金融通过延展其使用深度，借助多样化融资方式拓宽了中小企业的融资渠道，缓解了中小企业转型发展的资金问题。

2．降低融资成本

以银行为代表的传统金融机构对中小企业项目融资进行信贷批复之前要经过一个很长的审核流程，以降低信贷风险，防止发生不确定事件，保护自身权益。而商业银行的常用手段是将整个审核流程中产生的人力、物力耗损成本转嫁给下游的信贷申请者，即便审核通过，中小企业所承担的融资成本也十分昂贵。此外，传统金融机构过度依赖人力、物理营业网点等金融基础设施，增加了扩大金融服务范围的难度和成本。相比而言，数字金融不仅地理穿透性极强，而且其利用先进的互联网技术从根本上改变了传统金融服务模式。以信贷业务为例，中小企业通过互联网平台在线进行信用贷款，审核流程简单，也降低了金融机构的服务成本。

3．提高融资效率

移动终端、物联网、人工智能、云计算、区块链等先进技术的应用使得传统金融模式发生了深刻的变革，因此中小企业在传统经济形势下因抵押资质差、信息披露程度低等劣势被金融机构借贷审批拒之门外的窘境得到了解决。数字金融背景下，有借贷需求的中小企业被置于大数据、云计算的系统框架内，通过收集、整合、分析其历史交易记录，以及深入剖析、计算、预估创新项目的市场价值等，可以为企业或融资项目构造多维度信用评分指数，既方便了金融机构对中小企业的资质审核，提高了金融资源配置效率，也避免了中小企业受信息不对称的影响而被银行忽视。简化审批流程、降低融资成本使得中小企业更便捷、高效地为创新项目融资。

三、数字金融转变企业商业模式

随着新时代互联网技术的发展和科技的革新，社会上不断出现一些新的商业模式，近年来社会上十分流行与火热的经济模式当属共享经济，如共享单车、共享空间等。共享经济在全国扩散速度极快，共享单车、共享金融、共享图书、网约车、公寓短租等涵盖多个领域的共享项目在我国各大城市及中小城市层出不穷，其中发展速度快、规模大且收益显著的当属共享单车、网约车、公寓短租等。不仅是我国，全球共享经济都发展得如火如荼。全球化共享经济规模近年来持续扩大，而且我国市场所占的比例也不断增加。我国共享经济市场交易额近年来增长显著，可见我国共享经济发展前景十分广阔。

数字金融之所以能够催生共享经济模式，与下列几个方面的条件有密切的关系。

（一）年轻消费者的个性化需求催生共享经济

现在，我国的消费市场中年轻人是绝对的消费大军，年轻一代的消费需求偏向个性化、共享化，这为共享经济模式的形成提供了广阔的市场基础。共享经济出现后，广泛传播了共享化和个性化的消费理念。共享经济模式不仅从产生便形成"双赢理念"，而且该理念也得到了市场的广泛认同，即将闲置品最大化地利用起来，提高资源利用率，避免浪费，达到"付出少、收获大""代价小、便利多"的目标。

（二）移动互联网技术的发展推动共享经济成长

我国共享经济这一新兴商业模式的兴起与移动互联网技术的发展密不可分。以共享单车为例，智能手机出现后逐渐在手机市场中占据主导地位，共享单车的发展中智能手机作为重要的物质载体是必不可少的。我国庞大的智能手机用户量为共享单车的发展积累了丰厚的网络客户资源。随着智能手机功能的不断完善，移动终端的定位技术进一步推动了共享单车的发展，用户通过手机定位可以快速找到共享单车的位置，方便使用。现代智能手机都有扫码功能，共享单车也开发出扫码使用的模式，二者的高度契合使得共享单车成为智能手机用户日常出行的重要交通工具之一。

（三）金融科技的进步促进共享经济发展

共享经济的发展必然离不开金融科技的支持。下面主要分析运用较为普遍的金融科技对共享经济发展的推动作用。

1．大数据

运用大数据技术能够对大量的订单进行高效化的处理，精准地匹配供应方与需求方，促进交易效率和成功率的提高。以共享单车为例，大数据平台参与共享单车投放、调度及维护等多项工作，发挥着至关重要的作用。利用大数据平台将海量单车加以联通，后台将供需关系清楚地标记在各个区域，用不同的标记代表供需的实际情况，如供给不足用红点标记，供给平衡用绿点标记。通过了解大数据平台的这些可靠信息，企业进行实时评估，然后向线下团队反馈信息，及时调动单车，满足用户的需求，实现供需平衡，解决需求者的出行问题。

此外，共享单车在谋求自身发展的同时，积极参与城市智慧交通建设，通过大数据信息共享，对城市道路和交通规划进行分析，描绘出行热力图，发现不足，提出改进建议。

2．云计算

新兴企业在共享经济模式下运用云计算减少技术开发的成本，提高数据访问的移动性、灵活性以及拓展性。新兴企业还与云计算及人工智能科技公司建立合作关系，科技公司不仅从技术上支持共享经济的海外扩展，而且为新兴企业提供全方位的服务，如储存服务、安全服务、智能解决方案服务以及大数据服务等，对共享经济的发展起到了极其重要的作用。

3．移动支付

智能手机用户的支付习惯随着微信支付和支付宝的出现发生了明显的变化。我国手机网上支付用户和线下消费用手机支付的用户加起来是极其庞大的数字，移动支付从线上到线下不断渗透和拓展，有了更加多元化和丰富的支付场景。随着移动支付方式在广大人民群众中的不断普及，支付用户与消费服务之间的距离日渐缩短，消费者与商家之间的交易突破了场地限制，共享经济无处不在。

四、数字金融助力企业转型发展的路径

（一）明确数字化转型目标，坚定正确的转型方向

在经济高质量发展的当下，所有市场主体都必须顺应数字金融发展潮流，积极进行数字化改革与创新，加大技术创新力度，通过技术革新提高经济效益，走技术化、数字化发展之路，这是企业转型的必要选项。数字化转型不是由企业主体意愿所决定的，而是在数字金融时代，企业为了生存和发展必须选择的道路，如果不转型，就会被市场淘汰，所以对企业来说，转型与不转型是关乎"生死存亡"的重大选择。对此，数字化转型成为中小企业的共同选择，在中小企业发展战略中成为首要目标。企业应从市场需求、自身现状、数字化金融需求等各方面出发对转型规划进行制定，确定数字化转型目标。在转型过程中，也要推动金融机构的数字化发展，构建金融与企业共同发展的良好环境。

（二）将数字化技术有机嵌入企业经营过程中

在企业数字化转型中不是仅仅在某个环节应用了数字化技术就能实现转型目标，而应在企业的整个经营流程和各项业务中都嵌入数字化技术，达到深入渗透的效果，如此才能提高企业转型升级的效率。下面以制造业企业为例，提出将数字化技术嵌入企业经营各环节的建议。

1. 采购环节

将人工智能技术、大数据技术等充分利用起来，综合对比各家原料供应商，选择成本最低、质量最好的企业建立长期稳定的合作关系。

2. 生产环节

将物联网技术、大数据技术等信息化技术充分利用起来，促进业务流程的优化和业务模式的改进，提高自动化水平，在不影响生产质量的前提下利用高科技降低生产成本。

3. 储存环节

同样将物联网技术、人工智能技术充分利用起来，最大限度地降低库存的保有量，运用现代化技术手段提升管理效率，提高自动化传输效率，使库存成本得

以减少。

4．销售环节

放眼全球市场，运用大数据等新技术寻找潜在消费者，扩大销售规模，与新兴物流企业合作将产品远销海内外，以最低的物流成本获得尽可能多的经济收益。

总之，将数字化技术嵌入企业全流程业务中，可以提高企业的发展高度，实现发展层次和发展水平的升华，有效推动经济高质量发展。

（三）在财务信息数字化方面率先突破

企业要将财务信息数字化和大数据的引入作为突破口。全面实现数字化转型对于众多中小企业而言难度较大，所以要本着为未来转型打基础、加快与数字金融接轨的思路，先实现财务信息数字化。企业的财务信息与其他信息相比最接近数字化要求，也是最可能实现转型的部分，因此，各企业应树立大财务概念，将企业的所有经营活动进行财务会计化，使企业的数字化更接近商业银行金融数字化的接口要求。

（四）统筹数字化管理，实现非财务信息的数字化

运用"数字员工"等智能化工具，全方位、大范围地收集企业信息，然后进行智能化比对，得出关于服务对象的评价结论，这是数字金融的一个重要特征。企业的非财务信息对财务信息的真实性、准确性有极大的补正作用，而这种补正的信息收集量的多少、精准度综合反映了企业非财务信息的数字化程度。因此，企业在推进财务信息数字化的同时，要尽可能地将非财务信息数字化，以提升金融机构对企业判断的准确度。

（五）提高线上平台化管理的效率

数字金融具有线上化、批量化、流程化、标准化、智能化等基本特征，这也是商业银行支持企业发展的基础条件，只有这样，商业银行才有可能将中小企业的金融劣势转化为优势，使中小企业享受到与大型企业同等的待遇，而企业经营管理实现完全的线上化是实现这一目标的前提条件。所以企业应结合数字化转型目标，引入系统化管理理念，建设以信息技术为底层、助力企业管理和决策运行手段的ERP管理平台，实现平台化管理、线上化运行，促进企业管理平台与金融机构平台在信息上的无缝对接。

第六章
企业金融风险管理的数字化转型

第一节 金融科技与风险管理的基础概述

一、金融科技与监管科技

在传统信息技术基础之上发展起来的金融科技是当今非常热门的概念，而随着金融科技的发展，具有强监管特征的金融行业发展出了相应的监管科技。不过无论是金融科技还是监管科技，均以大数据、人工智能、云计算和区块链等作为重要的技术领域。当然，随着社会的发展，不断有新兴的前沿技术出现，并被逐步应用到金融科技公司的经营和监管机构的管理活动中。本节主要介绍金融科技和监管科技的基本概念与分类，熟悉这些内容是进入风险管理数字化转型领域的基本要求之一。

（一）金融科技

金融科技（FinTech）是指运用现代科技成果改造或创新金融产品、经营模式、业务流程等，推动金融创新、提质增效和改善用户体验，是对信息技术与金融业务深度融合背景下的ABCD（人工智能、区块链、云计算、大数据）相关新兴技术的统称。随着信息技术的进一步迭代和创新，金融科技从ABCD时代进入5IABCDE时代（5G通信、物联网、人工智能、区块链、云计算、大数据、边缘计算）。

大数据（Big Data）主要是指海量的不同种类的数据。从应用层面来说，大数据分析就是运用计算机工具对庞大的数据进行设计、获取、存储、处理和分析的全过程。

人工智能（Artificial Intelligence）是指由人类制造出来的机器或者系统所具备的类似人类思维和行为的智能，其研究内容包括认知建模、知识学习、机器感知、机器思维、机器学习、机器推理及应用、机器行为和智能系统等。

区块链（Block Chain）是指一个由不同节点共同参与的分布式共享数据库，可理解为分布式账本、共享数据库、智能合约、点对点价值传输协议的综合，它的技术基础是分布式网络架构和计算，起源于比特币。可以这样简单理解：数据基于特定的规则形成区块，这些区块再基于特定的规则连接起来，形成区块链。

云计算（Cloud Computing）是指利用"云"的资源对大量数据进行计算和处理并将得到的结果返回给用户的技术，其中"云"可以分为公有云与私有云。美国国家标准与技术研究院（NIST）将云计算定义为一种按使用量付费的模式，通过云计算，用户可以随时随地按需从可配置的计算资源共享池中获取网络、服务器、存储器、应用程序等资源。云计算一般可以划分为3种类型：IaaS（基础设施即服务）、PaaS（平台即服务）和SaaS（软件即服务）。

物联网（Internet of Things）的通俗理解是"物体与物体相连而形成的可以进行信息沟通和交流的网络结构"。物联网具体是指利用各种智能感知、定位、识别技术与计算科学的各种装置和工具，以及各种物体或过程的物理、化学、生物、地理等信息，通过各类可能的网络接入，实现物与物、物与人的连接。

5G通信（5th Generation Mobile Network）是具有高速率、低时延和广连接特点的新一代宽带移动通信技术，是对2G、3G、4G和Wi-Fi的改进，也是实现人机物互联、万物互联的网络基础设施。

边缘计算（Edge Computing）是在靠近物体或数据源头的网络边缘侧，融合网络、计算、存储、应用核心能力的分布式开放平台（架构），就近提供边缘智能服务，以满足行业数字化在敏捷连接、实时业务、数据优化、应用智能、安全与隐私保护等方面的关键需求。云计算擅长全局、非实时、长周期大数据的处理与分析，而边缘计算更加适用于本地、局部、实时或短周期数据的处理与分析。

除了上述技术领域之外，金融科技还包括很多子领域，总体来看，其主要的一级和二级领域如图6-1所示。

图6-1　金融科技主要的一级与二级领域概览

（二）监管科技

监管科技（RegTech或SupTech）是指金融监管机构和金融企业运用大数据、人工智能、云计算、区块链、物联网、API技术、密码学等科技及其底层技术进行监管工作，目的是促进监管的合规化、有效化、自动化和智能化。

英国金融市场行为监管局（FCA）最早使用RegTech一词并将其定义为解决监管面临的困难、推动各类机构满足合规要求的新兴技术，重点是那些能比现有手段更有效地促进监管达标的技术。一些观点也将RegTech叫作"合规科技"，但是监管科技和合规科技是有差异的。巴塞尔委员会认为，合规科技是指金融机构为使得提交的报告符合监管要求而运用的各种金融科技，而监管科技是指监管机构用来驱动监管创新的技术手段。国际清算银行认为，监管科技是指监管机构用来支持监管活动的创新技术。

中国人民银行《金融科技发展规划（2019—2021年）》指出，要加强金融科技监管顶层设计，围绕基础通用、技术应用、安全风控等方面，逐步建成纲目并举、完整严密、互为支撑的金融科技监管基本规则体系。针对不同业务、不同技术、不同机构的共性特点，明确金融科技创新应用应遵循的基础性、通用性、普适性监管要求，划定金融科技产品和服务的门槛和底线。针对专项技术的本质特征和风险特性，提出专业性、针对性的监管要求，制定差异化的金融监管措施，提升监管精细度和匹配度。针对金融科技创新应用在信息保护、交易安全、业务连续性等方面的共性风险，从敏感信息全生命周期管理、安全可控身份认证、金融交易智能风控等通用安全要求入手，明确不可逾越的安全红线。

监管科技出现的原因是多方面的，其中主要原因有金融行业逐利的本质、金融系统本身的风险、金融科技发展及其带来的显著性和隐蔽性风险、金融企业和金融科技企业的违规经营、数据的采集和应用等。

监管科技已经成为各国监管机构重点关注的事项，领先监管机构已经利用监管科技来进行反洗钱管理、征信管理、对非法集资的打击、互联网金融和科技金融监管、外汇管理、消费者权益保护、机器可读监管、合规报告的自动生成等。应用监管科技，可以让监管机构从传统的人员手工监管向信息系统监管、从报表监管向大数据监管、从事后监管向事前和事中监管转变，从而在一定程度上减轻监管机构的工作压力，降低监管成本。

2017年，广东省地方金融监督管理局在其"金鹰系统"中针对七大非法金融活动开发了风险模型，并抓取国内110余万个采集点信息进行舆情监控，构建金融行业风险评级模型，对大量的视频、音频和图片数据进行智能分析以便监测违法广告。联动优势科技公司开发的区块链非现场监管系统将交易监管要素信息进行数字化上链，将监管规则固定为通过智能合约自动执行，采用分布式账本和拜占庭容错共识机制降低受到非法攻击的风险。2020年，该系统落地广东省地方金融风险监测防控中心和广州金融风险监测防控中心。微众银行将大数据技术与实际业务结合，建设反洗钱大数据实时分析平台，开发了规则模型和机器学习模型，其中机器学习模型使用循环神经网络学习可疑特征，进而识别新型的可疑交易。以上案例均取得了非常不错的应用效果。

荷兰中央银行利用神经网络检测实时结算系统支付数据中的流动性异常，以应对挤兑风险。意大利中央银行运用大数据和人工智能技术预测未来的房价和通货膨胀水平。澳大利亚证券投资委员会建立了市场分析及情报分析系统，该系统能够实时动态监控澳大利亚一级和二级市场并识别市场中的异常情况。

二、风险管理

风险管理是企业经营管理的关键模块之一，而对于本质上是经营风险的金融企业来说，风险管理更是重中之重，是一切业务的根本。风险管理也是监管机构的核心工作，是确保金融稳定、社会和谐的基本举措之一。开展风险管理工作和实施风险管理数字化转型的第一步是认识风险。风险管理人员需要掌握的知识和技能很多，如企业管理、业务、数学和统计学、财务、IT等。

（一）风险和风险管理的概念

关于风险的定义，当前最简洁的观点是：风险是指"可能性"和"损失"两个维度的组合。其中可能性用数学语言描述即概率，损失则包括财务损失和非财务损失。风险的二维坐标图形如图6-2所示。

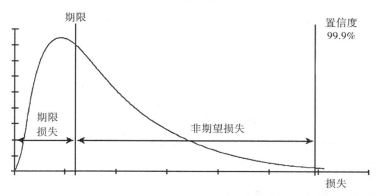

图 6-2　风险的二维坐标图形

除此之外，还有下列对风险的主流定义。

（1）COSO风险管理框架中的定义：风险是指一个事件将会发生并给目标实现带来负面影响的可能性。

（2）ISO 31000中的定义：风险是指一个事件发生的不确定性及其对目标带来的影响，影响可以是正面的或负面的。

（3）国务院国资委《中央企业全面风险管理指引》中的定义：企业风险指未来的不确定性对企业实现其经营目标的影响。一般可分为战略风险、信用风险、市场风险、运营风险、法律风险、财务风险等；也可以能否为企业带来盈利等机会为标志，将风险分为纯粹风险（只有带来损失一种可能性）和机会风险（带来损失和盈利的可能性并存）。

ISO 31000和国务院国资委《中央企业全面风险管理指引》中对风险的定

义更加客观地反映了实践中风险的本质特征。我们不仅应看到风险带来的负面影响，也应关注到它可以带来的积极影响，例如基于风险的投资可能带来超额收益。

在生产、生活中，人们对于风险的理解和认知各不相同，生产和生活中的风险如图6-3所示。

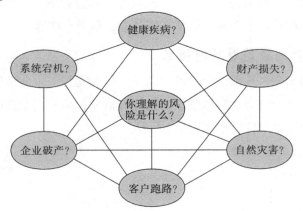

图6-3　生产和生活中的风险

风险管理是运用科学的方法从治理、管理与执行层面对各类风险进行识别、评估、应对、监测并得出报告的全过程。无论是国家治理、企业经营还是社会生活，都普遍面临着各式各样的风险。

（二）风险和风险管理的分类

1．风险的分类

按照风险成因划分，主要风险类型如下。

1）信用风险

（1）违约风险。因交易对手不能或者不愿意履行合同约定的条款而导致损失的可能性。

（2）评级风险。因债务人信用评级降低所引发的债务价格下跌而导致损失的可能性。

（3）结算风险。由于不可预测的客观原因，导致债务人短期内无法进行交割的风险。

2）市场风险

市场风险又称为价格风险，是指由资产的市场价格发生变化或波动所导致的未来损失的可能性，可细分为利率风险、汇率风险、股票价格风险、商品价格风险、衍生品价格风险等。

3）操作风险

操作风险是指由不完善或有问题的内部程序、员工和信息科技系统，以及外部事件造成损失的风险。本定义所指操作风险包括一般操作风险、法律风险、合规风险、信息科技风险，但不包括战略风险和声誉风险。

4）流动性风险

流动性风险是指无法及时获得充足资金或以合理成本获得充足资金以应对资产增长或支付到期债务的风险。

（1）融资流动性风险。在不影响日常经营或财务状况的情况下，无法及时、有效地满足资金需求的风险。

（2）市场流动性风险。由于市场深度不足或市场动荡，无法以合理的市场价格变现资产的风险，又称为筹资流动性风险。

5）其他风险

战略风险、审计风险、银行账户利率风险、声誉风险、国别风险、模型风险、数字化风险等。

总结来说，实践中一般对风险的分类如图6-4所示。不同的方法论下分类不一样。对于操作风险的下级分类有多种处理方式；随着信息科技及其风险的重要性日益突出，也可以将其单独列为一种大类风险；洗钱风险一般作为合规风险的下级风险。

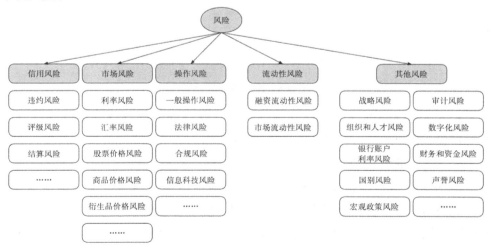

图 6-4　风险的分类

2.风险管理的分类

按照"三道防线"理论划分，风险管理的领域包括但不限于如下方面，具体如图6-5所示。

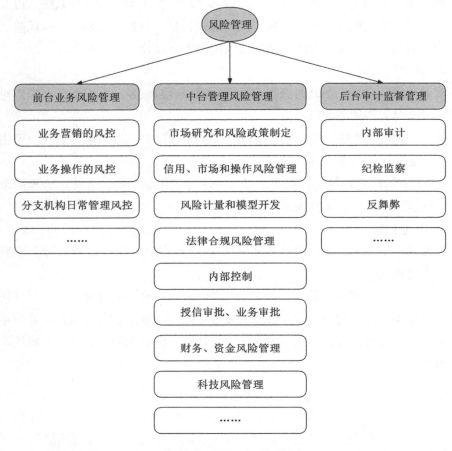

图 6-5　风险管理的分类

1）前台业务风险管理

主要是指经营机构针对各项业务开展过程中和企业日常管理中的各类风险进行管理，管理部门一般是经营机构自身。

2）中台管理风险管理

主要是指各中台风险管理部门对经营机构的业务营销和日常管理进行二次风险管理，以及对整个企业的宏观运行和微观风险进行管理，管理部门一般涉及风险管理部、法律合规部、计划财务部、信息科技部等。

3）后台审计监督管理

是以独立客观的角度对企业整体的风险和特定领域的风险进行监督和评价，提供专业咨询，改善风险管理水平，管理部门一般是内审部、纪检监察部、道德委员会等。

需要说明的是，虽然不同的公司和不同的方法论对风险管理的划分各不相同，但总体来看这些划分的核心原理是接近的。各公司可以根据通用的风险或风险管理划分方法，结合自身实践、特点和诉求，设计出一套个性化的划分方法。

（三）风险管理的框架

1．风险管理框架的内容

风险管理的框架包括风险管理环境、风险管理战略和策略、风险管理预算、组织架构和职责、明确的权限与控制、完善的风险数据库、可靠的风险管理信息系统、针对特定风险的定性和定量方法、考核与激励措施、持续的风险管理培训教育、风险管理流程，以及定期的风险预警和风险管理报告等。下面介绍其中主要的部分。

1）风险管理环境

风险管理环境是指支撑风险管理全过程的风险管理政策制度和操作流程、企业风险管理文化、胜任的工作人员、及时有效的信息交流沟通、庞大准确的风险管理数据、高效先进的风险管理信息系统等。

2）风险管理战略

风险管理战略包括整体的风险管理目标、实施规划及实现路径。

3）风险管理策略

风险管理策略在风险管理中的价值理念（是否承认风险的存在，是否愿意投入资源管理风险）、风险偏好（在业务和管理活动的选择中对个别风险的态度）和风险承受度（风险发生后，对所承担影响的容忍范围）。

4）风险管理预算

风险管理预算是指在年度预算中考虑风险的影响，并对预算进行调整。

5）风险管理的方法和工具

风险管理流程各个环节都需要风险管理工具的大力支持。

（1）信用风险。尽职调查、审查审批、内部评级体系、担保、保证金、资产风险分类、资产减值、限额管理模型、损失拨备、抵债资产管理、催收、诉讼等。

（2）操作风险。内部控制、操作风险与控制自我评估、关键风险指标、损失数据收集、计量模型、预测模型。

（3）市场风险。市场价值重估、风险价值模型法、内部资金转移定价、限额控制、投资审查等。

（4）综合性方法。包括经济资本、压力测试、内部资本充足性评估程序（ICAAP）、风险定价、风险审计等。

2．全面风险管理

全面风险管理是指企业通过自上而下和自下而上的方式，对包括信用风险、市场风险、操作风险、流动性风险以及战略风险、声誉风险、数字化风险等其他风险在内的各种风险，运用科学的方法、工具和流程进行管理的全过程。全面风险管理的框架如图6-6所示。

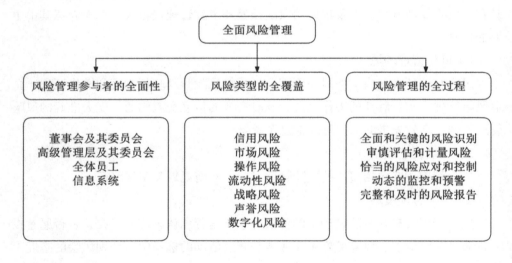

图 6-6　全面风险管理的框架

此外，工商银行认为，全面风险管理是指通过建立有效制衡的风险治理架构，培育稳健审慎的风险文化，制定统一的风险管理策略和风险偏好，执行风险限额和风险管理政策，有效识别、评估、计量、监测、控制或缓释、报告各类风险，为实现集团经营和战略目标提供保证。工商银行在全面风险管理中遵循的原则有全覆盖、匹配性和独立性。

（四）风险因素、事件、损失、价值和等级

（1）风险因素是引起或增加风险发生可能性并引发风险事故发生的机会或产生损失机会的条件。风险因素是风险事件发生的潜在原因，并不会直接导致损失。只有当风险因素增加到一定程度或者遇到某一特殊情况时，才会引发风险事件。

（2）风险事件是促使风险变成现实的事件，是引起损失的直接原因。

（3）风险程度又称损失程度，是指如果某项事件发生，公司会遭受损失的最大数额。在同等条件下，风险程度越高，相关的风险就越大。置信度是度量风险程度时需要用到的关键指标，期望损失、非期望损失和极端损失是衡量风险程度大小的常用指标。

①置信度。反映了风险偏好和对风险的容忍程度，决定资本覆盖风险的程度，如99.9%、95%。

②期望损失。经营业务所产生的平均损失，可以通过对企业损失的历史数据统计得出。期望损失通过定价和损失准备进行覆盖。

③非期望损失。在一定置信水平下，损失超出平均水平的幅度，即超过平均损失之上的损失。非期望损失是期望损失的标准偏差，用资本进行覆盖。

④极端损失。超出企业正常承受能力的损失，通常发生概率极低但损失巨大，一般通过极端情景假设进行测试，可通过保险来覆盖。

（4）风险价值（Value at Risk，VaR）是一种度量风险程度的指标，使用它进行风险度量的方法被称为VaR方法。美国摩根大通公司对它的定义为：VaR是在既定头寸被冲销或重估前对可能发生的市场价值最大损失的估计值。G30集团在研究衍生品种的基础上，于1993年发表了题为《衍生产品的实践和规则》的报告，提出了度量市场风险的VaR方法已成为目前金融界测量市场风险的主流方法。实际上在度量其他风险，如操作风险时，也可以使用VaR的概念。

（5）风险等级：当前常见的定性判断风险等级的方法是使用计算公式和矩阵。计算公式如下：

$$风险等级=风险发生的可能性等级×风险的影响程度等级$$

（五）风险管理的流程

风险管理的基本流程是风险识别、风险评估、风险应对、风险监测和风险报告。

（1）风险识别是指风险管理人员运用有关的知识和方法，系统、全面、连续地发现经济单位面临的各种风险。其目的是衡量风险和应对风险，实际上就是收集有关风险因素、风险事故和损失暴露等方面的信息，发现导致潜在损失的因素。

风险识别技术实际上就是收集有关损失原因、危险因素及损失暴露等方面信息的技术。风险识别所要回答的问题是：存在哪些风险，哪些风险应予以考虑，引起风险的主要原因是什么，这些风险所引起的后果及严重程度如何，风险识别的方法有哪些，等等。

风险是客观存在的，风险事件的发生是一个从渐变到质变的过程，是风险因素积聚、增加的结果。因此，在风险识别中，最重要、最困难的工作是寻找和确定风险因素，即识别风险的来源。

（2）风险评估是指针对已经识别出的风险，采取定性、定量或者定性与定量相结合的方式对风险的大小进行评估。

（3）风险应对是指针对已经存在的风险采取各项应对措施，如控制风险、接受风险、转移风险等。其中控制风险是重点，由其衍生出风险控制理论和内部控制理论等。

（4）风险监测是指运用各项方法、指标、技术、信息系统等，对各类风险开展静态或动态、整体或局部、长期或短期的监测预警，目的是发现潜在的风险，或者在出现风险的初期即及时采取应对措施，降低风险的负面影响。

（5）风险报告是针对全面风险和单项风险，对风险管理的全过程进行定期或不定期汇报，包括风险管理报告、风险事件报告等。

（六）风险管理的能力要求

风险管理是一项十分专业的工作，从业人员只有掌握特定的技能，才能在风险管理日常工作和数字化转型过程中得心应手地洞察风险因素，处理好各项问题，提升公司价值。风险管理的能力要求包括但不限于以下几个方面。

（1）企业管理。风险管理本身属于企业经营管理的一个模块，掌握公司治理、战略规划、流程管理、合规管理、绩效管理等知识是入门风险管理的基本要求。缺乏相关经营管理知识的风险管理人员极有可能缺乏对企业宏观经营管控和微观业务流程的综合分析能力。

（2）业务操作。企业各项业务的操作流程和操作规范是风险管理的直接着力点，风险管理的一个重要目标是改进业务流程，规范业务操作，最终提升业务价值。实践中常有"不懂业务就做不好风险管理"这样的说法。一般来说，不懂业务的风险管理人员很难认识到风险的实质影响因素，导致在具体风控措施的落地执行上存在不足。

（3）数学和统计学。风险管理中可以使用数学和统计学方法来进行风险识别、评估、计量，比如基于数据挖掘的统计模型法是当今风险计量领域的主流方法，用于信贷领域的申请评分卡、行为评分卡和催收评分卡等。

（4）财务分析。很多风险管理活动实质上是对企业或个人进行财务分析。例如，在信用风险管理领域，需要对公司客户进行大量的专业财务分析，如资产负债分析，利润和现金流分析，偿债能力、盈利能力、营运能力、成长能力分析；又如非零售信用风险评级模型的核心风险因子是由财务指标组成的，建模过程需要专业的财务分析。

（5）法律。一方面合规经营是企业必须遵循的基本原则；另一方面企业经营管理过程中面临着众多的法律和合规风险。在战略风险、信用风险、操作风险、洗钱风险、消费者权益保护、信息科技风险、声誉风险，以及采购管理、人力资源管理、产品管理、创新管理等领域均存在众多的法律和合规要求，因此法律是一般风险管理人员特别是从事法律、合规相关工作的风险管理人员需要掌握的知识和技能，具体的掌握程度取决于所从事领域对相关知识的要求。

（6）数据分析和挖掘。数据分析和挖掘与数学和统计学密切相关，但这里说的数据分析和挖掘更聚焦于编程方向。由于人工几乎无法完成大量数据的计算，因此使用Python等编程语言对数据进行分析和挖掘是风险分析与风险建模的基本功之一。

（7）信息科学技术。信息技术之所以能成为风险管理的核心技能，有三大原因：其一，信息科技在企业经营管理中的重要性将会越来越突出，信息科技已成为企业整体的核心能力之一；其二，信息科技风险及信息安全本身也是风险管理的热点主题，信息科技风险管理是风险管理的重要模块；其三，在数字化时代，企业将应用更多的信息技术来完成数字化转型和提升数字化的实施效果。

（8）逻辑分析和推理。许多企业在招聘员工的职位介绍上会对应聘人员的逻辑分析能力提出要求，具备严谨的逻辑分析能力几乎成为对任何一个工作岗位的基础要求。风险管理是一项追求真理、洞察本质、发现真相和预测未来的综合性工作，目的是更加完整、准确、严谨、规范、动态地分析和改进问题，因此对风险管理人员的逻辑分析和推理能力要求极高。而缺乏逻辑的从业者则不能达成目标，反而很容易得出错误的结论。

（9）信息沟通。在风险管理工作中需要进行大量的自下而上、自上而下、同部门和跨部门、内部和外部、监管和非监管的信息沟通与交流。信息不对称是最大的风险因素，信息沟通不到位将直接降低风险管理工作的效率并增加风险。由于良好的信息沟通能力能够降低信息不对称风险、减少人际交往的障碍、降低风险管理成本，是风险管理人员必备的基础技能之一。

第二节　数字化技术在风险管理中的应用

一、大数据与风险管理

大数据与金融的结合是金融科技最成熟的领域，可以从大数据系统平台、大数据治理、大数据挖掘分析及大数据应用4个方面来阐述。

（一）大数据系统平台

大数据系统平台一般由数据存储、资源调度、数据计算、数据应用4个模块组成。数据存储模块集中存储各类数据信息，资源调度模块会把特定需求的数据传输给数据计算模块，并服务于数据应用模块。4个模块通过分布式协作服务框架部署、管理、监控所需的服务与数据，并确保数据的安全性和隐私性。

（二）大数据治理

这是一套包含策略、原则、标准、组织和职责、人员、政策制度、管理流程、工具方法和信息系统的框架，一般通过工作规划、治理机制、治理专题、治理对象和数据的开发运维来实现，短期目的是提高数据质量，最终目的是创造数据价值。数据治理的关键领域包括6个维度，分别是数据定义、数据标准、数据分类、数据质量、数据生命周期管理和元数据管理。每一个维度均可通过政策制度、组织管理、操作流程和技术工具4个方面进行分析与评价。

数据治理的目的是确保数据的全面性、完整性、一致性、可获得性、精确性和安全性。企业可以制定管理数据和信息质量的政策、流程，重构关键信息系统的设计和实施方案，以满足运营、合规管理和财务报告的要求。

数据治理是保障企业安全稳定和高效运行的基础，是数据资产化的前提条件，在数字经济时代显得尤为必要。然而当前许多企业还处于数据治理的初级阶段，底层数据和应用数据均存在各种问题，如数据管理机制缺失、数据标准不统一、数据完整性准确性不足、未进行数据分级分类工作、存在数据泄露和隐私保护风险。

（三）大数据挖掘分析

大数据挖掘分析是指基于数学和统计学原理，应用特定的工具和算法对数据进行分析并挖掘其商业价值与科研价值的一个体系过程。常见的大数据挖掘分析方法如下。

（1）关联分析。关联分析是指从一组数据中，基于设定的规则查找其间的相关关系或预测可能出现的情况。它的经典案例有超市购物篮分析。

（2）分类分析。分类分析是最重要的数据分析方式，它试图找出描述并区分数据类的模型，以便使用模型预测给定数据所属的数据类。常见的分类方法有决策树归纳、贝叶斯分类、基于特定规则的分类、支持向量机、K—近邻分析、遗传算法。

（3）聚类分析。"物以类聚，人以群分。"这句话通俗地表达了聚类分析的基本思想。聚类分析是把大量数据依据其特征划分为不同的子集的过程。常见的聚类分析方法有K–均值聚类、K–中心点聚类、基于层次的聚类、基于密度的聚类、基于概率的聚类。

（4）演变分析。演变分析是指描述时间序列数据随时间变化的规律或趋势，并对其建模。常见的演变分析方法有时间序列趋势分析、周期模式匹配等。

（5）异常分析。数据集中往往有一些特别的数据，其行为和模式与一般的数据不同，这些数据称为"异常数据"。对异常数据的分析称为"异常分析"，如可疑金融交易检测、欺诈识别、网络入侵检测等。

（四）大数据应用

大数据在金融行业具有深厚积淀和广阔前景。商业银行可以利用大数据进行风险管理、客户画像、精准营销三大核心应用。以风险管理领域的信贷业务为例。在贷前环节，可以基于大数据对客户进行多维度尽职调查，开发贷款申请评分模型、客户分类模型、信用评级模型或差异化风险定价模型；在贷中环节，可以利用大数据进行授信审批评价；在贷后环节，可以利用大数据进行客户行为分析、信贷业务风险预警或五级分类；在保全环节，可以利用大数据进行智能催收管理、开发催收策略模型或催收评分模型。

二、人工智能与风险管理

人工智能是在大数据和高性能计算的基础上逐步发展壮大的一个十分热门且具有广阔应用前景的领域。当前人工智能的四大关键领域是计算机视觉、自然语言处理（NLP）、机器学习和人机交互。人工智能在金融行业的典型应用有智能移动设备、智能语音机器人、智能流程操作机器人、智能风险审批模型、智能投顾或保顾、智能预测模型、智慧财务、智慧合规和智能审计稽核等。

（一）机器学习建模

利用大数据进行机器学习，可以构建客户营销模型、客户分类模型、客户画像、业务推荐模型、信用评级模型、审批决策模型、反欺诈分析、零售申请评分卡、零售行为评分卡、零售催收评分卡、贷后风险预警模型、债券预警模型、可疑金融交易监测模型、量化投资模型等。例如，在监督学习中，通过机器学习得到的模型一般有两种可能的形式——决策函数或概率分布。

（二）机器人流程自动化

基于操作流程节点，通过事先设计、开发配置和运行一定的规则，机器人流程自动化（Robotic Process Automation，RPA）可以模拟人的操作，进行复制、粘贴、点击、输入等操作，协助人类完成大量流程较固定、规则较明确、重复性较高、附加值较低的工作。当前RPA是企业数字化转型和人工智能应用的热门方向之一。

我们甚至可以将遍布各地的银行ATM、个人贷款的自动审批引擎理解为一种早期的RPA。当前RPA已经在金融机构中有了一定的应用场景和案例，如一些商业银行已经开始利用RPA技术来进行个人贷款的审批决策、房屋抵押贷款的抵押品查询、银行账户自动开户、自动对账、财务费用报销、发票核验、联网核查、洗钱风险监测等。

（三）自然语言处理

自然语言处理是当今计算机和人工智能领域的热点方向，它以语言为对象，利用计算机技术来分析、理解和处理自然语言。自然语言处理主要应用于机器翻译、舆情监测、自动摘要、观点提取、文本分类、问题回答、文本语义对比、语音识别、光学字符识别（OCR）等。

（四）OCR

该技术可以对图片格式的文件进行扫描、分析和识别，获取文字及版面信息并将其翻译成计算机文字。

（五）自动语音识别和处理

自动语音识别和处理能够先将存储的语音转变为数字信息，再将这些数字信息转化为可供进一步分析的文字，最后对这些文字进行语义解析和文本分析。

（六）智能投顾系统

智能投顾是利用人工智能技术来使机器模仿人类的角色、思维和行为，通过特定的机器学习和数据分析算法训练学习形成相应的知识与技能，为特定的客户提供投资理财顾问服务，识别客户的风险偏好和承受能力，结合用户的实力来推荐资产组合或产品配置方案，并且能够通过积累用户的历史投资行为数据来调整决策和推荐结果。此处的智能投顾不含量化投资系统。

智能投顾包括纯机器自动投顾和"机器＋人工"的投顾。国外的Wealthfront、Kensho、Future Advisor是一些具有代表性的智能投顾系统。2020年12月，清华大学金融科技研究院发布了《2020中国智能投顾行业评测报告》，根据评测结果选出了华夏基金的查理智投、京东集团的京东智投、浦发银行的极客智投等十强综合智能投顾平台。

三、云计算与风险管理

2020年7月，中国信息通信研究院等机构发布《云计算发展白皮书（2020年）》。该白皮书指出：云计算将迎来下一个黄金十年并进入普惠发展期。一是随着新基建的推进，云计算将加快应用落地进程，在互联网、政务、金融、交通、物流、教育等不同领域实现快速发展。二是在全球数字经济背景下，云计算成为企业数字化转型的必然选择，企业上云进程将进一步加快。三是新冠疫情的出现，迫使远程办公、在线教育等SaaS加速落地，推动云计算产业快速发展。该白皮书还指出：2019年以IaaS、PaaS和SaaS为代表的全球云计算市场规模达到1 883亿元，且预计未来年增速将达到18%；我国云计算市场规模达1 334亿元，年增速为38.61%；我国公有云市场规模首次超过私有云，并且IaaS发展成熟，PaaS高速增长，SaaS潜力巨大；分布式云将逐步增长；原生云安全理念兴起等。

我国云计算产业也蓬勃发展，以阿里云、腾讯云为代表的中国企业在国际竞争中持续取得进步。2020年，百度发布AI-Native云计算架构，中科曙光发布第五代云计算操作系统，腾讯云入选Gartner全球云计算魔力象限代表企业，阿里巴巴在云栖大会上发布首台云计算机和配送机器人，华为云发布融合了骨干模型、联邦学习、模型智能评估与诊断、高效算力的AI开发平台ModelArts3.0。

中国人民银行《金融科技（FinTech）发展规划（2019—2021年）》提出要统筹规划云计算在金融领域的应用，引导金融机构探索与互联网交易特征相适应、与金融信息安全要求相匹配的云计算解决方案，搭建安全可控的金融行业云服务平台。

实际上在金融行业，一些大型金融机构已经自建私有云，并为中小型金融机构提供金融行业云服务，部分中小型金融机构也在关键领域自建了私有云。例如自2013年以来，平安集团布局云计算，建成"平安云"，涉及IaaS、PaaS及SaaS产品线。平安云的金融云服务支持平安集团95%以上的业务分/子公司，支撑80%的业务系统投产。2020年12月，中国银联发布金融级云服务"银联云"，为产业各方提供自主可控、安全可信的金融级云平台产品和服务，促进金融行业数字化转型。

云计算未来仍将是金融科技的热点，市场规模将逐步扩大。随着人工智能的发展，AI将助推云计算的计算速度加快，云计算也会利用AI技术来重构其发展战略。

四、区块链与风险管理

区块链这一个概念来自信息技术领域，本质上是一个去中心化的共享数据库，具有去信任、不可伪造、全程留痕、可以追溯、公开透明、集体维护等特征。基于上述特征，它奠定了一种新的信任模式，创造了可信赖的新型合作机制。狭义的区块链是一种按照时间顺序将数据区块相连而组合成的链式数据结构，并以密码学方式保证其不可篡改和不可伪造的分布式账本。有观点认为，比特币（BTC）、以太币（ETH）和文件币（Filecoin）代表了区块链的3个重要时代，也是区块链中的热点。

（一）区块链和分布式金融信贷

DeFi（Decentralized Finance）可以理解为一种去中心化的分布式金融，具体是指基于智能合约平台（如以太坊）构建的加密资产、金融类智能合约及协议。

DeFi目前通过跨链来解决抵押，通过保证金制度来解决杠杆，最终实现类似于信用衍生一样的操作。

DeFi试图颠覆传统的金融服务系统，开创一个全新的数字经济时代。DeFi借贷目前主要有4种产品形式，分别是P2P借贷撮合（如Dharma、dYdX）、稳定币（如MakerDAO）、流动池（如Compound）、无抵押贷款（如Aave闪电贷）。

（1）P2P借贷撮合。撮合借方和贷方的点对点协议。基于Dharma、dYdX这两个协议的贷款和借款数量是相等的。以Dharma为例，智能合约充当担保方角色，评估借方的资产价格和风险；债权人则根据担保方提供的评估结果决定是否贷款给借款人；当借款人无法按时还款时，担保方自动执行清算程序。

（2）稳定币。只有借方，没有贷方，且唯一可借入的资产是Dai，借款人通过抵押数字资产（现在是ETH）借入新创造的Dai。Dai是MakerDAO平台发行的与美元挂钩的稳定币，其资产和借款的质押比率必须保证在150%以上，其中的利息是全球性的，由MKR的持有者通过投票来决定，并不稳定。

MakerDAO是DeFi的一个代表，它成立于2014年，是以太坊上的自动化抵押贷款平台，同时也是稳定币Dai的提供者。MakerDAO是一个通过智能合约质押用户的ETH，再借给用户同等金额的Dai供他们自由使用的平台。

MakerDAO的运作机制如下。

①从用户角度来说，MakerDAO的运作流程非常简单。首先我们要知道一个概念——抵押债务头寸合约（CDP），它是MakerDAO的核心智能合约，在MakerDAO系统中的作用是负责保管抵押品。

②质押ETH换取Dai：用户将自己持有的ETH打入以太池中，获得PETH。之后将PETH打入Maker智能合约CDP中获得Dai。抵押的以太币价值和所能创造的Dai价值的比率称为抵押率。

③取回ETH：用户将Dai和系统的稳定费打入Maker智能合约CDP，取回ETH。

④目前MakerDAO的抵押率不能低于150%，也就是说，当你的CDP抵押率低于150%时，MakerDAO系统就会通过清算CDP并在以太币价值不足以支撑Dai之前拍卖以太币来解决这个问题。

（3）流动池。借方和贷方通过流动池交易，而不是与交易对手进行匹配。每次贷款和借款的利率由流动性大小，即贷方提供的货币总量和借方的需求总量的比例决定。贷款期限是固定的，贷款人可以将资金存入贷款池，持续赚取利息，并随时提取资产。借款人有无限的合约期。

（4）无抵押贷款。闪贷是基于代码执行的无抵押贷款，其实现原理是：利用智能合约的可编译性将借款、使用、偿还等所有步骤全部编写在一个交易中，智能合约可以保证所有这些步骤都在15秒内完成，如果还款失败，整个交易不会执行。这样做的优势是，如果最后不还款，交易就会失败，从而避免出现借钱不还的现象。

（二）区块链与贸易金融

目前商业银行运用的区块链技术主要基于银行和企业间的联盟链，由成员节点共同参与记账，通过彼此间的互信完成共识。贸易金融及其跨境支付是商业银行区块链应用的主要场景之一。区块链技术可以很好地解决贸易金融中的身份确认、信息共享和核实、信息加密问题，通过智能合约还可以降低融资人的信用违约风险。

2018年9月，中国人民银行上线央行贸易金融区块链平台，可以处理供应链应收账款多级融资、跨境融资、再贴现、国际贸易账款监管等业务。中国银行业协会牵头联合11家银行和4家科技公司共同建设的中国贸易金融跨行交易区块链平台，可以处理国内信用证、福费廷等业务。同期，中国邮政储蓄银行上线基于区块链的福费廷交易服务平台（U链平台），该平台基于Hyperledger Fabric（超级账本）1.0的区块链技术研发，具有跨行国内信用证全流程链上交易、国内信用证项下贸易金融资产信息撮合、资产交易和业务全流程管理四大核心功能。

此外，中国人民银行数字货币研究所还与中国人民银行深圳中心支行主导推动建立了湾区贸易金融区块链平台（PBCTFP），并于2018年9月试点运行。中信银行、中国银行、中国民生银行也在2018年下半年联合设计开发并上线了区块链福费廷交易服务平台。

国际上，2018年7月，德意志银行、汇丰银行、桑坦德银行、比利时联合银行、法国兴业银行等9家欧洲银行联合开发了We.Trade区块链平台。该平台基于IBM的区块链平台与Hyperledger Fabric技术，用于跨境金融交易。2018年9月，TradeIX、R3以及荷兰国际集团ING、法国巴黎银行、渣打银行、曼谷银行、德国商业银行等8家银行联合发布了Marco Polo区块链开放账户贸易融资平台，首先试点应收账款贴现和保理业务。

（三）区块链和征信

区块链本质上是一个去中心化的共享数据库，存储在其中的数据具有不可伪造、不可篡改的特点，且其独特的加密技术能够确保隐私得到恰当的保护。区块链的这些特点使得其很适合用来建立特定场景下的联盟式征信数据库。

区块链征信的典型实践案例有基于区块链的长三角征信链平台。该平台于2020年8月由中国人民银行苏州市中心支行、苏州企业征信公司和同济区块链研究院合作开发，是一个金融结合科技的创新产品。它利用区块链等技术搭建征信链应用平台，在获得用户授权且保障数据安全的基础上，企业征信机构可以将征信数据、授权信息、查询使用等上链存储，实现跨区域、跨系统的信息共享和服务协同。

（四）区块链与金融审计

监管和审计是金融体系的重要组成部分，监管机构使用各种方法、技术和标准来衡量系统性金融风险。目前，各种区块链技术和应用都试图通过加密工具来增强隐私性，但在实践中，隐私保护和审计监督之间存在一种天然的对抗性，完全的隐私交易会使得监管机构和审计机构无法获得充分的信息来进行检查与评价，因此同时满足隐私保护和审计监督的区块链系统将有着巨大的现实意义。zkLedger和PGC是两种支持可审计的去中心化机密交易系统的代表。

1．zkLedger

zkLedger是世界上第一个既能保护隐私又能实施有效审计监管的区块链系统，是在由MIT媒体实验室的Neha Narula和Madars Virza、得克萨斯大学奥斯汀分校的Willy Vasquez共同发表的论文"zkLedger：Privacy-Preserving Auditing for Distributed Ledgers"中提出的。

我们知道，基于分布式账本的区块链能帮助金融机构有效地协调跨组织交易。例如，商业银行可以使用分布式账本作为数字资产的结算日志。但是这些账本要么完全公开给所有参与者，并揭示敏感的策略和交易信息；要么是完全私有和匿名的，在不向审计师透露交易内容的情况下无法支持第三方审计或监管。因此如何在保护参与者隐私的情况下，既支持监管机构审计和监督，又能高效运行，成为分布式账本在金融领域遇到的主要挑战。而通过创建新的分布式分类账模型并使用零知识证明应用新方案，zkLedger实现了快速、可证明正确的审计，一定程度上解决了上述问题。

zkLedger提供强大的交易隐私保护功能：攻击者无法分辨谁参与了交易或交易了多少，而且至关重要的是，zkLedger不会泄露交易视图或交易之间的联系。交易时间和转让的资产类型是公开的，zkLedger的所有参与者仍然可以验证交易是否保持了重要的金融不变量（如资产保护），审计师可以向参与者发出一组审计查询并接收与分类账一致的答案。

1）zkLedger的设计创新

zkLedger的设计实现了以下3个创新。

（1）同时支持隐私保护和审计。在保护隐私的同时允许审计师计算分类账中数据的可被证明的正确结果。

（2）确保审计的完整性。由于审计师无法确定谁参与了哪些交易，因此zkLedger必须确保在审计期间，参与者不能遗漏交易以隐藏某些资产。

（3）支持高效和有效。zkLedger的分布式版本通过缓存承诺（commitment）和审计令牌（token）来解决效率问题。该版本可以为账本上的审计查询生成可靠的正确答案，完成十万次交易审计耗时不到10毫秒。

2）zkLedger的设计要点

（1）隐藏交易的金额、参与者和链接，同时维护可验证的交易分类账，并使审计师能够接收其查询的可靠答案。

（2）使用多栏式总账账本结构，提供完整性支持，监管者可以验证每一条记录。

（3）应用零知识证明，能够在不提供交易内容的情况下，让审计师验证银行答案的正确性。

2．PGC

传统的去中心化的交易系统中，交易隐私包括交易双方身份的匿名性和交易金额的机密性。PGC由论文"PGC：Decentralized Confidential Payment System with Auditability"提出，是一种可审计的、去中心化的机密交易系统，能够有效地解决基于区块链技术的交易系统在隐私保护和可审计监管之间的平衡问题。

PGC是一种创新型机密交易解决方案，其目的是在隐私和可审计性之间取得平衡。它的核心是加法同态公钥加密方案Twisted-ElGamal，该方案不仅与标准的指数ElGamal一样安全，而且对Sigma协议和范围证明协议非常友好，这使得能够以模块化的方式轻松地为交易的正确性及应用程序相关的审计设计零知识证明。同时它还十分高效，与当时报告中最高效的Paillier PKE实现相比，Twisted-ElGamal在密钥、密文大小和解密速度方面要好一个数量级，在加密速度方面快两个数量级。除了在机密交易方面的应用，Twisted-ElGamal还具有很大的应用空间，有望成为同态加密算法领域的新标准。

五、物联网与风险管理

物联网是一个基于互联网、传统电信网等的信息承载体，它让所有能够被独立寻址的普通物理对象形成互联互通的网络。它利用智能终端、智能芯片、传感器、无线模组、通信网络、物联网系统平台等，使用传感网络、射频识别、遥感定位、红外感应和激光扫描等技术，在金融和非金融领域都发挥出巨大的作用。例如，它在金融领域的应用形式有仓储物联网金融、货运物联网金融、车联网金融、公共服务物联网金融等。

物联网在风险管理领域具有十分广阔的前景，原因主要是风险管理极其依赖各种类型的大数据，而通过物联网及其相关设备可以采集到通过其他形式很难获取的数据和信息，如定位信息、移动轨迹、健康信息等。通过物联网可以全面、客观、实时地采集数据和分析风险标的，开展主动型的风险管理，并使风险管理往事前和事中环节靠拢。例如，在当今发展迅速的智能可穿戴设备健康管理领域，基于物联网的可穿戴设备可以实时记录、反馈用户的个人数据信息，包括身体健康信息以及活动范围、运动规律等行为习惯信息。这样一来：一是可以监测用户的身体健康状态，提前进行疾病识别和预防；二是可以基于物联网采集的数据进行分析和匹配，进而为用户定制健康管理计划，甚至进行危机预警；三是企业可以基于用户的身体健康信息进行产品定制化开发、风险定价、风险控制等。

六、5G 通信技术与金融

5G是指第五代移动通信技术标准，是对应4G、3G和2G的概念。相比4G等技术，它具有更高的传输带宽、更快的速度、更大的容量、更稳定的传输和更低的时延等特点。近年来，5G技术俨然是新闻舆论和信息科技中的热点话题。2019年，各大通信服务商推出了5G通信套餐，部分金融机构推出了5G服务网点，标志着5G技术开始走进社会生活和金融服务。

在金融服务领域，可以利用5G技术助力大数据和云计算金融、赋能人工智能升级、丰富可视化服务类型、打造5G金融服务生态。可以预测，未来5G技术将在智能银行、开放银行、科技银行、创新银行上扮演越来越重要的角色。

第三节　金融科技监管与监管沙盒

为落实《金融科技（FinTech）发展规划（2019—2021年）》，中国人民银行积极着手设计和构建金融科技监管体系，探索运用信息公开、产品公示、社会监督等柔性管理方式，努力打造包容、审慎和创新的金融科技监管政策、工具，并且支持北京市率先开展金融科技创新监管试点。

北京作为我国的金融科技监管、研发、创新和应用的中心，在金融科技领域走在了时代的前列。我们选取北京和苏州两地，通过中国人民银行官方公布的数据来了解两地金融科技创新项目的情况，从而直观地了解我国金融科技的发展现状并判断未来趋势。

2019年12月，北京探索构建包容审慎的中国版"监管沙盒"，引导持牌金融机构在依法合规、保护消费者权益的前提下，推动金融科技守正创新，赋能金融服务提质增效，营造安全、普惠、开放的金融科技发展环境。

2020年1月，北京公布2020年的第一批金融科技创新监管试点应用，从中可以了解到当今市场上已落地的金融科技及其应用具体是什么，详情如表6-1所示。

表 6-1　北京金融科技创新监管试点应用（2020 年第一批）

序号	应用名称	所属机构	简要介绍
1	基于物联网的物品溯源认证管理与供应链金融	中国工商银行	基于物联网技术采集产品的生产制造、质检、库存、物流、销售等全生命周期特征数据，将这些数据不可篡改地记录在区块链上，并接入中国工商银行物联网服务平台及企业智能管理系统（ECSP），实现产品全链条质量管控与信息透明
2	微捷贷产品	中国农业银行	用大数据、人工智能、移动互联网等技术，利用行内外数据对企业进行多维度画像，科学设计授信模型，精准洞察融资需求，有效管控信用风险。实现信贷业务与金融科技融合，以移动化、智能化的经营方式重塑业务模式和运作流程，改变小微信贷业务运作模式，提高客户体验，拓展小微企业长尾市场，有效缓解小微企业融资难、融资贵等问题。实现信贷业务申请和交易的实时监控与精准拦截，提供集事前防控、事中控制和事后分析与处置于一体的全流程信用风险解决方案，为产品纯线上、自动化、全自助运营保驾护航
3	中信银行智令产品	中信银行 / 中国银联 / 度小满 / 携程	利用支付标记化等技术打造新型金融服务模式，使支付标记（Token）成为商业银行、收单机构、电商企业等交互的"智慧令牌"。在风险可控前提下，优化服务流程，拓展应用场景，创新合作模式，提升金融服务质量
4	AIBank Inside 产品	百信银行	AIBank Inside 产品通过 API 形式开放金融服务，深度赋能生态合作伙伴。借助 API 技术将多类型、标准化、通用化的金融功能模块快速组装成行业解决方案，以服务不同行业场景。采用无侵入的连接方式，让各场景参与方均可在不改现有系统架构的情况下获得"即插即用"的金融服务
5	快审快贷产品	宁波银行	采用大数据、人工智能等技术，通过对企业、个人的多维度数据进行综合分析，优化信贷审批模型，自动推断授信金额和等级，解决不同主体融资过程中的信息不对称问题，实现信贷智能管理，助力纾解小微民营企业融资难、融资贵等问题
6	手机 POS 创新应用	中国银联 / 小米数科 / 京东数科	手机 POS 是面向小微企业、"三农"领域等商户，以移动小额收单为重点应用场景，自主研发的新型 POS 产品，可受理手机闪付、二维码支付、银行卡闪付等多种支付方式，具有部署成本低廉、易用性好、适应性强等特点

2020年12月25日，北京公布2020年的第三批金融科技创新监管试点应用，具

体如表6-2所示。

表6-2　北京金融科技创新监管试点应用（2020年第三批）

序号	应用名称	所属机构	简要介绍
1	"光信通"区块链产业金融服务	中国光大银行	运用区块链共识算法、智能合约、大数据和知识图谱等技术构建产融协同平台，围绕企业在贸易环节的真实交易背景和债权债务关系，将企业应收账款转化为流动性工具。提供包括"光信通"签发、拆分、转让、兑付等在内的流动性服务，以及包含账户体系、身份认证、电子签名、资金监管清分、融资在内的综合性金融服务，帮助产业链各级参与方加快资金周转，降低产业链整体负债和金融成本，更好地满足产业链上中小微企业的资金流动及对外支付的需要，解决其融资难、融资贵、融资慢问题
2	"链捷贷"产品	中国农业银行	运用大数据、区块链等技术，构建供应链金融服务平台，为产业链上下游的供应商和经销商提供融资服务。①基于订单的信贷服务：以核心企业确认后的订单作为融资依据，由核心企业或保险公司、担保公司等提供增信，为下游经销商提供短期流动资金贷款。②基于电子承诺付款凭证的信贷服务：对接核心企业ERP系统，为上游供应商提供融资服务。解决小微企业应收账款无法及时变现及核心企业信用难以多级穿透的问题。本项目由中国农业银行股份独立负责平台设计、技术开发及运营，无其他第三方机构参与
3	基于物联网技术的中小企业融资服务	中国民生银行、北京逸风金科软件公司	运用物联网、大数据、机器视觉、边缘计算、人工智能等技术构建中小企业金融服务风控平台，为中小企业提供安全便捷的融资服务
4	基于区块链的国家电投供应链金融平台	北京融合云链科技有限公司、平安银行北京分行	运用区块链、人工智能、OCR、自然语言处理、数字证书、电子签名等技术构建国家电投供应链金融平台，将核心企业（国家电投控股机构）上游供应商（产业链属中小微企业）的应收账款转化为数字债权凭证，并支持其在平台上进行流转、拆分。平安银行北京分行基于该数字债权凭证为有资金周转需要的供应商提供融资服务
5	基于API的场景适配中台产品	北京中科金财科技公司、浦发银行北京分行	运用开放银行API、端到端加密、分布式微服务架构等技术，将浦发银行多个基础金融服务功能进行定制封装，形成业务中台。基于本业务中台，银行可以高效率、低成本的方式快速对接企业并提供与企业场景适配性强的金融服务，包括Ⅱ类个人银行账户的开立与变更、账户余额查询及资金转入转出交易等

2020年8月14日，中国人民银行南京分行发布了2020年第一批苏州金融科技创新监管试点应用并向社会征求意见，具体如表6-3所示。

表6-3　苏州金融科技创新监管试点应用（2020年第一批）

序号	应用名称	所属机构	简要介绍
1	长三角一体化智慧银行服务	苏州农商银行	通过运用5G、远程视频、私钥分散生成存储和多私钥协同签名技术、智能终端安全芯片（SE）、可信任执行环境（TEE）、云计算、大数据等技术，建设智慧银行平台，优化金融服务流程。一方面，支持用户在智慧银行进行金融服务信息预填，到线下网点办理业务；另一方面，基于不同业务场景、不同风险等级为客户提供差异化的金融服务，实现渠道线上化、风控智能化、凭证无纸化、功能模块化
2	基于区块链的长三角征信链平台	苏州企业征信服务有限公司、央行苏州市中心支行、苏州银行、苏州同济区块链研究院	基于区块链等技术搭建征信链应用平台，企业征信机构将征信数据、授权信息、查询记录上链存储，实现征信机构跨区域、跨系统的信息共享和服务协同，打破数据孤岛，实现机构间企业征信报告信息（如企业基本信息、经营信息、涉诉信息等）互联互通，数据授权采集和使用强安全控制，数据的透明性和可审计性，强化合规管理
3	基于大数据的App风险防控产品	江苏通付盾科技有限公司、江苏省农村信用社联合社、常熟农商银行	通过大数据挖掘、机器学习、关联分析、设备指纹、态势感知、探针监测等技术建立App风险防控系统，在保障个人隐私和数据安全的前提下，实现对用户移动终端设备运行情况的实时风险监测、分析及处理，防范终端风险，为用户提供及时、准确的移动终端安全威胁预警
4	基于"端管云一体化"平台的特约商户非现场管理产品	科蓝软件、中国银联、公安部第三研究所、银联商务江苏分公司、中国农业银行苏州分行	借助中国银联、公安部三所、科蓝软件联合共建的eID人证合一身份验证系统，提供对企业和个人的高强度网络客户身份验证、分布式协同认证能力，填补传统收单管理中对商户、设备和交易地址的静态、异步、人工验证带来的管理漏洞。使用科蓝软件手机柜台产品进行线上、线下一体化可信作业，对小微商户、普通商户、可疑商户进行分级巡检管理
5	基于大数据的供应链知识图谱分析产品	钛镕智能科技（苏州）有限公司、苏州银行	综合运用大数据融合、复杂网络、图数据库及关联图分析挖掘等技术构建供应链知识图谱平台，为苏州银行提供整合供应链上下游信息和行业知识库的查询分析与可视化功能，为中小企业信贷业务提供决策支持，主要应用于供应链上下游中小企业的信用贷款场景

2021年1月22日，中国人民银行南京分行公布第二批4个拟纳入苏州金融科技

创新监管试点的创新应用并向社会征求意见，具体如表6-4所示。

表6-4 苏州金融科技创新监管试点应用（2021年第二批）

序号	应用名称	所属机构	简要介绍
1	基于人工智能技术的AI数字员工服务	南京银行	通过运用语音识别、自然语言处理、人物形象建模、语音合成、语音驱动动画、环境降噪、智能打断等技术，在手机App和营业网点打造专属3D拟人数字员工，实现转账填单辅助、余额查询、信用卡账单查询、积分查询等基础业务办理，以及客服答疑、产品咨询等功能，为客户提供智能化的银行服务，尤其为老年人等群体提供更贴心、更便利的无障碍金融服务，优化服务体验与流程，提高金融产品的易用性与安全性，更好地弥合数字鸿沟
2	基于区块链的辅助金融产品	江苏省联合征信有限公司、南京数字金融产业研究院、中国农业银行南京分行、苏州同济区块链研究院	将区块链、多方安全计算和非对称加密、大数据、深度学习、物联网等技术应用于中国农业银行南京分行小微企业抵质押贷款场景。在获得客户授权和保护客户隐私的前提下，江苏省联合征信有限公司与南京数字金融产业研究院对企业上链存证的资产信息和经营数据等进行确权、校验、评估，为中国农业银行南京分行准确判断信贷风险提供支持，提升融资风控能力，降低贷款风险和成本，纾解小微企业融资难、融资贵等问题
3	基于大数据知识产权评价的智能风控产品	中知麦田（苏州）金融科技服务有限公司、中国银行苏州分行	运用大数据、OCR等技术，基于知识产权评价分析模型构建智能风控系统，准确识别中国银行苏州分行企业客户在知识产权运营中存在的风险，并对企业知识产权的状态变动、涉诉情况等进行实时监测，以提升中国银行苏州分行流动资金贷款贷前、贷后的风控能力，降低中小微企业融资成本，有效缓解中小微企业融资难、融资贵等问题。其中，知识产权数据来自中国知识产权出版社，企业基础信息来自国家企业信用信息公示系统，均为国家对外公开数据，无须获得额外授权
4	基于区块链的供应链服务平台	江苏小微云链金融科技有限公司、苏州高铁新城国有资产控股（集团）有限公司、上海银行苏州分行	运用区块链、物联网、多方安全计算等技术，基于企业在贸易环节的真实交易背景和债权债务关系，核心企业（苏州高铁国控）对上游供应商（产业链属中小微企业）应收账款进行确权，并以数字债权凭证方式进行签发。上海银行苏州分行为供应商提供基于应收账款的供应链融资服务，更好地满足产业链上中小微企业的资金流动及对外支付的需要，解决其融资难、融资贵、融资慢问题

2020年4月27日，中国人民银行表示支持在上海市、重庆市、深圳市、河北雄安新区、杭州市、苏州市等6地扩大金融科技创新监管试点。随后，各地先后发布了当地监管下的最新金融科技应用研发和项目建设情况。

第四节 金融科技驱动下的风险管理变革

一、领先金融机构和监管机构的金融科技动态

国内和国际上领先的金融机构纷纷设立金融科技公司，加大对金融科技研发和应用的投入。在国内，四大国有商业银行均设立了金融科技公司，如中国工商银行成立了工银科技和金融科技研究院。国际上，花旗集团、高盛、摩根大通、美国银行、三菱日联金融集团等也纷纷设立、投资或并购了多家金融科技公司。

除了纷纷设立金融科技公司，许多金融企业还在内部战略和文化宣导上积极融入金融科技的元素，将金融科技作为新的生产力投入企业的运营中。各种基于大数据、云计算、区块链和人工智能的研发、应用和改进项目纷纷立项，企业内部兴起自上而下和自下而上的金融科技热潮。

领先的金融机构纷纷制定金融科技战略，抢占时代高位。中国工商银行打造"数字银行"，制定了《中国工商银行金融科技发展规划（2019—2023年）》，强调以"金融＋科技"的理念和手段打造智慧银行，推动金融科技创新，在组织上实行了"一部、三中心、一公司、一研究院"改革，进一步提升金融科技的战略引领、统筹规划、技术研发、资源协调和人才建设能力。

中国民生银行打造"科技金融银行"，制定了《中国民生银行科技金融战略发展规划（2019—2022年）》，聚焦"科技引领，数字民生"战略愿景，围绕"金融＋互联网"和"互联网＋金融"两大发展模式大力发展金融科技。

中国人寿全力推进数字化转型，打造数字经济新生态，推出"科技国寿"战略定位，通过发展和应用金融科技，开展金融创新和科技创新活动，推出数字化服务、数字化销售、数字化产品、数字化管理、数字化风控和数字化生态，赋能业务发展和管理改进。随着大数据、云计算、人工智能、区块链、物联网、移动

互联网、基因技术的研究和应用深度不断加强，中国人寿的金融科技核心能力显著增强，也将提高其全球竞争力水平。

与此同时，我国金融监管机构也加大了对金融科技的研究和规划，设立金融科技监管机构，推出创新金融科技监管项目，引导和支持金融科技发展。

二、金融科技带来的风险

在信息技术的不断发展、演变和应用中，一直伴随着相应的信息技术风险，金融机构也将其作为一类重要的风险进行管理。同理，金融科技一方面可以用来改进对信用风险、市场风险、操作风险等的管理；另一方面其本身也带来了风险，而且这些风险具有隐蔽性强、对技术水平要求高、对系统性影响大、较难准确预判等特点。总的来说，金融科技带来的风险主要包括如下五个方面。

（一）金融科技发展战略和规划风险

金融科技的研发与应用需要国家、社会、企业的战略和规划来进行统筹布局与引导，缺乏战略和规划可能导致研发失败、应用违规等问题，无法发挥金融科技的撬动作用。由于金融科技的本质是人的思维和思想在技术领域的体现，相关的哲学、伦理学、社会学、心理学、法律也应该是制定金融科技战略和规划时需要考虑的因素。只重视技术而忽视人文的金融科技战略和规划具有非常高的系统性风险。

（二）金融科技自身的技术缺陷风险

与传统信息技术一样，金融科技本身也存在很多缺陷，如技术的不完善和不成熟、技术研发过程中遗留的漏洞、原始数据的差错、AI算法"歧视"、信息系统bug、通信网络的不稳定和故障。以机器学习为基础的智能审批决策引擎为例，用于训练模型的原始数据质量可能存在问题、数据预处理时可能存在人工操作错误、机器学习训练过程本身存在误差、决策引擎系统可能配置不当等，这些都是金融科技自身存在的缺陷，必然会带来相关的风险。

（三）信息安全和隐私保护风险

随着大数据和通信技术的进步，金融机构逐步开始应用数据挖掘分析，打造大数据平台，利用5G通信建设智慧网点等。在大量数据的采集、传输、存储和应用过程中，伴随着信息泄露、数据丢失、网络攻击、隐私窃取、非法数据交易、系统中断等各种问题。

（四）金融业务创新的合规风险

金融创新和科技创新是一个互相依存、互相促进、互相作用的整体，利用金融科技进行金融业务创新是当今许多金融机构的热点主题工作。近10年来，各种互联网金融公司、金融科技公司和传统金融机构纷纷推出了丰富多样的金融创新产品（如互联网贷款、P2P借贷、互联网资管、虚拟货币），而且这些产品无不打着金融创新的旗号进行宣传和推广。虽然不排除其中有一部分是合法合规的优质产品，但是违规的创新业务也是层出不穷，其中潜藏的风险往往不会在短期内暴露。

（五）消费者权益保护风险

消费者权益至少包括消费者的知情权、隐私权、信息安全权、同意使用权和追责求偿权。在金融科技的广泛应用下，金融风险隐蔽性、复杂性更强，金融消费者权益极易受到侵害。例如，缺乏详细说明的复杂金融科技产品、App强制获取用户信息、利用大数据"杀熟"、用户数据侵犯和买卖、平台封禁等新型侵害消费者权益的行为日渐增多。

三、金融科技推动风险管理变革

（一）金融科技推动企业风险管理的数字化转型

风险管理本身在企业中就是最具数字化基础的领域之一。在长期的数据积累、模型构建和预警监控工作下，企业能够迅速适应新金融科技时代的数字化转型需求，而且风险管理的数字化转型比其他领域的数字化转型更加深刻。几乎所有企业的数字化转型战略和运营策略中都会包含风险管理和风险控制的内容。

（二）金融科技协助企业建立智能风控管理体系

大数据为风控数据采集、存储和应用提供基础，云计算为海量风险数据计算和风控模型训练提供动力，区块链利用其不可伪造、全程留痕、可以追溯、公开透明、集体维护等特性打造共享数据库和智能合约以赋能风控体系建设，物联网能够获取动态、多维、实时的数据为新风控打造提供能量，5G通信在传输数据上为风控过程提供快速稳定通道，人工智能则通过虚拟机器人、实物机器人和机器学习模型提供智能风控工具，而以新生物技术、边缘计算、差分隐私、智能感知等为代表的前沿技术同样在风控领域发挥着自己独特的优势，如基于生物技术的身份验证、基于差分隐私的信息安全等。

（三）金融科技助力企业打造开放共享的新生态

"打造生态圈"已经从互联网行业扩展到非互联网行业，并且已经成为企业发展的新共识、新趋势。自2013年英国竞争和市场管理局推出开放银行（OpenBanking）计划以来，以金融行业为例，开放银行、开放保险在互联网技术和API技术的支持下已经从概念阶段进入实践阶段，以中国工商银行、中国人寿为代表的一批企业先后推出了开放银行、开放保险战略与平台。借助金融科技，企业可以将金融产品和服务嵌入合作互联网场景平台的应用程序中，对内建立平台，对外输出能力，可以集合多个实体的用户、资源和流量，共建开放新生态。

（四）金融科技使企业形成上下统一的科技文化

无论是监管当局还是企业管理层都在强调金融科技对于业务发展、内部管理的重要性，这种自上而下的宣导无形中培育和稳固了企业的金融科技文化。金融科技文化一旦塑造完成，将融入企业上下一体化的治理、管理和操作过程之中，成为内部员工与外部客户对于产品、服务、沟通和认知上的共识，这也将反过来促进金融科技文化的持续调整和优化，直至达到最优状态。

第七章
数字化时代下金融经济的治理策略

第一节　数字经济治理的内涵

在由信息革命引发的世界经济版图的重构过程中，数字经济的发展发挥着至关重要的作用。信息时代的国家核心竞争能力，将越来越表现为数字能力、信息能力的竞争力，这也对国家数字经济治理能力提出新挑战和新要求。数字经济是以信息技术为依托、以互联网应用为特征的新经济，数字经济也经历了从网络化阶段到数字经济阶段的发展历程，因此，数字经济治理也是随着数字经济的发展而发展的。

一、信息技术经济的治理

20世纪中叶开始的第三次技术革命带动了电子技术和计算机技术的蓬勃发展，进而诞生了信息技术经济。信息技术是制造业的核心，也是信息产业的核心，信息技术对信息技术经济的贡献研究构成信息技术经济学的一个重要部分，国内外虽无信息技术经济学（论）这个名称，但有大量相关研究成果。

1958年，李维特、惠斯勒在《哈佛商业评论》中发表了经典性论文《八十年代的管理》，首次提出信息科技的概念。之后，学术界开始重视信息技术对组织架构、组织决策、市场分析等方面的影响，并开展了一系列理论和实证研究。众多文献基于不同的理论视角、不同的研究方法、不同的研究对象，对信息技术及其影响进行分析研究，研究视角也不再拘泥于信息技术本身，而是从实施信息技术项目、提高技术使用效率转向理解、分析进而控制信息技术对组织、市场和个人的影响，进一步提高信息技术应用价值。1986年，在继承已有研究成果的基础上，弗里曼和佩雷斯进一步提出了"技术—经济范式"概念。该研究强调，新技术的广泛传播和使用一定会影响企业决策和行为，进而会引发企业组织结构和整个经济体系的改变。"技术—经济范式"强调并尊重技术创新和扩散对经济增长的正面拉动作用。纵观20世纪中期以后技术创新发展对经济的拉动作用，可以看出信息技术对经济发展有重要的基础支撑作用，特别是信息设备制造、软件、信息服务网络等信息产业，在优化国民经济结构、提升传统产业的劳动生产率等方面发挥了举足轻重的作用，由此对信息技术经济的治理也应运而生。

从国内外来看，由于信息技术经济具有知识密集型、行业集中度高等特点，对信息技术经济的治理也更多地体现出政府主导和企业自治的特点。第一，政府主要从扶持发展、知识产权保护、破除垄断等方面开展治理。一是扶持发展。从20世纪后期开始，美国、英国、日本、韩国等发达国家充分认识到信息技术对经济发展的正向拉动作用后，纷纷出台相应的战略规划，推进本国信息技术发展。比较有代表性的是20世纪90年代美国"信息高速公路"战略、1992年韩国实施的11个国家创新计划HAN（High Advanced National）、英国信息技术联合研究计划（JFIT）等。二是严格知识产权保护。政府通过制定相应的知识产权保护法律法规，鼓励信息技术企业大力开展技术创新，保护企业和科技人员的创新成果和创新的积极性。比如美国建立完备的知识产权保护体系和执行体系，其结果是音像、软件等著作权得到了较好的保护，相关产品盗版率只有5%，而在印尼等一些发展中国家和地区，相关产品盗版率高达70%～80%。三是反垄断。因为信息技术的高度知识密集型，致使信息技术企业和人员极易通过技术壁垒实行行业垄断，各国在破除垄断方面也不遗余力。比如英国1998年出台竞争法，加强了对反垄断行为和利用自身所处的优势地位进行垄断的限制。第二，企业主要是通过制定技术规范和行业联盟来实现自治。一是信息技术企业通过将技术进行规范化、再进行标准化，实现不同技术路线和技术产品的相对统一，从而推动信息技术经济快速发展。二是企业之间基于共同价值观和未来发展，自发组成相应的产业联盟，来实现行业、企业自治。比如微软公司与思科、甲骨文、易安信等众多企业建立联盟关系，通过结盟战略推动信息技术纵横联合。

二、网络经济的治理

20世纪后期到21世纪初期，互联网技术的蓬勃发展和大规模应用催生了网络经济。从名称上看，网络经济就是以网络为基础、与网络有关联的经济。从词义来解释网络，是指相互交错的组织或系统。从物理定义看网络，网络是从实际问题中抽象出来的具有相同类型的模型。因此，当系统的各部分之间有了相互连接的关系，并构成一定的结构形态，我们一般就称之为网络。网络经济并不是新名词，对其认识可以追溯到20世纪80年代。当时一些日本学者注意到运输业、金融业、邮政业等第三产业中的部分行业，有大规模网络节点的支持发展较快，因此他们就把服务经济称为网络经济。随着计算机网络的产生，人们又将注意力转移到计算机网络上。一些学者的研究更是把网络经济提升到经济社会的高度。苏恒认为网络经济是一种新的经济形态，其主要生产载体是计算机网络，主要生产要素是各类信息资源，主要特征是网络、信息与传统经济的深度结合，通过网络开展经济活动，反映经济现象，解释经济行为。乌家培对此也持类似的观点，他认为网络经济的基础是信息网络、信息技术、信息资源和信息知识，无论是从生产资料形态还是生产组织形式来看，网络经济都是一种全新的社会经济形态。

网络经济最先发源于美国。美国商务部的研究表明，20世纪90年代后期的美国经济增长的主要动力是网络经济，其创造了约1/3的经济增长值。欧盟也在2000年4月的里斯本会议上提出"电子欧洲"的口号，大力呼吁发展网络经济。随着网络经济的日益兴起，新的治理理念和治理手段也不断更新。微观上看，由于互联网技术的广泛应用、公民数字素养的日益提高以及公司治理结构的日益扁平化，公司治理逐渐走向公开化，非传统公司管理团队的债权人、普通职工和社会公众等逐渐参与到公司治理中。宏观上看，互联网直接改变了国与国、企业和企业之间经贸和金融往来方式，其在各利益主体之间的信息导向作用和联结作用对各行为体会产生直接影响，也在一定方式上影响着政府、企业和市场之间的关系。经济学家卡尔·夏皮罗等认为，网络经济催生了经济治理中的一系列新规则，比如，网络经济的固定资产投入和边际成本更低，但人力资源成本则比较高，这就要求治理方式要更多地关注人的因素和知识的价值。网络经济还深刻影响了行为主体的关系，特别是随着信息化和传统经济的融合，推动和迫使各主体职能定位发生微妙变化。主要表现在，网络经济时代政府、企业和市场等主体的协商、合作日益加强，政府不再是单一的管理治理主体，企业的自律作用和市场的共治作用得到发挥，公共事务的治理效果也得到加强。联合国互联网治理工作组为互联网治理下的定义是，"政府、私营部门和民间社会根据各自的作用制定和实施旨在规范互联网发展和使用的共同原则、准则、规则、决策程序和方案"。这一定义本质上强调了政府在管理互联网时，不能只持一元化的行政管理思维，而且还要充分发挥各类主体的作用。

三、数字经济的治理

近年来，随着互联网技术的日趋成熟、互联网的普遍接入以及数字技术与各行业的普遍融合，社会的数字化程度逐渐提高，数字化应用越来越广泛，数字经济从无到有、发展迅猛，由此也催生了数字经济以及相应的治理理论和实践。特别是数字技术的发展和应用还引发了创新创业高潮和线上线下融合，市场结构也发生较大变化，使得传统的经济治理难以适应数字经济治理的需要，适应数字经济发展的新的治理体系、治理模式、治理手段呼之欲出。

数字经济与之前的信息技术经济、网络经济有着截然不同的特征，对数字经济的治理也要遵循以下特征。第一，数字技术产业形态有了颠覆性变化，需要建立新的治理体系。随着数字资源、数字技术以及数字化理念在经济社会各领域的应用日益深入，文化创意、服装、农业、交通、教育、金融、医疗、零售等行业领域纷纷将数字技术与行业发展相融合，给产业发展形态带来巨大的改变。比如，数字经济孕育了智能汽车这一新产品、互联网金融这一新事物、网络约车这一新产业，数字经济时代数字资产的价值不断得到挖掘和提升，对这些新产业、新产品、新业态的监管和治理无任何经验和案例可借鉴，必须建立与之发展相适应的新的治理体系。第二，生态化和平台化特征明显，需要新的治理手段。一方面，数字经济时代运营商、终端制造商和应用服务提供商等充分介入产业链的上下游，在价值传递过程中实现自身价值的增值。数字经济时代的竞争，不仅是技术、产品和服务的竞争，更是生态之间的竞争，由硬件、软件、平台等构成的生态体系成为竞争的核心。另一方面，随着数字技术与各行业的深度融合，众多社会化的网络平台迅速诞生并发展壮大。这些平台的一个重要特征就是能够将供给者和消费者高效撮合在一起，打破传统科层制结构，为供需双方搭建直通车。因此，对数字经济治理应聚焦的重点之一就是针对这种具有生态特性的平台化组织的治理，要走出传统治理路径，用新的治理手段提升数字经济治理效果。第三，技术创新和模式创新层出不穷，需要新的治理思维。新一轮科技革命引发信息技术的爆发式增长，新技术、新产品的更新速度越来越快。新技术的快速发展和应用，又改变了传统经济社会的资源配置和组织形式，催生出新模式。这种新技术、新模式，一方面对提升经济社会整体发展具有巨大的推动作用；另一方面还存在体系不完善、亟待规范发展的问题。因此，对具有创新特性的数字经济的治理，需要我们转变治理思维，以适应数字经济的发展特征。

数字经济治理不同于以往信息技术经济、网络经济治理的最大特征，是数字经济体现出"智慧治理"的特色。智慧治理是指在治理过程中，以智能化技术手段感知、分析、整合社会运行核心的各项关键信息，并通过经济组织、社会组织和公众的参与和协作，从而对决策以及各项社会活动的治理作出智能化的响应。

"智慧"意味着迅速、正确、智能地理解、处理事务的能力。智慧治理的前提和关键是要占有并能够利用海量数据，实现对数据的精准分类、深度挖掘、深入分析和有效应用，进而推动公共事务治理由粗放型向精细化转变。智慧治理的主要特征是：一是智慧性。在以数字为重要资源的经济活动中，政府内部更加透明，自我"革命"动力加强，有利于政府担当公共责任、赢得公众信任；同时，智慧治理也把公民社会中的公民个体纳入治理体系中，充分发挥其创造性作用；此外，智能技术集合了人工智能、数据挖掘、机器学习等技术来模仿和学习人的思维方式，使人的智慧得到放大和扩展。二是整体性。智慧治理由于有了对全量、实时、海量大数据以及互联网、深度学习等新技术的应用，与传统政府治理模式相比，在治理对象方面体现出更强的"整体性"。治理对象的"整体性"是指信息时代一切关乎人类行为的事物都能够被数据化，都能够被认知与处置，因而它们都将成为智慧治理的对象。三是协同性。现代社会公共事务复杂度越来越高，对治理主体的协调和统筹能力也带来较高要求。智慧治理能够有效整合各种社会力量，加强各类主体内部和主体之间的联系、沟通与协同，进而提高治理效能。

世界各国在推动数字经济治理方面都采取了积极的手段。从治理主体来看，澳大利亚在2010年成立信息委员会，并相应组建政府信息管理办公室，负责信息通信技术战略、政策和路线图的制定和实施；我国在2014年成立中央网络安全和信息化领导小组，随后根据形势的发展变化，更名为中央网络安全和信息化委员会，负责网络安全和信息化重大工作的顶层设计、总体布局、统筹协调、整体推进、督促落实。从治理原则来看，美国对平台经济采取宽容和限制责任的做法，比如在版权领域采用"红旗原则"和"避风港原则"，如果互联网平台上的侵权内容是显而易见的，像迎风招展的红旗一样引人注目，互联网平台就应承担责任。从已有数据来看，无论在中国还是放眼世界，平台经济的崛起都是不争的事实。为平台经济发展提供宽松的法律环境，限制平台责任，已成为很多国家的共识。从治理思维来看，对数字经济采取包容审慎监管的态度也越来越成为更多国家的共识和选择。比如，美国对优步（网络约车平台企业）和爱彼迎（网络租房平台企业）等平台企业也是采取先发展后规范的思路进行治理，先给予其发展的空间，再针对出现的问题规范治理。2017年我国《政府工作报告》也提出要加快培育壮大新兴产业，本着鼓励创新、包容审慎的原则，制定新兴产业监管规则。

第二节　政府数字化治理能力

进入21世纪，人类社会迈入第四次工业革命，大数据、人工智能、量子计算等新兴科技驱动着人类社会的快速数字化转型。新兴科技的快速迭代和快速渗透，引起全社会快速地信息化和数字化。而新一轮科技革命又恰逢我国推进国家治理体系与治理能力现代化的全面深化改革期。科技革命驱动着生产力质的飞跃，由此驱动着上层建筑——社会经济制度的变革和国家治理体系的转型。

一、科技发展与治理能力的内在关联

科技发展与治理方式有着极强的关联，是相互影响、互为利用的。具体来说是两个方面：一方面，科技的发展促进劳动效率的提升，生产力得到提高，这就要求上层建筑的一部分即治理方式随之改变，即经济基础决定上层建筑、生产力决定生产关系；另一方面，治理能力的提高需要借助一定的科技手段，科技为政府治理提供了比原来更新颖、更能达到治理目标的一些新工具、新方法、新手段。所以技术革命与社会治理能力是相辅相成、互为支撑的。

（一）科技发展决定了社会治理方式

第一次工业革命后，劳动生产率得以极大提高，劳动力的工作方式以及管理方式都慢慢发生了变化。分工越来越细致，每一个职位负责不同的工作，研发、生产、销售、运输有不同部门的不同人员分别负责。与此同时，政府组织也越来越多采用准层级制的方式，每个人必须向下属授权完成特定的工作，每个人都对自己的职责范围内的任务和功能负责。

第二次工业革命产生了新的动力系统，对应着速度越来越快、效率越来越高

的生产力，流水线式生产模式慢慢形成，越来越多的工厂企业转向科层制管理。组织中有正式的规则和规章，有普遍性适用的规则，不会根据每个人进行区别对待，有着细致的专业化劳动分工，有着严密的等级结构，有着管理者越来越追求的职权结构和理性。组织中，每个人的工作被清晰地定义，个体较少自主感、随意感，并受到了严密的监督和非参与式的管理。企业对于科层制的广泛应用后政府部门也采用了与企业相同的组织形式，韦伯意义上的科层制成为全球政府组织的主流形式。

第三次工业革命以计算机技术为标志，促进了服务型经济和电子政务的产生，以无间隙政府、新公共管理等政府改革为标志对传统科层制组织形式进行了自我调适。随着科学技术的发展，人们对于社会乃至整个世界的理念产生颠覆性的看法，从而倒逼现有的体制进行改革完善，通过改革提升治理的能力。

第四次工业革命以大数据和人工智能为代表，促进了整个人类社会正在经历一个"大尺度、深层次"的数字化转型浪潮。"大尺度"意味着这种数字化转型是全球范围的数字化，而不是个别区域的数字化。"深层次"反映了新技术对人类社会组织方式、运行机理和价值体系有革命性影响，而非仅仅影响表层现象，譬如数字与智能技术已经在深刻地变革着人们的社交、交易方式，甚至重构着人们与政府互动的方式。

如果说前三次工业革命塑造了工业社会的政府形态，我国在此期间始终居于"追赶"和"学习"状态，那么第四次工业革命则表现出强烈的"中国印记"。我国积极参与第四次工业革命的技术变迁进程，率先探索适应数字与智能技术的治理模式，这促使我国在数字政府领域走在世界前列。

（二）治理能力的提升需要借助科技手段

信息问题自古以来就是国家治理的一个关键问题。庞大的国家机构如何解决上下级之间的信息问题，政府与社会如何有效实现信息交换问题等，都是经典的国家治理难题。从某种意义上说，信息是国家治理的基础，国家治理的过程就是信息生产、信息汲取、信息扩散、信息处理乃至信息使用的过程。

信息是国家治理的基础，最重要的是两个方面的信息。一是政府内部信息。政府内部组织产生大量信息，如何解决上下级政府间的信息不对称问题？如何解决信息碎片化问题？如何解决信息壁垒和信息烟囱问题？二是政府与社会进行信息交换。中国是人民民主专政的社会主义国家，政体是人民代表大会制度。政府有效地感知、吸纳和回应社会偏好、社会诉求的能力至关重要。这就要求政府具有对民众的高度理解能力，要在政府与社会之间畅通信息，构建政府与民众之间信息传输和交换体系，提升政府的信息汲取能力。同时，政府与社会之间的信息机制还涉及如何加总、筛选社会偏好的问题，如谁的偏好或者哪些偏好应该排在优先位置，如何最有效地识别、加总和筛选公共需求，使其进入政治议程。

在数字时代，数字技术和数据资源重塑着不同社会主体的行动模式，人们通过获得信息、参与表达和采取行动等行为方式实现自我增权。同时数字技术也帮助政府主动运用新兴技术构建全新治理模式以及新型"治理技术工具箱"。这意味着政府需要运用数字与智能技术，来提升政府治理能力和社会协同能力。

政府信息能力由汲取能力和处理能力两部分构成。信息汲取能力致力解决信息稀缺难题，"自上而下"督察、巡视和"自下而上"群众路线、网络问政相结合的信息汲取机制能在一定程度上解决此类问题。

由于信息来源丰富、信息体量巨大、信息维度多元，且信息标准不统一，信息处理能力就变得极为重要。信息处理能力是国家与社会对海量数据进行标准化管理、聚合化处理和数据挖掘分析的能力，主要依赖于两种信息处理机制。第一种机制是相对比较成熟的"行政机制"，譬如很多地方政府建立的政府大数据中心、城市大脑等组织，依靠专业化人员以及专业化知识处理数据，更多采取中心化的数据治理体系，偏好利用标准化工具来"理解"数据所反映的社会经济运行状态和规律，但会产生个性化信息的"去噪化"处理。因此信息处理的行政机制在信息加总、信息吸纳、信息规制、信息监管等标准化治理场景中具有优势。第二种机制是正在蓬勃发展的"社群机制"，主要依靠社会协商、辩论、讨论和公共理性来处理多元复杂数据以增进国家对社会的理解以及社会协同能力。社群机制尽管效率较低，但具有重视"个性化"信息、激发社会活力、多中心协同、增进公共理性等特定优势，因此在信息筛选、偏好排序和信息反馈上具有重要价值。进入数字时代，当国家面临信息过载难题时，通过构建行政机制与社群机制"互补"提升国家信息能力成为必然趋势。

概言之，数字时代国家治理的变革可以被理解为"科技革命"和"制度革命"相碰撞而产生的一种演化。

二、增强政府数字化治理能力的路径

在数字技术和数字经济飞速发展的同时，我们一定要提高政府数字化治理能力，来实现数字时代的治理现代化。

（一）营造更好的数字环境

2006年，哈佛大学凯斯·桑斯坦教授在《信息乌托邦》一书中提出，人类社会存在一种"信息茧房"现象。他认为，在信息传播中人们自身的信息需求并非全方位的，只会注意选择想要的或能使自己愉悦的信息，久而久之接触的信息就越来越局限，越来越窄，就像蚕吐出来的丝一样，细细密密地把自己包裹起来，最终像一个蚕宝宝一样被限制在"信息茧房"内，失去对其他不同事物的了解能力和接触机会。当时，他的这一观点还只是作为一种推论和预测，但随着网络信息和人工智能技术的飞速发展，这种"信息茧房"现象，正越来越多地发生在现实生活中。

当今时代，各种信息海量爆发，特别是网络信息极为丰富，可谓无所不包、应有尽有。接收信息的自由度空前提高，琳琅满目的信息产品，可以随意选择。推送信息的针对性极大增强，你关注过什么、对什么感兴趣，网络智能系统会跟踪计算，源源不断地为你推送相关信息。观点看法的分众性明显增强，对同一件事的讨论跟帖热闹非凡，常常两极对立，互怼互讥。阅读信息的时效性矛盾更为突出，想看的东西太多、浏览的信息太杂，虽然上网时间不少，还总是觉得时间不够用、想看的没看够。

在这样的信息环境下，一方面，人们获取信息更加便捷，学知识长本领有了更好的条件。任何一个普通人无须花费太多力气和成本，轻轻点击手机屏幕就能召唤出包罗万象的信息和知识，通过与网友的交流互动即可对许多问题释疑解惑和深化认识。另一方面，人们越来越容易迷失自我，陷入"信息茧房"营造的环境中。一些人只关注自己感兴趣的信息，网络智能系统投其所好，不断集中推送同质化单一信息，使其沉迷于个人满足中不能自拔，结果导致对其他信息完全无感或无暇顾及，自觉不自觉地把自己封闭在一个狭小的圈子里。狭小圈子里的同质化信息互动，又极易强化其兴趣爱好和观点看法，对某些事情、某种观念产生执着和偏执，这在很大程度上又压缩了与其他人沟通的可能，限制了对客观世界的全面认知。渐渐地，他们便使自己陷入"信息茧房"的包围圈里，既冲不出去，外面的世界也走不进来，进而与现实逐步脱节，甚至远离集体、疏离社会。

怎样避免"信息茧房"现象并防范其伤害？一是要规范平台的推送原则。要以让民众掌握接收信息的主动权为本，警惕和防止民众被智能推送系统控制。

现在的一些网络平台有大数据、云计算、人工智能作支撑，专拣你曾关注的、爱看的、喜欢的信息推送，既是帮助你、成全你，也是在诱惑你、封闭你。一定要引导民众认清这种智能推送的两重性，上网获取信息要有明确目的，不能完全被网络推送的信息牵着鼻子走。要相信"自己的脑袋比电脑好使""人比机器人聪明"，要带着自己的头脑和个人的主见从网上获取信息，不要变成被机器控制的"机器人"。

二是用数字技术保证民众可以多渠道接收多方面信息，防止信息的单一性、片面性。现在各种信息满天飞，鱼龙混杂、真假难辨。古人云："兼听则明，偏信则暗。"如果满屏幕见到的都是自己爱看的、对自己胃口的，沉迷和偏见怕是在所难免。只有广涉多种信息，拒绝做"信息偏食者"，特别是多从主流媒体平台获取和印证信息，才能防止偏听偏信、受骗上当。

三是倡导人际直接交流接触，防止以"键对键"取代"面对面"。人与人之间的直接相处和沟通，是相互了解、传递信息、分辨真假最原始也是最有效的途径和方法。不能因为有了手机微信朋友圈，就排除或不看重人与人之间面对面的直接沟通和交流。政府应引导社区及相关组织更多的团队集体活动。参加团队集体活动，是相互学习、交流信息的过程，可以丰富见识和情感，增进相互了解和友谊，改变固有的思维模式，有利于克服"信息茧房"现象导致的片面和局限。

（二）构建包容审慎的政策制度体系

数字经济作为新业态，涉及多个新兴领域，在创新、探索的过程中不可避免地会出现一些新问题，亟须审慎对待、严格监管。同时，数字经济又是一片新蓝海，在给人们带来美好生活的同时，成为助推地方经济发展"强引擎"，因而发展前景广阔、潜能无限，应当鼓励创新，营造宽容环境，呵护其健康发展。

"审慎"着眼于加强规范治理，坚持发展和监管两手抓。要探索建立与数字经济持续健康发展相适应的治理方式，制定更加灵活有效的政策措施，创新协同治理模式。

"包容"致力于优化服务环境。要深化"放管服"改革，优化营商环境，分类清理规范不适应数字经济发展需要的行政许可、资质资格等事项，进一步释放市场主体创新活力和内生动力。

强化监管必不可少，优化服务同样至关重要。审慎与包容是数字经济腾飞的一对翅膀，只有两者齐舞并举，数字经济才能健康发展、释放活力。

持续创新数字经济治理监管模式。要转变监管理念，创新基于新技术手段的监管模式，建立健全触发式监管机制。要加强多主体协同治理，促进治理模式从单向管理转向双向互动、从线下转向线上线下融合、从政府监管转向更加注重社会协同治理，探索形成政府、行业组织、互联网平台企业、社会公众等多元主体参与、有效协同的治理新机制。要持续完善社会监督机制，畅通多元主体诉求表达、权益保障的渠道，鼓励公众通过互联网、举报电话、投诉信箱等手段，增强对数字经济治理的参与。

（三）必要的体制机制创新

体制机制创新就是对原有体制机制进行改善创新，以适应第四次工业革命的变化。

1. 组织机构的创新

2020年，英国成立了监管地平线委员会（Regulatory Horizons Council，RHC）。这个独立的委员会，负责确定技术创新的影响，并就支持其快速安全引入所需的监管改革向政府提供公正的专家建议。专家委员会的现任5位专家分别是：研究健康数据和人工智能的Alastair Denniston教授、遗传学领域的Andy Greenfield博士、经济研究和实践者马特·里德利、拥有跨学科背景的Joyce Tait教授、开发可持续能源技术的Parag Vyas博士。RHC成立以来，就整个经济体的创新向政府定期编写报告，并就监管改革的优先事项提出建议，目前已发布多份报告，涉及无人机法规、遗传技术、医疗器械法规、聚变能源监管等多个数字领域。

英国监管地平线委员会与英国的其他相关机构相互配合，形成相互支撑力量。如与"数据伦理与创新中心"等专家机构互补，就如何推进改革提出详细的专家建议，与"监管政策委员会"开展合作，设计和实施监管。从英国对数字经济的管理来看，从监管地平线委员会，再到数据伦理与创新中心、监管政策委员会，形成一套比较完整的体系，可以看到英国为了做好监管在体制上做了很大的调整。

2022年7月11日，中国国务院办公厅同意建立国家发展改革委牵头的数字经济发展部际联席会议制度。联席会议由国家发展改革委、中央网信办、教育部、科技部、工业和信息化部、公安部、民政部、财政部、人力资源社会保障部、住房和城乡建设部、交通运输部、农业农村部、商务部、国家卫生健康委、中国人民银行、国务院国资委、税务总局、市场监管总局、银保监会、证监会等20个部门组成。联席会议由国家发展改革委分管负责同志担任召集人，中央网信办、工业和信息化部分管负责同志担任副召集人，其他成员单位有关负责同志为联席会议成员。

数字经济发展部际联席会议制度是我国数字经济发展过程的一个组织机制创新，以统筹我国数字经济发展、协调制定数字经济重点领域的规划和政策，探索适应数字经济发展的改革举措。

2．对话机制的创新

对数字经济的监管不仅是国家政府的工作，还必须与社会形成共同治理的格局，这一点非常重要。数字技术创新的不确定性导致其产生的结果的不确定性，可能带来利益，也很有可能带来一定程度的风险和危害。因此，监管体系就是要将此风险控制在公众可接受的水平。要让公众接受技术创新的风险，在起草法律之前就要考虑利益相关者的意见，并清楚地阐明如何在立法中反映他们的观点。

在技术创新前，就要在社会大众和创新行业之间就如何监管技术创新这一问题建立对话机制，要确定好公众参与创新监管的一些事项。例如，对于产生道德伦理问题的技术，让更多的公众参与形成适当监管框架。同时，要引导公众参与数据伦理、未来产业、监管执行等更多的方面，以便在新产品、服务和商业模式试验时将公众意见考虑其中。

（四）跨国合作与有效监督

不但在国家层面要建立政府组织与社会民众、创新组织与社会民众的对话机制，在国际层面不同国家之间开展监管合作也非常重要。因为现在的技术应用和发展是跨国界的，技术的监管需要在国际上达成一致才能做到在世界范围内有效的监管。此外，先进国家的监管经验和模式对其他国家也会有很好的借鉴作用。

总的来说，数字经济的发展与数字监管应该并驾齐驱，因为良好的监管会为数字经济的发展创造一个非常好的制度环境。从历史来看，第一次工业革命之所以发生在英国的一个重要原因是，英国当时建立的金融、公司和知识产权保护制度非常有助于科技成果的推广。正如诺贝尔经济学奖得主道格拉斯·诺斯（Douglass C.North）说的：工业革命与其说是技术革命，不如说是制度革命。如今，第四次工业革命大潮正汹涌而来，而世界大势今非昔比。我们一定要制定落实好数字监管的相关制度，在数字时代中打好坚实的制度基础。

第三节　促进数字监管和治理的有效协同

监管和治理并不相同，其区别在于：监管是单边的，是监管者对被监管者的；治理是多边的、相互的，涉及不同主体之间的互动。对于规范数字经济来讲，这两种手段都是重要的。一方面，治理可以更好应对各种变化，也更有利于解决不同主体之间的利益冲突；另一方面，治理本身需要有一个良好的环境，这就需要监管来加以保证。因此，监管和治理，一个都不能少。在涉及国家安全或者国计民生的大事上，政府监管应该占据主导，而对于其他的问题，则可以更多依赖于多方协同治理。

近年来，我国数字经济迎来爆发式增长，加速融入生产、生活的方方面面。中国信息通信研究院2021年发布的《中国数字经济发展白皮书》显示，2020年我国数字经济规模达到39.2万亿元，占GDP比重为38.6%，数字经济增速是GDP增速的3倍以上。我国数字经济发展呈现出高质量、高增速的双高特性，成为稳定经济增长的关键动力。然而，随之也出现了一些发展不平衡不充分问题，阻碍了数字红利的进一步释放，这迫切需要数字治理和监管的进一步配合和协同发力。

一、数字经济发展带来的一些新问题

数字技术创新速度常常超过监管系统可以适应的速度，达沃斯论坛主席克劳斯·施瓦布（Klaus Schwab）说：第四次工业革命与前几次工业革命相比发展速度更快。第一次工业革命时一项新技术扩散到全球需要几十年的时间，而第四次工业革命时几年就会达到。这对国家的监管提出了更大的挑战，此外，创新越来越模糊了各部门之间的界限，也跨越了传统的监管界限。

（一）引发的新矛盾新冲突

数字经济在促进实体经济和群众生活转型升级的同时，也产生了一些矛盾

冲突。有的互联网公司"跑马圈地"影响实体店，一些实体产业在数字化过程中引发新就业危机，"数字鸿沟""数字孤岛""数字难民"等问题短期内难以根治……新旧生产关系间的矛盾若持续发酵，或将引发经济与社会的失衡失序。

（二）不正当竞争行为扰乱市场秩序

相比传统经济，数字经济的参与主体更多元、环节边界更模糊、过程协调更复杂。知识产权侵犯、大数据杀熟、个人隐私泄露、平台垄断等问题显现，这些不合法经营和不正当竞争会损害个人乃至社会权益，扰乱市场的正常秩序，更破坏了创新和可持续发展的生态土壤。

（三）数据事故频发影响安全

数据是数字时代下最能创造生产力的要素资源，对数据的挖掘过程是数字时代下的常见工作。数据好像是一座富饶的矿山，网络空间是土壤，数字技术是工具，数据挖掘的过程同样危机四伏，稍不留神就会导致严重的安全事故。

一是数据泄露贩卖事件频发。公开数据显示，2020年，全球数据泄露的记录达到310亿条，超过了过去15年的总和。从2021年来看，3月国际外汇交易平台FBS超过160亿条用户信息遭到泄露，全球数百万客户受到影响。4月有5.33亿Facebook用户的个人数据在黑客论坛上被泄露。6月，超过7亿条用户数据在暗网出售。7月，我国国家网信办发布通报称，根据举报，经检测核实，"滴滴出行"App存在严重违法违规收集使用个人信息问题，故下架"滴滴出行"App。

二是勒索攻击越来越活跃。美国安全机构预测，2021年约每11秒就发生一次勒索攻击，全年超过300万次。

2021年5月7日，美国最大的成品油管道运营商Colonial Pipeline遭到勒索软件攻击，被迫关闭其美国东部沿海各州供油的关键燃油网络。因为极大影响了美国东海岸燃油等能源供应，美国政府宣布进入国家紧急状态。2021年5月14日，爱尔兰公立医疗保健系统Health Service Executive（HSE）遭到了Conti勒索软件的攻击，攻击者索要2000万美元的赎金。2021年12月26日，摄影和个性化照片巨头Shutterfly遭到Conti勒索软件的攻击，要求数百万美元的赎金。

三是网络攻击越来越猖獗。针对网络攻击多发问题，美国国家标准与技术研究所（NIST）提出了APT概念，即高级可持续性攻击（Advanced Persistent Threat），攻击者一般拥有高水平专业知识和丰富资源，攻击目的是破坏某组织的关键设施或某项重要任务，攻击手段是在目标基础设施上建立并拓展立足点综合运用多种方式，攻击过程有一个较长的潜伏期，反复攻击并有着高水平的交互。

2020年底，全球知名网络管理软件厂商"太阳风"（Solar Winds）遭黑客组织攻击，黑客利用太阳风公司的网管软件漏洞，攻陷了多个美国联邦机构及财富500强企业网络。2020年12月13日，美国政府确认国务院、五角大楼、国土安全部、商务部、财政部、国家核安全委员会等多个政府部门遭入侵。

四是网络战重新定义战争。著名军事理论家克劳塞维茨认为，所谓战争有3个认定标准：暴力性、工具性与政治性。在数字时代下，这个关于战争的定义已不太全面了。2022年发生的俄乌冲突中，网络攻击成为双方较量的重要一部分。2022年，乌克兰通信情报部门发表声明称，包括外交部、教育部、能源部、内阁等在内的70多个中央和地区政府网站成为攻击目标。2022年2月15日，乌克兰政府战略通信和信息安全中心称，乌克兰国防部和乌克兰两家最大银行PrivatBank、OschadBank遭到网络攻击，银行网上交易业务瘫痪数小时。2022年2月23日，乌克兰多个政府部门网站和银行业务又遭到网络攻击。另一方面，根据网络安全公司Storm Wall的统计数据，2022年2月24日至28日期间，针对俄罗斯的网络攻击事件在2月27日达到阶段顶峰。

数字战场的杀伤力不容小觑。2021年5月，市场调研公司Merchant Machine对全球多个国家在互联网连接中断情况下遭受的损失进行估算后发现，1小时无法接入网络空间会造成世界经济损失15亿英镑，10小时无法接入的损失金额上升至150亿英镑，24小时损失金额高达370亿英镑。

数字技术的迅猛发展及其在军事领域的广泛应用正在开始改变战争的形式与性质，与实体战场并行的数字战场被开辟出来，并时刻使交战各方处于高度警戒或相互攻击状态。相对于实体战场，数字战场的战争门槛低、攻击范围广，并拥有更高的破坏系数。无论是数字大国还是正在数字化进程中的发展中地区，都可能遭遇重大的网络攻击，网络攻击正在成为一些国家政治和军事对抗的重要手段，战争与和平的界限更加模糊。

二、强化信用监管

数字经济不断衍生新产业、新业态、新模式，政府监管也同样要有新方法、新手段。数字经济虽然增速很快，但仍然是成长的幼苗，简单放任其野蛮生长或一刀切式封杀，都是一种懒政。所以要管好但不要管死，要包容审慎，让制度和监管加快"上线"、保持"在线"，以科学精准的治理，推动数字经济有序健康发展。

其中一个比较适合的方法就是信用监管。就是强化以信用为基础的数字经济市场监管，建立完善信用档案，推进政企联动、行业联动的信用共享共治。加强征信建设，提升征信服务供给能力。

（一）信用监管是数字经济监管的发展方向

《左传》有云："信，国之宝也，民之所庇也。"人无信不立，业无信不兴，传统中国文化将诚信视为安身立命的根本。中华人民共和国成立尤其是改革开放以来，我国建立了传统市场经济国家所不可或缺的金融征信制度，信用成为重要的经济治理手段。

信用是现代市场经济的生命。数字时代下，数字经济的发展信用化趋势达到一个前所未有的高度，数字经济的发展有赖于信用保障，离开信用的保障，数字经济不可能可持续发展，甚至我们可以说，数字经济就是信用经济。

在市场交易日益信息化和数字化的背景下，以信用为基础的市场交易日趋增长，现代信用既具有一定的财产意义，又具有一定的人格品性，市场主体从工商业时代单纯以物理方式存在的"公民、法人或者其他组织"，转变成流转于现实、虚拟双重空间，以数字信息方式存在的"信息主体"。

伴随大数据产业的飞速发展和全球个人信息保护趋严，传统的监管模式不再适应现有的社会经济活动要求。一方面，数字经济产业深度跨界融合，与传统行业分业管理的模式存在矛盾；另一方面，数字经济以互联网为载体，打破了传统物理空间的限制，属地监管不符合数字经济企业高效率、低成本的要求，并且在互联网平台下，海量的交易规模和数量对于传统监管方式也是巨大挑战。

2019年7月，国务院办公厅在《关于加快推进社会信用体系建设构建以信用为基础的新型监管机制的指导意见》中提出，要"充分发挥大数据对信用监管的支撑作用"，"实现信用监管数据可比对、过程可追溯、问题可监测"，"提升信用监管信息化建设水平"。2020年12月7日，国务院办公厅发布的《关于进一步完善失信约束制度构建诚信建设长效机制的指导意见》进一步强调要规范公共信用信息共享，"着力加强信用法治建设"。2021年1月，中共中央更是明确在《法治中国建设规划（2020—2025年）》中勾勒了"探索信用监管、大数据监管、包容审慎监管等新型监管方式"的法治愿景。2021年3月31日，国务院发布

《中国国民经济和社会发展第十四个五年规划（2021—2025年）和2035年远景目标纲要》，对进一步健全社会信用体系作了明确部署。

（二）建立健全以信用为基础的新型监管机制

建设信用体系、营造诚实守信的市场环境，是塑造市场化、法治化、国际化营商环境的内在要求，也是降低交易成本、提升流通效率的重要举措。

1．推动信用向更广范围覆盖

党的十八大以来，我国信用体系建设进程不断加快，涉企信用信息归集共享机制日趋完善。2015年6月4日召开的国务院常务会议，决定实施法人和其他组织统一社会信用代码制度，在注册登记时一次性免费发放统一代码和登记证（照），目前统一社会信用代码制度在我国全面实施，总赋码数超过1.5亿条。

2015年底，由国家发改委牵头建设、国家信息中心承建的全国信用信息共享平台初步建成并上线运行。根据一些信用漏洞，全国信用信息共享平台及时做出更新和调整。2020年9月22日，教育部、国家发改委、财政部发布了《关于加快新时代研究生教育改革发展的意见》（以下简称《意见》）。《意见》指出，要加大查处力度，把论文写作指导课程作为必修课，运用学位授权点合格评估、质量专项检查、学位论文抽检等手段，将学位论文作假行为作为信用记录，纳入全国信用信息共享平台。

截至2021年12月31日，全国信用信息共享平台联通46个部门和所有省（区、市），"信用中国"网站日点击量超过2亿次。另外，国家企业信用信息公示系统、金融信用信息基础数据库等平台，在归集共享信用信息方面也发挥了重要作用。

全国信用信息共享平台建设提高了信用主体的覆盖率。以中小企业的贷款难问题来说，我国中小企业普遍存在财务信息不透明、不规范、抵押财务少、规模不经济、倒闭风险高问题，较难通过银行系统取得间接融资，数字化推动解决了中小企业长期以来的信息不对称、信用不充分问题，通过大数据征信解决中小企业融资难题，建立"信息积信用、信用换融资、融资降成本"的机制，让金融机构更加准确地把握中小企业信用信息，从而促进融资模式从主体信用向资产信用与交易信用转变。

数字时代下，借助于强大的数据和平台支撑，信用主体的基本信息、违约信息、违法信息等可以比以前有更加充分的披露，方便信用信息的传递。所以下一步要推动信用监管范围进一步拓展，在数字时代下，每一个市场主体，每一个公民都应该有自己的信用信息。

2．推动信用评价更加具体精准

现代市场主体及其信用信息的存在方式决定了信用的数据属性，表现为"一切数据皆信用"。信用数据作为市场主体守信履义甚至"人格"特征的描述与评价依据，既是市场主体恪守诺言、履行成约的客观表述，也是信用预测的主要载体和依据。这些信用来自不同方向、不同方面、不同时期和不同条件，有的甚至相互矛盾，我们要让这些看起来繁杂而不精确的混沌数据成为市场主体画像的精准刻画，这中间需要做大量工作。

大量信用数据要转换成对市场主体信用的精准评价，这中间的逻辑不是简单的、线性的、封闭的因果关系，而是动态的、具体的，甚至是复杂的类似于市场主体"人格"描述。

当然，信用评价更加具体精准的前提条件是要有各个角度的信息，公共信用信息机制为人们提供了基础性信息。同时，我国有以中国人民银行为基础的金融征信体系，法院、市场监管等部门也有相关信用信息，商业信用服务机构以及电商平台也有征信、评级等信息。多层次、多角度的信息产品提供者提供了更加丰富和多元的信用产品，信用主体的诚信评价更为立体和全面。

要部门联合，打破信息壁垒。2021年，税务部门切实加强税收监管和税务稽查，依法依规严肃查处和曝光了一批重大偷逃税案件。2022年1月26日又曝光5起涉税违法案件。这些案件的查处是国家税务总局、公安部、最高人民检察院、海关总署、中国人民银行、国家外汇管理局6部门联合的结果，所以一定要联合涉及信用信息的所有部门，进行信息共享。

要进一步完善"让守信者处处受益"的体制机制，让守信有价、让守信有用、让守信有感。大力度地推动信用惠民便企，广泛推广信易贷、信易租、信易游、信易行、信易批这样的信用创新产品和服务，让"诚信"成为每个企业和个人的"可变现资产"。

3．深入推进信用风险的分类管理

2019年，我国全面建立并推广实施信用承诺制度。在办理适用信用承诺制的行政许可事项时，申请人承诺符合审批条件并提交有关材料的，应予即时办理。申请人信用状况较好、部分申报材料不齐备但书面承诺在规定期限内提供的，应先行受理，加快办理进度。书面承诺履约情况记入信用记录，作为事中、事后监管的重要依据，对不履约的申请人，视情节实施惩戒。所以要加快梳理可开展信用承诺的行政许可事项，制定格式规范的信用承诺书，并依托各级信用门户网站向社会公开。鼓励市场主体主动向社会作出信用承诺。支持行业协会商会建立健全行业内信用承诺制度，加强行业自律。

信用承诺和告知承诺制在我国已经广泛应用，截至2021年12月31日，全国范围内37项涉企经营许可实行告知承诺制。交通运输部、科技部、工业和信息化部等10多个部门在办理审批服务事项时实施信用承诺制，办理时间大幅缩短。

在信用承诺制度的基础上，要进一步深入推进信用分级分类监管工作。2022年1月，国家市场监管总局印发《关于推进企业信用风险分类管理进一步提升监管效能的意见》（以下简称《意见》），在市场监管系统全面推进企业信用风险分类管理，进一步优化监管资源配置，提升监管效能，推动构建信用导向的营商环境。

《意见》指出，企业信用风险分类管理是基于各类信用风险信息对企业违法失信的可能性进行研判，通过科学建立企业信用风险分类指标体系，将企业分为信用风险低（A）、信用风险一般（B）、信用风险较高（C）、信用风险高（D）4类。对A类企业，可合理降低抽查比例和频次，除投诉举报、大数据监测发现问题、转办交办案件线索及法律法规另有规定外，根据实际情况可不主动实施现场检查，实现"无事不扰"。对B类企业，按常规比例和频次开展抽查。对C类企业，实行重点关注，适当提高抽查比例和频次。对D类企业，实行严格监管，有针对性地大幅提高抽查比例和频次，必要时主动实施现场检查。

基于数字化信息所赋予的强大力量，对于信用主体的信用评价更为全面立体，也更为准确甚至可以量化。信用分类管理使整个社会的透明度大大提高。社会成员都可以根据对方的信用情况更好地作出相应选择：是否要交易，交易条件如何，用什么样的措施进行保障，或者干脆拒绝交易。

对相关公共管理部门来说，可以更好地预警和发现一些潜在风险并对公众进行提醒，根据市场主体不同的信用等级施于不同的分级分类监管措施。对失信风险较高的市场主体，则要增加抽查比例和频次，真正做到对违法失信者"利剑高悬"，对于守信情况较好的市场主体做到无事不扰，创造自由创新发展的良好环境。

而在信用监管过程中，将平台企业以及平台内经营者损害消费者权益、制假售假、侵犯知识产权、不正当竞争等行为纳入信用监管的范畴，并对严重违法行为实施相应的信用惩戒，已经成为重要趋势。

总之，智慧化的信用监管，将更好地净化社会运行所需要的信用环境，营造诚实守信的市场环境，以厚植诚信为本的商业文化，为数字经济的发展提供坚实保障。

三、加强数字经济统计监测

当前，数字经济浪潮席卷全球，正成为各国促进社会发展、经济复苏的必要路径与可持续发展的重要驱动力。准确衡量数字经济的贡献、实时监测数字经济的运行情况，对于推动数字经济健康可持续发展具有重要作用。

数字经济的发展规模和水平是国内外广泛关注的话题。2020年8月，美国经济分析局（BEA）发布了《最新数字经济核算报告》，指出2019年美国数字经济增加值为18 493亿美元，占GDP比重为9.0%。2021年4月，中国信息通信研究院发布了《中国数字经济发展白皮书》，指出2020年中国数字经济规模达到39.2万亿元，占GDP比重为38.6%。由于这些数据是基于不同标准和口径测算的，给国际比较分析增加了难度，也给国内外社会公众了解各国数字经济发展水平带来了困扰。

（一）对数字经济不同角度的测度

经济合作与发展组织（Organization for Economic Co-operation and Development），简称经合组织（OECD），是由38个市场经济国家组成的政府间国际经济组织，成立于1961年，成员总数38个，总部设在巴黎。OECD是最早研究全球数字经济的国际组织，并会每年发布全球数字经济的报告。

OECD将数字经济划分为智能基础设施投资、社会推进、创新能力、ICT促进经济增长与增加就业岗位4个类别，根据上述4个类别设置若干指标来核算数字经济，并对各指标的定义、内涵和可测性作出明确说明。在设定上述指标体系后，OECD还从经济社会发展和已有核算方案的局限性等角度出发，尝试设计新指标，如改善网络安全和隐私、儿童信息化、医疗信息化、微观数据统计、通信服务质量测度等，以更全面地反映数字经济发展状况及影响。

1．美国商务部对数字经济的测度

2018年3月，美国商务部下属的经济分析局（BEA）首次发布了有关美国数字经济规模和增长率的初步统计数据和相关报告，并在2020年8月进行了修正。BEA将数字经济分为3类。

一是数字基础设施。诸如互联网等计算机网络是数字经济的基础。数字基础设施是计算机网络存在和应用的物理基础和组织架构。包括：①计算机硬件。指构成计算机系统的实体要素，包括但不限于显示器、硬盘、半导体、无线通信设备以及音视频设备。②软件。指诸如个人电脑和商业服务器等设备所使用的程序和操作系统，包括商业软件、企业自行设计和使用的软件等。③通信设备和服务。指通过电缆、电报、电话、广播、卫星远距离传输数字信息所需的设备和服务。④建筑。指包括数字经济厂商提供数字经济产品或服务所在的建筑物、提供数字产品辅助服务的建筑，数据中心建筑、半导体工厂、光缆、开关、中继器设施等。⑤物联网。诸如家用设备、机器和汽车等可彼此通信并连接到互联网的设备。⑥支持服务。诸如数字咨询服务和计算机修理服务等数字基础设施发挥功能所必需的服务。

二是电子商务。指的是广义上所有通过计算机网络进行的商品和服务的购买和销售行为，包括电子下单、电子交付和平台支持交易等。具体如下：①B2B电子商务。企业和企业之间利用互联网或其他电子方式进行的产品和服务交易。制造商、批发商和其他企业参与的公司内或公司间产品和服务电子商务。②B2C电子商务。企业和消费者之间利用互联网或其他电子方式进行的产品和服务交易，或零售电子商务。③P2P电子商务。"共享"经济，也称为平台使能电子商务，指的是消费者之间通过应用程序进行的商品和服务交换，包括共享出行、共享住宿、送货和速递服务、食品准备、消费品租赁、洗衣服务和家政服务等。

三是其他收费数字服务。数字媒体指的是人们通过电子设备创造、访问、存储或阅读的内容，具体包括：①直接销售的收费数字服务。企业直接向消费者出售的数字产品，一物一价或收取订购费用。②免费收费数字服务。一些公司免费向消费者提供数字媒体，如YouTube或Facebook。通常，这些企业会通过在数字产品的边缘提供广告空间来获取收入。此外，一些消费者也会自行创造一些在线内容供其他人观看，这被称为"P2P数字媒体"。③大数据。一些公司的日常业务会创造大量的数据。数字媒体可能成为收集消费者行为或偏好的一种机制。这些公司可以通过出售这些信息来获取收入，这被称为"大数据"。

根据BEA测算，其他收费数字服务是美国数字经济的第一大行业，占比47.5%。电子商务是第二大行业，占25.1%，其中B2B占16.8%、B2C占8.3%、软件占13.4%、硬件占10.1%和云服务占3.7%。

（二）我国对数字经济的统计

要推动新产业发展，定量测算产业规模是基础性、先导性、引领性工作。我们要加强数字经济统计核算顶层设计，探索建立中国数字经济卫星账户，加快研究和建立国家数字经济统计报表制度。还要明确数字经济统计的范围和分类，完善数字经济产业统计分类目录，在重点企业和项目加强数字经济运行监测分析，研判数字经济运行态势。

2019年，国家统计局启动数字经济产业统计分类研制工作，首先从理论层面梳理OECD、G20等国际组织及美国、英国等国家对数字经济的定义，探析数字经济的内涵外延以及数据生产要素发挥的作用，辨析数字经济相关概念，明确数字经济统计范围。在此基础上，国家统计局起草了《数字经济分类》初稿。2020年，国家统计局就《数字经济分类》初稿广泛征求有关部门和地方统计机构意见，并多次组织召开行业主管部门座谈会、专家评审会和专题会，对分类稿进行反复修改完善、数易其稿。2021年初，为更好地掌握数字经济的新业态新模式，国家统计局在北京、浙江等12省市2493家企业组织开展企业数字经济活动调研。根据调研结果，又一次召开专家座谈会，并结合"十四五"规划继续完善《数字经济分类》，再次征求网信办、发改委及工信部等行业主管部门意见。经过广泛征求相关部门、地方和专家意见，结合调研情况不断修改完善，最终形成覆盖全产业全要素全过程的数字经济分类。

2021年5月27日，国家统计局发布了《数字经济及其核心产业统计分类（2021）》。认为，数字经济是指以数据资源作为关键生产要素，以现代信息网络作为重要载体、以信息通信技术的有效使用作为效率提升和经济结构优化的重要推动力的一系列经济活动。分类将数字经济产业范围确定为：01数字产品制造业、02数字产品服务业、03数字技术应用业、04数字要素驱动业、05数字化效率提升业等5个大类。其中数字经济核心产业是指为产业数字化发展提供数字技术、产品、服务、基础设施和解决方案，以及完全依赖于数字技术、数据要素的各类经济活动。本分类中01—04大类为数字经济核心产业。

01数字产品制造业包括6个种类，分别是计算机制造、通信及雷达设备制造、数字媒体设备制造、智能设备制造、电子元器件及设备制造、其他数字产业制造业。

02数字产品服务包括5个种类，分别是数字产品批发、数字产品零售、数字产品租赁、其他数字产品服务业。

03数字技术应用业包括5个种类，分别是软件开发、电信广播电视卫星传播服务、互联网相关服务、信息技术服务、其他数字技术应用业。

04数字要素驱动业包括7个种类，分别是互联网平台、互联网批发零售、互联网金融、数字内容与媒体、信息基础设施建设、数据资源与产权交易、其他数字要素驱动业。

05数字化效率提升业包括9个种类，分别是智慧农业、智能制造、智能交通、智慧物流、数字金融、数字商贸、数字社会、数字政府、其他数字化效率提升业。

（三）统一数字经济的统计监测

标准是世界通用语言。统计标准是关于统计指标、统计对象、计算方法、分类目录、调查表式和统计编码等的统一技术要求，是确保统计数据真实准确、可比可靠的重要保障，是统计工作的重要基础。

《数字经济及其核心产业统计分类（2021）》从"数字产业化"和"产业数字化"两个方面，确定了数字经济的基本范围。

前4大类为数字产业化部分，即数字经济核心产业，是指为产业数字化发展提供数字技术、产品、服务、基础设施和解决方案，以及完全依赖于数字技术、数据要素的各类经济活动，对应于《国民经济行业分类》中的26个大类、68个中类、126个小类，是数字经济发展的基础。

第5大类是产业数字化部分，是指应用数字技术和数据资源为传统产业带来的产出增加和效率提升，是数字技术与实体经济的融合，也是数字技术各应用场景，对应于《国民经济行业分类》中的91个大类、431个中类、1256个小类，体现了数字技术已经并将进一步与国民经济各行业产生深度渗透和广泛融合。

在《数字经济分类》中，数字产业化和产业数字化形成了互补关系。以制造业为例，数字产品制造业是指支撑数字信息处理的终端设备、相关电子元器件以及高度应用数字化技术的智能设备的制造，属于"数字产业化"部分，包括计算机制造、通信及雷达设备制造、数字媒体设备制造、智能设备制造、电子元器件及设备制造和其他数字产品制造业。智能制造是指利用数字孪生、人工智能、5G、区块链、VR/AR、边缘计算、试验验证、仿真技术等新一代信息技术与先进制造技术深入融合，旨在提高制造业质量和核心竞争力的先进生产方式，属于"产业数字化"部分，主要包括数字化通用专用设备制造、数字化运输设备制造、数字化电气机械器材和仪器仪表制造、其他智能制造。数字产品制造业和智能制造是按照《国民经济行业分类》划分的制造业中数字经济具体表现形态的两个方面，互不交叉，共同构成了制造业中数字经济的全部范围。

第三节　推动平台经济规范健康持续发展

2021年3月15日，习近平总书记在中央财经委员会第九次会议上强调，我国平台经济发展正处在关键时期，要着眼长远、兼顾当前，补齐短板、强化弱项，营造创新环境，解决突出矛盾和问题，推动平台经济规范健康持续发展。

习近平总书记的重要讲话，为平台经济的高质量发展指明了方向，对于构筑国家竞争新优势、增进人民福祉具有十分重大而深远的意义。

一、平台经济的本质属性

互联网平台的盈利模式一般是：首先，为用户提供免费的服务；其次，获得一定规模的客户流量；最后，吸引广告投放。这其中流量是关键。为了生存和发展，互联网平台要有足够的吸引力来留住更多用户（流量），这就必须创新运营模式或提供更多的新产品和新服务。互联网为生产者与消费者提供互动交流平台，形成了一个有着自身规则和开放的生态系统。

（一）互联网平台是一个市场主体

从表面上看，平台企业通过提供一个生态和平台，让交易双方能自主沟通，降低交易成本，从而促进供给方与需求方达成交易，平台企业好像只提供一个无形的场所。但是，互联网平台仍然是一个市场主体，这个市场就是客户流量市场。

由于平台的商业价值取决于用户规模，不同平台会在市场中围绕用户展开竞争，同时设置退出壁垒以防用户流失，这类似一场"圈地运动"。在此背景下，虽然互联网技术打破物理空间限制，网民可以自由地进出所有平台，行动空间巨大，但他们一旦出于兴趣、偏好等原因选择进入一个平台，便可能因高昂的迁移成本而放弃退出，成为平台的"常住人口"。开放的市场被分割成一个个无形的平台"领地"。

（二）互联网平台吸纳力不断增强

移动互联网购物的丰富、便捷，极大地吸引了社会消费。特别是"疫情"的暴发，更是为互联网电商平台提供了得天独厚的、肥沃的土壤。这意味着，资源配置开始向平台转移，且转移趋势已不可逆转，实体经济面临"空心化"风险。

迫于生存压力，一些现实市场的组织者要么向平台转型并加入"掏空"现实市场的集体行动，要么"委身"于平台内部的次级市场，以用户身份参与资源配置，唯有如此才可能获得足额"流量"。一旦某个平台在某一领域实现垄断，那也就垄断了该领域的用户及相应生产力和购买力资源，或将在该领域取代一级市场。例如，网约车平台的高市场份额迫使出租车公司向平台转型或加入平台以竞争乘客。

（三）互联网平台拥有"类公权力"

因为市场竞争的压力、平台内用户的需求和政府监管的督促，平台企业纷纷建立平台的相关规则。不仅包括设置准入门槛、制定交易规则、仲裁用户纠纷等一系列平台运行规则，还承担起维护局部秩序的"公共"职责，比如作为平台在买卖双方当事人发生纠纷时作出在平台上可以强制执行的决断，从而以强制但隐蔽的方式获得并行使"类公权力"，来组织、协调和控制平台主体，以保证平台有序运转。

一旦用户不接受平台的运行规则，就无法享受由加入平台所带来的便利。尤其是商家因为缴纳了平台的服务费，退出成本很高，所以即使不满平台的一些做法，一般也会忍气吞声来"服从"平台管理。

（四）互联网平台系统受算法调节

在互联网平台中，平台用户、用户间关系与用户活动共同构成一个系统。理论上讲，系统内用户互动产生的自组织、自协调、自适应机制，有助于保持系统平衡，但实际上，这个平衡却是由算法调节"诱发"的。

平台企业和平台用户像是分立于"单向镜"两侧：在透光一侧，企业利用大数据监测平台运行，基于用户身份、行为等多维数据，描摹用户画像并投其所好推送产品；在不透光一侧，绝大多数用户难以察觉算法调节的存在，以为在"自主"从事生产、消费和交易活动。例如电商平台通过"千人千面"算法，显著提高交易总量。但问题在于，算法虽然是人工智能发展的基础，却有不透明与不可解释的弊端。

二、平台经济存在的问题

近年来，蓬勃发展的互联网平台在促进经济转型、为群众生活提供便利等方面的作用非常显著。中国信息通信研究院政策与经济研究所发布的《平台经济与竞争政策观察（2020）》显示，截至2019年底，中国价值超10亿美元的互联网平台企业达193家，比2015年新增126家。从价值规模看，2015—2019年，中国互联网平台总价值由7 957亿美元增长到2.35万亿美元，年均复合增长率达31.1%。

同时，平台经济的"双刃剑"特性愈加凸显。大数据杀熟、强制"二选一"、侵犯用户隐私、垄断加价、资本无序扩张等问题日益显现，不仅扰乱了市场秩序，还破坏了创新环境。只有防止资本野蛮生长，才能更好地维护公平竞争的市场秩序，让民营经济创新源泉充分涌流、创造活力充分迸发。

（一）平台天然具有垄断特征

《未来已来，平台经济新时代》一书中指出，平台经济是互联网时代的中心。平台经济最显著的特征，就是其所具有的外部性特征。具体来说，平台本身所具有的溢出效应、乘数效应和指数效应使得互联网平台具有强大的能力，或者在某种程度上天然具有"垄断"的特征。

2021年开始，市场监管部门对于互联网平台进行的一系列执法，"二选一"、算法共谋、大数据杀熟等词汇频现报端，反垄断受到前所未有的关注。据统计，截至2021年12月，国家市场监督管理总局共发布反垄断处罚案例120余起，其中90余起与平台企业相关。

2021年2月8日，国家市场监督管理总局对唯品会存在的"二选一"行为作出了300万元的行政处罚。2021年4月10日，国家市场监督管理总局依法对阿里巴巴集团实施"二选一"行为作出行政处罚，责令其停止违法行为，并处以其2019年销售额4%的计182.28亿元作罚款，创下迄今为止中国反垄断罚金的最高纪录。美团也因同样原因被立案调查，此后被处以34余亿元罚款。2021年11月20日，国家市场监督管理总局连开43张反垄断"罚单"，目标针对互联网领域"未依法申报违法实施经营"的行为。阿里、腾讯、京东、百度、字节跳动等互联网巨头均未能幸免，分别被处以50万元罚款。

（二）数据优势加剧互联网平台垄断

英国竞争和市场管理局（CMA）2019年的一份报告提出，数据的使用会产生基于规模经济的"正反馈回路"。原因在于：互联网平台能积累更多的数据，而更多的数据可以进一步提高为客户提供的服务质量，提高质量后的服务能够吸引更多的客户，从而获得更多的数据等。这三个环节所形成的正反馈回路说明，数据在构筑平台的垄断地位中有重要的作用。能否发挥作用及作用大小，取决于数据的可替代性、互补性和规模报酬这三个方面。数据的可替代性越强，则数据在作为垄断优势方面的作用越弱；数据的互补性越强，那么组合各种数据可能会带来优势；数据的规模报酬越大，平台优势越明显。

成立于1994年的亚马逊公司是最早开始经营电子商务的公司之一，一开始只经营网络的书籍销售业务，现在则扩及了范围相当广的其他产品，已成为全球商品品种最多的网上零售商和全球第二大互联网企业。亚马逊公司利用数据不断地进行测试与研究，找到了在不同维度的衡量标准下特定人群的消费模式，并建立了算法模型。当前，亚马逊公司掌握的用户数据数量要远远超过其他零售商的数据储备。海量的用户数据支持着亚马逊公司进行各种营销实验，而它所能提供商品的价格水平也将在动态调整中更加贴合不同消费者的消费偏好。这就会更大促进亚马逊公司的销量增加，与消费者的互动性增加，数据量也会指数级上升。

当精准定价被平台利用到极致时，不可避免地会产生平台针对每个不同的消费者进行个性化定价，这就是新闻媒体常说的"大数据杀熟"。据媒体报道，在我国的网购、在线旅游、网约车等平台均不同程度出现过"大数据杀熟"的情况。部分西方媒体报道，美国医疗保健风险预测工具被发现具有严重的种族偏见，苹果公司的信用卡算法存在歧视女性的明显问题……这些情况正是平台利用其数据垄断地位优势损害消费者权益的表现。

由北京大学互联网发展研究中心发布的《中国大安全感知报告（2021）》显

示，有七成受访者感到算法能获取自己的喜好、兴趣从而"计算"自己，近五成受访者表示在算法束缚下想要逃离网络、远离手机。

（三）数字平台放大消费者的非理性行为

诺贝尔经济学奖获得者Herbert Simon认为，人是处于完全理性和完全非理性之间的有限理性。由于算法和环境影响，消费者在网络环境下往往不会作出最优决策。

在平台所营造的环境和算法的推荐下，消费者的感觉、认知和判断会失真，出现偏差，容易被互联网平台诱导，从而无法作出最优决策。Jamie L.和Jacob L.S.发现，互联网平台普遍存在着"暗模式"（Dark Patterns），即互联网平台在用户界面故意混淆用户选择，使用户难以表达其实际偏好，或操纵用户采取某些行动。他们的研究指出，精心设计的隐私条款和界面，能够使相关条款的接受率提高228%，针对一些特定人群的则可以使接受率提高371%。

有证据表明，社交媒体等令人上瘾的技术具有产生危害的特征，这对反托拉斯执法构成了挑战。从平台发展现实来看，很多购物平台以各种促销方式，激发消费者的购物欲望，甚至使之购物成瘾。信息类平台等持续向用户推送其感兴趣的内容，从而产生"信息茧房"效应。还有平台利用大数据分析用户，从而使用户对平台的内容与服务形成依赖，并产生成瘾效应。国外的调查报告也表明，网络平台正在利用个人的认知偏见，促使在线消费者购买他们不想要的商品和服务，或者透露他们不愿透露的个人信息。这也说明，平台数据垄断问题，对用户产生了极大的影响，需要更进一步的治理。

（四）侵犯个人隐私及其他

就理论背景和价值而言，隐私诞生于第一次工业革命与第二次工业革命相交时期，源于对人格权的关注。个人信息则是第三次工业革命的产物，在价值基础上，更关注静态的权利保护。而数据则是伴随着大数据、云计算、移动互联网、人工智能为代表的新一代信息技术的广泛应用而生，数字经济时代对数据要素的流动性提出更高要求。

微信读书软件是由腾讯广州公司运营的一款手机阅读应用，用户可以在该款软件上进行阅读书籍、分享书评等操作。2019年，该软件的使用者黄女士无意中发现，自己的微信读书已经关联了上百个好友，而她对此并不知情，也并不曾主动关注任何人。2020年7月30日，北京互联网法院对"黄女士与腾讯科技（北京）有限公司等网络侵权责任纠纷一案"进行一审宣判，认定微信读书在未经用户有效同意的情况下获取微信好友关系，并自动关注微信好友，还向共同使用微信读书的微信好友默认开放其读书信息，构成对个人信息权益的侵权。

2021年7月，江苏省消费者权益保护委员会发布的一份PC端应用软件网络弹窗调查报告显示，30款应用软件中有11款存在软件网络弹窗，占调查总量的37%，其中某浏览器15分钟内广告弹窗高达9次。随机选取的4个第三方下载平台不同程度地出现捆绑下载、诱导推广等问题。

三、对平台经济的监管

（一）分类分级管理

2021年10月29日，国家市场监督管理总局发布了《互联网平台分类分级指南（征求意见稿）》和《互联网平台落实主体责任指南（征求意见稿）》。

根据《互联网平台分类分级指南（征求意见稿）》，依据平台的连接对象和主要功能，结合我国平台发展现状，将平台分为六大类，如表7-1所示。

表7-1　平台分类

平台类别	连接属性	主要功能
网络销售类平台	连接人与商品	交易功能
生活服务类平台	连接人与服务	服务功能
社交娱乐类平台	连接人与人	社交娱乐功能
信息资讯类平台	连接人与信息	信息资讯功能
金融服务类平台	连接人与资金	融资功能
计算应用类平台	连接人与计算能力	网络计算功能

《互联网平台分类分级指南（征求意见稿）》拟将互联网平台分为3个等级。主要是综合考虑用户规模、业务种类以及限制能力。用户规模即平台在中国的年活跃用户数量，业务种类即平台分类涉及的平台业务，限制能力即平台具有的限制或阻碍商户接触消费者的能力，如表7-2所示。

表7-2　平台分级

平台分级	分级依据	具体标准
超级平台	超大用户规模	在中国的上年度年活跃用户不低于5亿人
	超广业务种类	核心业务至少涉及两类平台业务
	超高经济体量	上年底市值（估值）不低于10 000亿元
	超强限制能力	具有超强的限制商户接触消费者（用户）的能力
大型平台	较大用户规模	在中国的上年度年活跃用户不低于5 000万人
	主营业务	具有表现突出的平台主营业务
	较高经济体量	上年底市值（估值）不低于1 000亿元
	较强限制能力	具有较强的限制商户接触消费者（用户）的能力
中小平台	一定用户规模	在中国具有一定的年活跃用户
	一定业务种类	具有一定业务
	一定经济体量	具有一定的市值（估值）
	一定限制能力	具有一定的限制商户接触消费者（用户）的能力

《互联网平台落实主体责任指南（征求意见稿）》共有35条，其中第一条至第三十四条都是对互联网平台的主体责任的规定，具体是公平竞争示范、平等治理、开放生态、数据管理、内部治理、风险评估、风险防控、安全审计、促进创新、信息核验记录公示、平台内用户管理、平台内容管理、禁限售管控、服务协议与交易规则、信用评价、反垄断、反不正当竞争、数据获取、算法规制、价格行为规范、广告行为规范、知识产权保护、禁止传销、网络黑灰产业治理、网络安全、数据安全、自然人隐私与个人信息保护、消费者保护、平台内经营者保护、劳动者保护、特殊群体保护、环境保护、纳税义务、配合执法，涵盖了平台主体的多个方面。

尤其是对于超大型平台［在中国的上年度年活跃用户不低于5 000万人、具有表现突出的主营业务、上年底市值（估值）不低于1 000亿元、具有较强的限制平台内经营者接触消费者（用户）能力的平台］需要落实以上34条的全部主体责任。而对超大型平台经营者之外的其他平台经营者，则需履行第十条至第三十四条所列各项义务，落实平台主体责任。

《互联网平台分类分级指南（征求意见稿）》强调针对不同类型的互联网平台实施合理的分级分类的规范要求，而不是各种类型的平台"一刀切"，这是一种更加务实的做法。特别是超大型平台，由于其在用户规模、数据、技术等方面的优势，具有更强的限制竞争能力，需要承担更多的责任和义务。

消费者权益将会得到进一步保障。《互联网平台分类分级指南（征求意见稿）》对平台进行分级的依据之一是限制能力，即平台具有的限制或阻碍商户接触消费者的能力。超级平台、大型平台分别具有超强限制能力和较强限制能力。《互联网平台落实主体责任指南（征求意见稿）》对超大型平台经营者和其他平台经营者落实主体责任提出了严格要求。例如，要求超大型平台经营者开放生态、保护用户个人信息数据安全、定期对侵害消费者合法权益等风险进行评估等。要求其他平台经营者保障消费者信用评价权利，不得利用技术手段和虚假的或者使人误解的价格手段诱骗消费者交易，应建立便捷有效的投诉、举报和争议在线解决机制，建立内部监督检查制度，督促平台内经营者提供符合保障人身、财产安全要求的产品及服务等。

（二）完善法治保障

近年来，我国对于互联网平台的监管更加重视，多项制度和法律法规密集出台。2021年11月18日，国家市场监督管理总局挂牌国家反垄断局，设置反垄断执法一司、反垄断执法二司和竞争政策协调司3个司局。从3个新司局的机构职责来看，数字经济领域垄断协议、滥用市场支配地位执法、数字经济领域经营者集中反垄断审查被单独列出。

1.《中华人民共和国反垄断法》的修订

2022年6月24日，经十三届全国人民代表大会常务委员会第三十五次会议审议后，《中华人民共和国反垄断法》正式公布。这是我国反垄断法实施14年来首次修正。修正案相较于2007年版的反垄断法，法条由57条增至70条，针对数字经济领域的垄断行为的规制，成为此次修法的主要内容。修正案第九条规定，经营者不得利用数据和算法、技术、资本优势以及平台规则从事本法禁止的垄断行为。

《中华人民共和国反垄断法》第一条新增了"鼓励创新"4个字。鼓励创新需要通过对竞争的保护来实现。一些企业一旦获得市场支配地位，就不愿意在技术创新上下功夫，而是凭借自身的用户数量和资金实力，以及对平台规则的制定权，使其他技术创新者"鹬蚌相争"，自己却"坐收渔利"。这种现象已屡见不鲜。新增的"鼓励创新"4个字，代表立法者希望通过保护竞争来保护创新，同时也希望能使大企业与中小企业之间的关系达到一种平衡。

2．《关于平台经济领域的反垄断指南》

2021年2月7日，国务院反垄断委员会发布了《关于平台经济领域的反垄断指南》（以下简称《指南》）。《指南》明确，认定平台经济领域滥用市场支配地位行为，通常需要先界定相关市场，分析经营者在相关市场是否具有支配地位，再根据个案情况分析是否构成滥用市场支配地位行为。《指南》详细列举了认定或者推定经营者具有市场支配地位的考量因素，包括经营者的市场份额、相关市场竞争状况、经营者控制市场的能力、经营者的财力和技术条件、其他经营者的依赖程度、市场进入难易程度等。《关于平台经济领域的反垄断指南》为加强平台经济领域反垄断监管提供了科学有效、针对性强的制度规则。

2021年8月30日，中央全面深化改革委员会第二十一次会议审议通过了《关于强化反垄断深入推进公平竞争政策实施的意见》（以下简称《意见》），会议强调，强化反垄断、深入推进公平竞争政策实施，是完善社会主义市场经济体制的必然要求，要从构建新发展格局、推动高质量发展、促进共同富裕的战略高度出发，促进形成公平竞争的市场环境，为各类市场主体特别是中小企业创造广阔的发展空间，更好保护消费者权益。《意见》明确要求加快建立全方位、多层次、立体化监管体系，实现事前事中事后全链条全领域监管，堵塞监管漏洞，提高监管效能。

3．《中华人民共和国市场主体登记管理条例》

《中华人民共和国市场主体登记管理条例》（以下简称《条例》）已于2022年3月1日正式实施。《条例》顺应了数字化时代的新要求，以数字政府建设为重要导向，诸多条文都融入了数字化的新元素、新特征。例如：《条例》第三十五条规定市场主体应当按照国家有关规定公示年度报告和登记相关信息，第三十二条规定市场主体注销登记通过国家企业信用信息公示系统公告相关信息，其支撑体系也是高度平台化、智慧化的企业信用信息公示系统。此外，《条例》第十一条规定，电子商务平台内的自然人经营者可以将网络经营场所作为其经营场所。第三十八条规定，登记机关对市场主体的信用风险状况实施分级分类监管。第二十二条规定了电子营业执照。这些规定，都体现了在数字时代的背景下，政府要善于运用数字化手段实施治理的新要求。

4．网络交易

2021年3月15日，《网络交易监督管理办法》（以下简称《办法》）正式出台，这是贯彻落实《电子商务法》的重要部门规章。《办法》针对网络消费者个人信息的收集使用规则作出详细规定，切实保护个人信息安全。针对虚构交易、误导性展示评价、虚构流量数据等新型不正当竞争行为进行了明确规制，禁止各类网络消费侵权行为。将当前新业态中最典型的平台性服务，明确归纳为"网络经营场所、商品浏览、订单生成、在线支付"。网络服务提供者同时提供上述服务，为网络交易提供了全流程的支持，应当依法履行网络交易平台经营者的义务。通过上述平台性服务开展交易的经营者，应当依法履行平台内经营者的义务。

5．互联网广告

2021年11月26日，国家市场监督管理总局网站发布《互联网广告管理办法（公开征求意见稿）》，针对互联网广告难关闭问题，特别提出了新要求，以启动播放、视频插播、弹出等形式发布的互联网广告，应当显著标明关闭标志，确保一键关闭，不得有下列情形：没有关闭标志或者需要倒计时结束才能关闭；关闭标志虚假、不可清晰辨识或定位；实现单个广告的关闭，须经两次以上点击；在浏览同一页面过程中，关闭后继续弹出广告；其他影响一键关闭的行为等。且不得以欺骗、误导方式诱使用户点击广告。

6．明确反垄断边界

近年在互联网领域和数字经济领域的反垄断调查中，因其前所未有的调查力度和处罚力度引起了社会各方关注，在具体的监管实践过程中需注重边界，把握好平衡。首先，要警惕"把反垄断当作一个筐，什么都往里装"。只有企业在使用自身竞争优势的过程中，实施了垄断行为，让投资者支付了额外的成本，阻碍了创新企业的生存发展，限制了技术进步，才需要对其进行反垄断调查。其次，要正确处理政府和国有企业的关系。当前的反垄断工作焦点仍聚集在民营企业，并未过多涉及国有企业的垄断。政府不是营利机构，政府获取及运用数据不属于经济行为，因此其在某些方面的垄断具有合理性，但是国有企业也是企业，需要遵循市场规则，如果其出现特许经营之外的垄断行为，同样需要治理，不能认为反垄断仅是反民企的垄断而无视国有企业存在垄断行为的现象。再次，要把握好反垄断与保护企业国际竞争力的平衡。中国参与世界经济的竞争过程，实际上就是中国企业与其他经济体的企业竞争的过程。而在此过程中，大企业的作用尤为重要，在一定程度上可以说，国际经济竞争主要表现就是大企业之间的短兵相接。因此，虽然大企业更容易出现垄断也更容易成为反垄断的对象，但仍需对反垄断政策实施力度进行综合考量，避免矫枉过正削弱我国企业的国际竞争力。

（三）规范平台算法推荐

为规范互联网信息服务算法推荐活动，维护国家安全和社会公共利益，保护公民、法人和其他组织的合法权益，促进互联网信息服务健康发展，2022年1月，国家互联网信息办公室、工业和信息化部、公安部、国家市场监督管理总局联合发布了《互联网信息服务算法推荐管理规定》（以下简称《规定》），并自2022年3月1日起施行。

《规定》指出，应用算法推荐技术是指利用生成合成类、个性化推送类、排序精选类、检索过滤类、调度决策类等算法技术向用户提供信息。并明确了相关的规范：算法推荐服务提供者应当坚持主流价值导向，积极传播正能量，不得利用算法推荐服务从事违法活动或者传播违法信息，应当采取措施防范和抵制传播不良信息。建立健全用户注册、信息发布审核、数据安全和个人信息保护、安全事件应急处置等管理制度和技术措施，定期审核、评估、验证算法机制机理、模型、数据和应用结果等。建立健全用于识别违法和不良信息的特征库，有发现违法和不良信息的，应当采取相应的处置措施。加强用户模型和用户标签管理，完善记入用户模型的兴趣点规则和用户标签管理规则。加强算法推荐服务版面页面生态管理，建立完善人工干预和用户自主选择机制，在重点环节积极呈现符合主流价值导向的信息。规范开展互联网新闻信息服务，不得生成合成虚假新闻信息或者传播非国家规定范围内的单位发布的新闻信息。不得利用算法实施影响网络舆论、规避监督管理以及垄断和不正当竞争行为等。

用户权益保护也有明确的要求：算法推荐服务提供者应当以显著方式告知用户其提供算法推荐服务的情况，并以适当方式公示算法推荐服务的基本原理、目的意图和主要运行机制等。算法推荐服务提供者应当向用户提供不针对其个人特征的选项，或者向用户提供便捷的关闭算法推荐服务的选项。用户选择关闭算法推荐服务的，算法推荐服务提供者应当立即停止提供相关服务。此外，对向未成年人、老年人、劳动者和消费者等重点主体提供算法推荐服务的，《规定》也明确了具体要求。如不得利用算法推荐服务诱导未成年人沉迷网络，应当便利老年人安全使用算法推荐服务，应当建立完善平台订单分配、报酬构成及支付、工作时间、奖惩等相关算法，以及不得根据消费者的偏好、交易习惯等特征利用算法在交易价格等交易条件上实施不合理的差别待遇等。

搭建起我国平台算法的治理体系，要构建算法安全风险监测、算法安全评估、算法备案管理和违法违规行为处置等多维一体的监管体系。

（四）引导平台更加注重技术和研发

中国信息通信研究院在2021年9月发布《全球数字经济白皮书》，对世界各国的数字经济发展状况进行过一个比较。结果显示，在世界各国中，数字经济体量最大的是美国，其2020年数字经济的规模是13.6万亿美元；中国排名第二，数字经济规模是5.4万亿美元；德、日、英分列三到五位，它们的数字经济规模分别为2.54万亿美元、2.48万亿美元，以及1.79万亿美元。而从占比上看，德国数字经济占GDP的比例是最高的，为66.7%；美国居于第二位，为66%；英国居于第三位，为65%。而与这几个国家相比，中国的数字经济比重则要低得多，仅为38.6%。

美国是数字经济的发源国，目前从芯片到操作系统，再到主要的应用软件，美国的企业都占据了主导的地位。欧洲虽然在总体技术力量上无法和美国相比，但也掌握着不少关键的技术，比如荷兰的ASML就是最重要的光刻机生产商，如果我们要生产自己的芯片，那就几乎无法绕过ASML。相比之下，我国在关键技术的掌握上，就要弱得多。到现在为止，我们在芯片、操作系统等最关键的技术上，还在受制于人。不仅如此，甚至连主要的工业软件，我们也不得不用国外的产品。其差距之大，不言而喻。我们要通过监管引导我国的企业放弃那些"赚快钱"的低端玩法，逐步转移到拼研发、拼技术上来，让我国的数字经济健康持续发展。

1．通用技术引领新一轮技术革命

从技术使用范围来看，技术可以分为通用目的和专用目的两类：通用目的的技术可以被应用到所有的领域，专用目的的技术则只可以被应用到特定的领域。一般来说，只有使用范围很广的技术才有可能成为引领技术，通用技术的广泛使用能让整个社会生产从既有的范式里走出来，改变原来的生产方式，让整个社会的效率得以大大提高。而专用技术由于其使用范围有限，只能在某一个方向促进效率的提高。

无论是互联网，还是移动互联网技术，都具有极强的通用性，所以这也直接导致了从20世纪末开始的数字经济发展，而数字经济要再次实现巨大的迈进，就应该有一轮技术的突破，新一轮通用技术是什么？它们又可能由哪些国家来率先突破呢？

人工智能的使用范围虽然广泛，但其技术基础并不具有特别大的颠覆性和创造性，而且现在的人工智能主要还是通过机器学习，对于数据的依赖十分强烈。区块链技术应用普及率比较低，在短期内还很难普及整个社会。5G技术的影响力还需要时间检验，目前还正处于普及阶段。

2. 元宇宙

2021年有个词非常热，2021年12月入选《柯林斯词典》"2021年度热词"，2021年12月6日入选"2021年度十大网络用语"。这个词就是"元宇宙"（Metaverse）。2021年3月，"元宇宙第一股"（Roblox）游戏公司在美国上市后，Facebook、谷歌、腾讯、字节跳动、英伟达等互联网巨头纷纷涉足，"元宇宙"版块一涨再涨。彭博行业研究报告预计，"元宇宙"的市场规模将在2024年达到8 000亿美元；普华永道预计"元宇宙"将在2030年达到15 000亿美元；互联网数据中心IDC（Internet Data Center）预测，2020年至2024年间全球虚拟现实产业规模年均增长率将达54%。

究竟什么是元宇宙？一般认为，元宇宙是整合多种新技术而产生的虚实相融的新型互联网应用和社会形态，它基于扩展现实技术提供沉浸式体验，以及数字孪生技术生成现实世界的镜像，通过区块链技术搭建经济体系，将虚拟世界与现实世界在经济系统、社交系统、身份系统上密切融合，并且允许每个用户进行内容生产和编辑。

元宇宙的技术支撑有AR、VR、3D、数字孪生、区域链等技术。首先是XR技术（包括虚拟现实VR、增强现实AR，以及混合现实MR），这是进入元宇宙的入口。目前最为先进的XR技术都掌握在苹果、脸书、谷歌等科技巨头手里。其次是芯片技术。在元宇宙中，需要大量的3D建模和实时渲染，所以对芯片的算力要求非常高。而芯片的核心技术也依然都掌握在欧美发达国家手里，我国在这个领域上仍然处于被"卡脖子"状态。

3. 互联网平台需要向更专业更尖端的领域突破

在过去的20年中，我国之所以可以诞生这么多世界级的数字经济巨头，很重要的一个原因就是充分利用了平台模式的优势。借助平台的连接，我国巨大的人口优势就变成了强大的需求动力，正是这种力量撑起了一个个市值超过千亿元的公司。目前几大平台涉及的范围非常广，集团发展战略也是多元化，几乎无所不包。从正面来看，平台的多元化可以利用各领域之间的协同来促进自身业务的发展。但是从总体上来看，我国几大平台巨头的发展思路几乎都是重数量、重流量，重规模，平台利润主要来自规模，而并非技术超前的专属利润。所以，虽然中国的平台巨头在规模上曾经一度和美国的巨头很接近，但在硬核技术方面落后很多。

所以，我们需要通过相关政策来引导平台模式的转变。对市场需求进行细分，在某一个细分领域做到极致。一个平台只专注于做一类事甚至专注于做一件事。世界没有全能冠军，冠军是在某一领域的，这是我国平台未来发展模式的一个转变。

（五）加快平台数据使用规则的制定

就立法实践而言，我国现有法律对隐私和个人信息的保护已经比较完备。《民法典》《侵权责任法》将隐私作为一种消极的、防御性的人格利益。《个人信息保护法》的出台更是使得个人信息权利成为法定性和开放性兼备的一个权利体系。而对于大量企业数据和工业数据，《民法典》未做具体规定，其权利属性和规制模式尚在探索。

就实际效果而言，单体的隐私或个人信息对个体的人格权益较为重要，但对于促进数字经济的发展而言，脱离了规模化使用的个人数据价值甚微。对单条个人信息过度强调保护或授予绝对财产权，无法破解所有权与使用权无法分离的难题，还会引发数据收集成本高昂，导致数据无法有效汇集的"反公地悲剧"。

《民法典》第一百二十七条规定，"法律对数据、网络虚拟财产的保护有规定的，依照其规定"，标志着数据正式进入私法体系调整和保护范围，同时也为数据权利的构建和产业发展留下了探讨空间。基于数据要素流通的需求和数据的特性，企业对数据应当拥有财产性权益，理由如下：第一，数据是非竞争性物品，同一批数据可以同时被多人挖掘和分析，其价值在共享中不断增长，且不会损害数据本身。"排他性""一物一权"等通过物的私人占有而产生的激励机制在数据这种新型生产要素上无法实现，企业也很难对数据进行物理上的占有或登记。实践中，将数据权界定为绝对权，也容易引发头部企业的数据垄断问题，难以实现数据要素的市场化配置。第二，数据具有稀缺性，企业通过投入大量的劳动成本采集并处理的数据集合蕴藏着经济利益，可以为企业带来竞争优势。以洛克的劳动产权理论为基础，我们认为，企业为整合数据资源、生产数据产品所付出的增值性劳动具有稀缺性，具备经济价值。

可见，数据虽然难归于类型化的法定财产权，但其受法律保护，实践中也得到司法裁判的认可，应当被认定为财产权益，本质上是具备支配属性的控制权，排他性效力弱于所有权但强于相对权。

平台经济下，个人信息是企业数据的重要来源，但"知情—同意"原则面临着实施困境和内在悖论：如果个人信息主体不接受声明，则无法获得信息收集者提供的产品或者服务，陷入全有或全无的状态中。而企业为了规避法律风险，设置了冗长晦涩的知情同意文件，通过浏览授权须知达到"知情—同意"的做法收效甚微。个人对数据保护的力不从心与数据控制者对数据的绝对控制引发数据信任赤字。在个人信息收集过程中，针对不涉及人格尊严等具有强烈人身属性的个人信息，有必要引入默示同意规则，即"opt-out"模式，建立个人信息退出机制，将个人信息自决权扩张到数据"收集—加工—使用"全生命周期，在任何阶段其合法权益受到侵害时，可以否决已作出的"同意"表示。也有学者提出利用"卡—梅框架"的财产规则，将"同意"作为企业与个人建立契约关系的意思表示，企业为个人提供数字化服务，个人则提供数据并接受企业对数据的处理来作为对价。

2021年11月，湖南蚁坊软件股份有限公司及其北京分公司（以下合称"蚁坊公司"）对新浪微博运营商北京微梦创科网络技术有限公司（以下简称"微梦公司"）提起诉讼一案已经正式被长沙中院正式受理。蚁坊公司以微梦公司拒绝数据许可的行为构成垄断为由，请求法院判令微梦公司以合理条件允许蚁坊公司使用新浪微博数据，并赔偿蚁坊公司经济损失及合理费用合计550万元。

此案的被告微梦公司是新浪微博的运营商，管理着国内规模极大的社交媒体平台。据数据统计，2021年6月，新浪微博平均月活跃用户数达到5.66亿人，较上年同期净增约4 300万人。月活跃用户数中约94%为移动端用户，平均日活用户数达2.46亿人，较上年同期净增约1 600万人。而此案的另一大主角蚁坊公司，是一家从事互联网大数据分析的高新技术企业，主要对外提供数据的分析处理和深度挖掘服务。

此案引发业界对平台数据使用规则的关注。新技术的颠覆式创新对传统生产要素和数据生产要素的权利保护提出挑战，带来新技术背景下的数据权利问题。应当避免用老办法管理新业态，通过司法实践和政策调整形成个案示范效应。并遵循法律的基本逻辑，从主体、客体、权利属性和权利保护路径等方面进行论证。未来，应当进一步研究产业互联网数据流通引发的变革和产生的堵点，并构建与其相适应的流通共享和权益保护规则。

参考文献

［1］刁生富，冯利茹. 重塑：大数据与数字经济[M]. 北京：北京邮电大学出版社，2020.

［2］董晓红，董自光. 数字金融学[M]. 北京：中国商务出版社，2022.

［3］杜国臣，李凯. 中国数字经济与数字化转型发展[M]. 北京：中国商务出版社，2021.

［4］杜庆昊. 数字经济协同治理[M]. 长沙：湖南人民出版社，2020.

［5］龚勇. 数字经济发展与企业变革[M]. 北京：中国商业出版社，2020.

［6］侯晓辉，程茂勇，李锐. 数字金融概论[M]. 西安：西安交通大学出版社，2022.

［7］黄奇帆，朱岩，邵平. 数字经济：内涵与路径[M]. 北京：中信出版集团股份有限公司，2022.

［8］李瑞. 数字经济建设与发展研究[M]. 北京：中国原子能出版社，2022.

［9］李燕，林卫华，杨春明，等. 信息科技风险管理：合规管理、技术防控与数字化[M]. 北京：机械工业出版社，2023.

［10］刘西友. 新治理：数字经济的制度建设与未来发展[M]. 北京：中国科学技术出版社，2022.

［11］毛丰付，娄朝晖. 数字经济：技术驱动与产业发展[M]. 杭州：浙江工商大学出版社，2021.

［12］裴辉儒. 数字金融学[M]. 西安：陕西师范大学出版总社有限公司，2021.

［13］彭俊松，孙惠民. 软件定义智慧企业：企业应用软件赋能数字化转型[M]. 北京：机械工业出版社，2023.

［14］裘莹. 中国数字经济的全球价值链重构研究：微观机理与实现路径[M]. 北京：中国商务出版社，2021.

［15］申雅琛. 数字经济理论与实践[M]. 长春：吉林人民出版社，2022.

［16］ 唐晓乐，刘欢，詹璐遥. 数字经济与创新管理实务研究[M]. 长春：吉林人民出版社， 2021.

［17］ 王海梅. 换道超车：迈向数字经济新时代[M]. 南京：江苏人民出版社， 2023.

［18］ 王世渝. 数字经济驱动的全球化[M]. 北京：中国民主法制出版社， 2020.

［19］ 萧达人. 企业风险管理数字化转型：方法论与实践[M]. 北京：机械工业出版社， 2022.

［20］ 鄢小兵. 数字经济下中国产业转型升级研究[M]. 长春：吉林出版集团股份有限公司， 2020.

［21］ 严谨. 数字经济：从数字到智慧的升级路径[M]. 北京：九州出版社， 2021.

［22］ 岳建明. 数字化转型：数字经济重塑世界经济[M]. 北京：中国纺织出版社， 2023.

［23］ 张立. 区块链：构建数字经济新世界[M]. 北京：科学普及出版社， 2021.

［24］ 张晓燕，张方明. 数实融合：数字经济赋能传统产业转型升级[M]. 北京：中国经济出版社， 2022.

［25］ 张雪芳. 数字金融驱动经济高质量发展路径研究[M]. 长春：吉林大学出版社， 2021.

［26］ 中国科学院科技战略咨询研究院课题组. 产业数字化转型[M]. 北京：机械工业出版社， 2020.

［27］ 周民，王晓冬. 走进数字经济[M]. 北京：国家行政学院出版社， 2023.